"十三五"江苏省高等学校重点教材

智慧型课程设计与开发

王 娟 杨现民 编著

本书是江苏省高等学校重点教材立项建设项目（编号：2019-2-215）；江苏高校品牌专业建设工程资助项目（批准号：PPZY2015C204）；江苏高校哲学社会科学重点研究基地重大项目（批准号：2015JDXM021）研究成果。

科 学 出 版 社

北 京

内 容 简 介

智慧教育是信息化教育发展到高级阶段的新形态，智慧教育的制高点在于智慧型课程。本书应用新的思维模式和方法探讨智慧型课程的设计与开发，主要内容包括：智慧型课程概述、智慧型课程教与学模式设计、智慧型课程教学内容和学习资源设计、智慧型课程学习支持服务设计、智慧型课程教学活动设计、智慧型课程评价设计、智慧型课程艺术设计、智慧型课程平台设计与管理、智慧型课程开发等。本书为在线开放课程的建设和发展注入新的元素，有助于丰富和优化课程资源，扩大优质资源共享范围，促进在线开放课程的示范性和可持续发展。

本书可以作为高等学校“在线开放课程设计与开发”课程的教材或参考书，也可以作为此领域研究者和实践者的参考资料。

图书在版编目（CIP）数据

智慧型课程设计与开发 / 王娟，杨现民编著. —北京：科学出版社，2021.6

“十三五”江苏省高等学校重点教材

ISBN 978-7-03-068777-7

Ⅰ. ①智…　Ⅱ. ①王…　②杨…　Ⅲ. ①网络教学-课程设计-高等学校-教材　Ⅳ. ①G434

中国版本图书馆 CIP 数据核字（2021）第 088265 号

责任编辑：任俊红　曹　伟 / 责任校对：崔向琳

责任印制：赵　博 / 封面设计：蓝正设计

科学出版社 出版

北京东黄城根北街 16 号

邮政编码：100717

http://www.sciencep.com

中煤（北京）印务有限公司印刷

科学出版社发行　各地新华书店经销

*

2021 年 6 月第　一　版　开本：787×1092　1/16

2026 年 1 月第六次印刷　印张：15

字数：356 000

定价：69.00 元

（如有印装质量问题，我社负责调换）

前　言

近年来，驱动教育理念、教学模式、学习方式、教学管理、教学评价创新与变革的智慧教育兴起。智慧教育是信息化教育发展到高级阶段的教育新形态。课程作为提高高等教育质量的核心环节，是推动教育均衡发展的着力点、是促进优质教育形成与发展的持久动力，其建设水平直接影响高等学校的教学水平和人才培养质量。基于此，在“互联网+”时代，实现优质资源从知识型向智慧型转化，培养符合时代价值观和思维特质的学习者，综合运用“人机协同”的学习环境、多种学习工具与新型学习方式，实现教育内容、过程、评价等优化重构的课程体系——智慧型课程应运而生。

“智慧型课程设计与开发”是一门引领学生步入教育技术领域、了解该专业的导入性课程。教育技术学专业发展非常迅速，为了让学生迅速而准确地了解该专业，本书在借鉴国内外同行的研究成果及同类教材的基础上，对在线开放课程的研究内容、具体案例等进行了梳理，并建构了智慧型课程设计与开发的框架体系。

本书的创作理念：一是力图构建的智慧型课程设计框架完整而准确，帮助读者把握和理解智慧型课程的内涵、特征、发展历程、设计流程等；二是全面地为读者展示智慧型课程的设计框架和开发内容，使之对如何设计智慧型课程、如何开发智慧型课程有所了解；三是鼓励读者自主学习，使之在学习策略、学习能力上得到改善和提高。

一、内容与结构

本书以长尾理论、具身认知理论、情境学习理论、新建构主义理论等为理论基础，探讨智慧型课程的设计与开发环节。本书的内容和组织方式如下。

第 1 章是智慧型课程概述。主要涉及智慧型课程的概念内涵、构成要素、设计理论基础、设计与开发流程、发展的创新路径和未来趋势等方面。

第 2 章是智慧型课程教与学模式设计。本书从在线开放课程的教学模式入手，探究了任务驱动式、探究式、协作式、项目式、分层分类式、互动式、体验式、研讨式等教学模式；将在线开放课程的学习模式划分为基于问题的学习模式、基于项目的学习模式、基于知识地图的学习模式、自组织学习模式等；并在此基础上构建了智慧型课程的教与学模式框架，从前期分析、教学策略选择、教学过程设计、评价与修改、智慧性体现等方面对该模式进行剖析。

第 3 章是智慧型课程教学内容和学习资源设计。本书从智慧型课程的教学内容、内涵及其设计展开，对智慧型课程的文字资源、视音频资源、虚拟仿真资源、移动学习资源进行了深入分析，并结合相关案例探讨了不同种类学习资源的设计方式、流程和步骤。

第 4 章是智慧型课程学习支持服务设计。主要涉及智慧型课程学习支持服务的系统架构、关键要素、典型特征、设计理念、设计原则、可用技术、学习导航系统设计、学习反馈系统设计、学习工具系统设计、学习过程追踪与记录系统设计等。尤其是异步交互和实时交互的设计，视频会议、搜索引擎、学习日志、思维导图等学习工具的应用，以及利用电子档案袋对学习过程追踪等。

第 5 章是智慧型课程教学活动设计。主要是从教师教的活动和学生学的活动展开，探讨了智慧型课程中教师和学生的角色、教与学的组织策略等，并将智慧型课程教学活动划分为线上教学活动和线下教学活动两种；探讨了智慧型课程教学活动的交互设计，并结合具体案例对不同类型的教学活动设计进行分析。

第 6 章是智慧型课程评价设计。主要涉及智慧型课程的评价目的、评价类型、评价原则、评价体系及评价案例。其中，在借鉴 MOOC 课程构成要素和评价标准的基础上，构建了智慧型课程评价框架和评价数据模型，并结合典型案例进行分析。

第 7 章是智慧型课程艺术设计。探讨了智慧型课程艺术设计的理论依据、设计原则、设计框架、注意事项。主要涉及设计心理学、认知心理学、视知觉理论、认知负荷理论；以学习者为中心、遵循认知规律、形式内容统一的原则；从整体布局、界面、媒体要素、色彩、信息呈现方面架构了智慧型课程艺术设计的系统框架；同时探讨了形式美法则、情感交互的应用、教育与艺术融合等内容。

第 8 章是智慧型课程平台设计与管理。涉及智慧型课程平台的内涵及特征；智慧型课程平台的设计思想和整体架构；智慧型课程面向教师、面向学习者和自适应系统的功能模块；平台管理的体系和原则。

第 9 章是智慧型课程开发。探讨了智慧型课程的开发工具、开发技术、框架开发、素材开发和合成运行几个环节。其中开发工具涉及网页开发工具、资源开发工具、学习辅助工具、一站式开发工具；素材开发涉及素材的种类与筛选、集成与创新、测试与改进；框架开发涉及开发的原则、理论依据和具体框架设计。

二、学术价值和特色

教育技术的本质是创新，教育技术作为深化教育改革的突破点和制高点已经与全面推进素质教育、创新创造型人才培养、促进终身教育体系的建立密切相关。作为在线开放课程创新发展的新课程形态，智慧型课程研究能为各学科的课程建设提供理念、方式和方法上的示范，促进不同学科之间的交流和共享，迎合 21 世纪多学科相互交叉、相互渗透的趋势。本书的价值和特色体现如下。

1. 理论价值高

智慧型课程研究是《国家中长期教育改革和发展规划纲要（2010—2020 年）》提出的促进优质教育资源普及共享的重要课题。作为在线开放课程的创新和发展，如何借鉴 MOOC 等课程的优势，逐步解决高校间优质资源共享与有效应用的“瓶颈”问题，已成为当下研究的热点和焦点。本书对智慧型课程的设计与开发进行分析，从一定程度上对我国在线开放课程及智慧教育研究进行了补充，有助于丰富和完善领域内的研究成果。

2. 内容观点新

本书结合当下的研究热点，探讨了作为智慧教育核心的智慧型课程。对智慧型课程的开发流程及系统设计展开了分析，从四种可用技术、五种可用空间、四种可用策略和四种可为服务等方面探讨了智慧型课程的创新路径，对其未来发展进行了展望。研究提出的设计开发方案，对建设在线开放课程，培养创新、创造型人才，变革教学模式、改进教学方法、创新研究范式、提升教育教学质量，具有较强的借鉴意义。

3. 研究视角新

目前关于智慧型课程的著作还比较少；对智慧型课程进行全面、系统的研究不多，尚没有著作系统地探讨智慧型课程的设计与开发，且理论研究明显滞后于实践，理论研究成果亟待完善。本书在组织过程中注重 MOOC 等在线开放课程资料和案例的收集，研究构建的智慧型课程设计框架，可以为优质教育资源及开放课程的可持续发展提供借鉴和参考。

三、研读建议与策略

对于广大研究者、教师和学生，本书的使用方法有以下三条建议：一是灵活组织和选取适合自身及本校的内容模块。例如，智慧型课程教与学模式设计、智慧型课程教学内容和学习资源设计、智慧型课程教学活动设计等。二是采用多样化的策略和方法。建议采用“线上和线下”相结合的方法，践行“混合式学习”。三是对应增设智慧型课程网络学习平台的资源和内容，以便广大研究者、高校师生能够对智慧型课程的设计与开发有更加深入的了解。

感谢江苏师范大学教育技术学本科生和硕士研究生在课程学习过程中迸发的创新观点和理念，为撰写本书提供了创新的源泉。感谢硕士研究生陈瑶、王鑫、张晶蕊、查相虹、李涵、李卓珂、唐丹对书稿撰写和校对所做的工作。

感谢陈琳教授、汪颖教授对本书提出的宝贵意见，感谢审阅过本书稿的老师提出的宝贵意见，感谢科学出版社任俊红等编辑在本书出版过程中付出的辛苦劳动。

本书的内容选取与编写方法是“智慧教育及在线开放课程”研究的一次新尝试，由于作者水平有限，疏漏在所难免，恳请广大读者提出批评与修正意见。本书参考和引用了大量国内外文献与资料，在书中相应位置做了注释，如有遗漏，恳请原谅。

智慧教育创新的制高点在于智慧型课程。作为一种不断发展的新课程形态，教育界应以一种发展的眼光来认识智慧型课程。因此，随着技术的革新和领域的应用拓展，智慧型课程必将受到教育领域研究者和实践者的广泛关注，并最终实现公平的终身学习，开启人类教育传播新纪元。

2020 年 6 月于江苏师范大学

目　　录

第1章　智慧型课程概述

【学习目标】

1. 掌握智慧型课程的概念内涵。
2. 了解智慧型课程的形态演化。
3. 掌握智慧型课程的构成要素。
4. 掌握智慧型课程设计与开发的流程。
5. 了解智慧型课程的发展趋势和创新路径。

【内容结构】

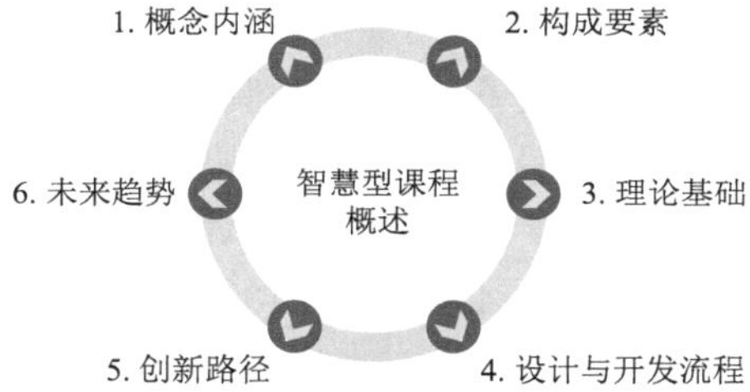

智慧教育强调信息技术的整合运用、教育系统的生态重构及创新型智慧人才的培养。①目前，世界上多个国家和地区将智慧教育作为未来发展的重大战略，从数字教育转向智慧教育已是全球教育发展的必然趋势。2015年政府工作报告中首次提出"互联网+"行动计划，如何利用互联网平台和信息通信技术（云计算、物联网、大数据等），促进创新、创造型人才培养，支持创新型国家建设，需要与之匹配的知识体系与人才培养方式。

智慧教育的制高点在于智慧型课程。因此，如何建构具有中国特色的现代化课程，实现师生流动和教育资源的跨区域传播与共享，已成为"互联网+教育"必须探讨、不可回避的重大理论和实践问题。基于此，作为在线开放课程创新发展的智慧型课程应运而生。本章将重点对智慧型课程的概念内涵、形态演化、构成要素、理论基础、创新发展等进行深层剖析。

① 陈琳，陈耀华，张虹．教育信息化走向智慧教育论[J]．现代教育技术，2015，（12）：13-18.

1.1 智慧型课程的概念内涵

1.1.1 在线开放课程

近年来，大规模在线开放课程和学习平台在世界范围迅速兴起，拓展了教学时空，扩大了优质教育资源受益面，给高等教育教学改革发展带来新的机遇和挑战。2015 年 4 月，教育部发布《教育部关于加强高等学校在线开放课程建设应用与管理的意见》指出建设一批以课程应用与教学服务相融通的优质在线开放课程，到 2020 年认定 3000 余门国家精品在线开放课程。2016 年教育部发布的《教育信息化“十三五”规划》提出，到 2020 年基本建成“人人皆学、处处能学、时时可学”的与国家教育现代化发展目标相适应的教育信息化体系。作为影响教育信息技术发展风向标的《2017 新媒体联盟中国高等教育技术展望：地平线项目区域报告》也指出，大规模在线开放课程是中国高等教育的教育技术在未来一年内的重要进展。在线开放课程包括精品视频公开课、精品资源共享课、MOOC（massive open online course）、SPOC（small private online course）等课程形态。

1. 精品视频公开课

为了进一步深化本科教育教学改革，提高本科教育教学质量，大力提升人才培养水平，教育部、财政部在“十二五”期间启动实施“高等学校本科教学质量与教学改革工程”。2011 年 10 月，《教育部关于国家精品开放课程建设的实施意见》中明确指出：“精品视频公开课建设以高等学校为主体，以名师名课为基础，以选题、内容、效果及社会认可度为课程遴选依据，通过教师的学术水平、教学个性和人格魅力，着力体现课程的思想性、科学性、生动性和新颖性。”“精品视频公开课是以高校学生为服务主体，同时面向社会公众免费开放的科学、文化素质教育网络视频课程与学术讲座。精品视频公开课着力推动高等教育开放，弘扬社会主义核心价值体系，弘扬主流文化、宣传科学理论，广泛传播人类文明优秀成果和现代科学技术前沿知识，提升高校学生及社会大众的科学文化素养，服务社会主义先进文化建设，增强我国文化软实力和中华文化国际影响力。”

目前，教育部对公开课进行了整体规划，制订建设标准；高等学校结合本校特色自主建设，严格审查，并组织师生对课程进行评价，择优申报；教育部组织有关专家对申报课程进行遴选，遴选出的课程采用“建设一批、推出一批”的方式，在共享系统上和确定的公共门户网站上同步推出。目前，建设并完成的公开课通过“爱课程”网和其合作网站，如中国网络电视台、网易同步向社会免费开放。

截至 2021 年 3 月 10 日，“爱课程”网站共推出 992 门视频公开课，涵盖哲学、经济学、法学、教育学、文学、历史学、理学、工学、农学、医学、管理学、艺术学和创新创业课。随着技术的发展，公开课已成为社会化的学习平台，但目前公开课多存在授课方式单一、画面缺乏感染力、学习支持服务弱、课程更新慢等问题。为了维持公开课的可持续发展，需要国家、地方和高校的共同支持和努力，不断完善公开课的教学方式、制作水平、支持服务，真正实现高质量的名师课堂，让更多的学习者受益。

2. 精品资源共享课

2012 年 5 月，教育部下发了《教育部办公厅关于印发〈精品资源共享课建设工作实施办法〉的通知》，正式启动了精品资源共享课的建设工作（以下简称“共享课”）。共享课以课程资源系统、完整为基本要求，以高校教师、大学生和社会学习者为服务主体，转变教育教学观念、更新教学内容、变革教学方法，是覆盖专业基础课和专业课的各类网络共享课程，旨在推动高等学校优质课程教学资源共建共享，促进现代信息技术在教学中的应用，提高人才培养质量，构建服务学习型社会。

共享课以政府主导，高等学校自主建设，专家、高校师生和社会力量参与评价、遴选为建设模式，创新机制，以原国家精品课程为基础，优化结构、转型升级、多级联动、共建共享。教育部组织专家根据教学改革和人才培养需要，统筹设计、优化课程布局。高等学校按照共享课建设要求，对原国家精品课程优选后转型升级，并适当补充新课程，实现由网络有限开放到充分开放的转变，鼓励省（自治区、直辖市）、校按照共享课的建设定位，加强省、校级课程建设，通过逐级遴选，形成国家、省、校多级，本科、高职和网络教育多层次、多类型的优质课程教学资源共建共享体系，探索引入市场机制，保障课程共享和可持续发展。

截至 2021 年 3 月 10 日，“爱课程”网站共推出 2882 门资源共享课，涵盖本科、高职高专、教师教育和网络教育四个层级，其中本科教育 1764 门课程，涵盖哲学、经济学、法学、教育学、文学、历史学、理学、工学、农学、医学、管理学、艺术学和就业创业课；高职高专 759 门课程，涵盖农林牧渔、交通运输、生化与药品、资源开发与测绘、材料与能源、土建、水利、制造、电子信息、环保、气象与安全、财经、医药卫生、旅游、公共事业、文化教育、艺术设计传媒、公安和法律等；教师教育 199 门课程，涵盖幼儿教师培养、小学教师培养、中学教师培养和中等职业学校教师培养课程；网络教育 160 门课程，涵盖哲学、经济学、法学、教育学、文学、历史学、理学、工学、农学、医学、管理学、艺术学和就业创业课。

3. MOOC

MOOC 是基于互联网的开放课程，是近年来涌现出来的一种新的在线课程开发模式，具有课程数量多、受众规模大、可扩张性、开放性、交互性和社会性等特点。2012 年 MOOC 元年开启之后，MOOC 迅速在全球升温，先是美国顶尖大学及其教授相继创办了 Udacity、Coursera、edX 等数个 MOOC 平台，成为 MOOC 的领头羊，吸引了许多国家的顶尖大学投身其中；然后是欧洲、亚洲和大洋洲的一些国家争先恐后地创建自己的 MOOC 平台；我国的清华大学发布了大规模开放在线课程平台“学堂在线”，面向全球提供在线课程，打造全球首屈一指的中文大规模在线教育平台，以抢占在线教育发展的先机。①

MOOC 平台提供了微视频、文档资源、测试与评价功能，师生可以实现在线同步或

① 康叶钦. 在线教育的“后 MOOC 时代”——SPOC 解析[J]. 清华大学教育研究，2014，（1）：85-93.

异步交流讨论，实现了“资源学习—师生讨论—知识测验—课程评价”四位一体的完整学习过程。MOOC 易于使用，学习者可以通过智能手机、iPad 等移动终端访问，免费注册加入课程论坛、虚拟教室等模块；MOOC 营造了轻松的学习氛围，任何人在任何时间、任何地点都可以选择自己喜欢的工具进行学习；MOOC 提供了一种以自学为主的开放式和非正规式的学习方式，学习者完全掌握学习的控制权，可以自己选择学习内容，掌握学习进度，可以随时随地与世界各地的学习者和教师进行交流。但建构一门 MOOC 课程需要扎实的领域知识以及优秀的组织和协调能力，学习者分散在各个地区，年龄、风格和习惯差异较大，兼顾和协调各种学习者群体将面临诸多障碍，而知识背景和文化的差异，也在某种程度上造成了交流上的困难，因此建设一门成功的 MOOC 课程需要投入大量的时间和精力。①

《2016 中国慕课行业研究白皮书》指出，已有超过 20 个国家和地区开发了 MOOC 平台，MOOC 的课程数量、规模和类型都在扩大，MOOC 行业逐步细分为高等教育、初等教育、职业教育等。MOOC 三大平台的 Coursera 已和全球 28 个国家的 143 所大学达成合作关系，提供了计算机科学、数据科学、生命科学、社会艺术等学科的 1905 门课程；edX 平台提供了 650 门课程，58 万名学生在平台上拿到了学位；Udacity 以面向职业需求的培训为主，主打课程是机器学习、iOS 和 Android 开发、Web 开发、数据分析等。但 Udacity 已放弃与高校合作，Coursera 也开始从事人工智能、大数据、机器学习等前沿科技的研究与实践。

目前，国内 MOOC 行业由高校牵头，互联网公司、在线教育企业开设平台，国外平台相继进驻。例如，网易云课堂立足实用性，与多家教育培训机构合作；学堂在线、超星、智慧树等为各省（自治区、直辖市）搭建公共服务平台。国内资源最丰富的 MOOC 平台“爱课程”网站，不断推出中国大学 MOOC、中国职教 MOOC、中国大学先修课、教师教育 MOOC 等在线开放课程类型，涵盖计算机、经济管理、心理学、外语、文学历史、艺术设计、工学、理学、生命科学、哲学法学、思想政治教育、教育教学、大学先修课、创新创业等领域。国内以 MOOC 为代表的线上线下教育模式逐步呈现新特点，各省（自治区、直辖市）纷纷出台政策文件，MOOC 联盟发展迅速。如“陕西省高等教育 MOOC 中心”、“福建省高校在线教育联盟”（Fujian Open Online Courses Education Alliance，FOOC）、“全国地方高校 UOOC（优课）联盟”、浙江联盟平台（摩课书院 moocollege）等；云南、四川发布了 MOOC 平台；江苏、江西、河南、贵州、安徽、河北等省分别启动了“十三五”期间省级精品在线开放课程建设。

MOOC 发展吸引了大量的资金投入和企业参与，引发了国内外在线教育市场的热潮。MOOC 不断推出课程证书、微学位证书，如 edX 将 MicroMasters 文凭扩展到不同的大学；利兹大学积极发展“学分累积制 MOOCs”（credit-bearing MOOCs），允许学习者选择完成大学正式学习部分的个别单元，不需要学习全部课程；Udacity 推出了多款“微学位”；FutureLearn 推出了新证书。国内“东西部高校课程共享联盟”有 2000 所学校受益，400 多万大学生通过联盟共享课程获得了学分；“全国地方高校 UOOC（优课）

① 李青，王涛. MOOC：一种基于连通主义的巨型开放课程模式[J]. 中国远程教育，2012，（3）：30-36.

联盟”有104所大学加盟，覆盖师生250余万。这表明在课程资源、考核评价、学位学分认证方面，MOOC为世界高等教育的普及发挥了重要作用。

但是，伴随着MOOC平台、上线课程和学生注册数的巨量增长，数量的急剧增加引发了质量危机，以FutureLearn为例，该平台许多课程的教学理念仍沿袭传统风格，基于认知主义的学习方式依然在唱主角，行为主义和建构主义的学习习惯并未得到发挥和拓展。MOOC的燎原之势，不能掩饰其模式没有真正生根、发芽的本质。MOOC学习缺乏可持续性，学习者自主学习能力差、文化背景差异大，低保留率和学业完成率是MOOC发展备受关注的问题，其有效学习者（获得证书的和学习过程中表现比较活跃的）平均占比为9.76%①；其中Coursera平台开课前“爽约者”占所有注册者的45%，课程结束时则高达80%。《2016中国慕课行业研究白皮书》也指出，MOOC主要应用在高等教育领域，国内多数高校尚未开展MOOC课程和平台建设，已有的用户对MOOC资源利用不够，完成率低。

4. SPOC

SPOC即“小规模限制性在线课程”。其中，small和private是相对于MOOC中的massive和open而言的，small指学生规模一般在几十到几百人；private指对学生设置限制性准入条件，达到要求的申请者被纳入SPOC课程。

从本质上说，SPOC与MOOC属同类，是“后MOOC时代”产物，它以小规模和限制性准入的特点著称，是对MOOC的继承、完善和超越。SPOC把优质MOOC资源与课堂面对面教学的优势有机结合起来，实现对教学流程的重构与创新，有助于增强师生互动，实现个性化教学。

美国学者罗尔夫·霍夫曼认为SPOC=classroom+MOOC，即SPOC是实体课堂与在线教育融合的混合学习模式。我国学者徐葳和贾永政认为，SPOC是MOOC与传统学校教学的有机融合，采用MOOC视频、线上讨论、在线评价等功能辅助课堂教学。②桑新民教授认为，SPOC是MOOC浪潮掀起后在大学课堂应用过程中发展起来的、一种线上线下结合的混合教学模式。③清华大学的康叶钦指出当前SPOC主要有两种形式：一种是面向校内学生，将MOOC视频与课堂教学相结合实施翻转课堂，即教师把视频材料当作家庭作业布置给学生，然后在实体课堂教学中回答学生的问题，了解学生对知识的掌握和吸收情况，在课上与学生一起处理作业或其他任务。另一种是面向校外学生，通过提前设定申请条件和学习者人数，开展SPOC课程，未申请成功的学习者可以旁听，如观看课程讲座视频、自定节奏学习指定的课程材料、参加在线讨论等，但他们不能接受教学团队的指导与互动，在课程结束时不会被授予任何证书。④

与MOOC相比，SPOC具有六大优势：一是模块化的微讲座让学习者保持专注，精

① 袁松鹤，刘选. 中国大学MOOC实践现状及共有问题[J]. 现代远程教育研究，2014，（4）：3-13.

② 徐葳，贾永政. 从MOOC到SPOC——基于加州大学伯克利分校和清华大学MOOC实践的学术对话[J]. 现代远程教育研究，2014，（4）：13-22.

③ 桑新民. MOOCs热潮中的冷思考[J]. 中国高教研究，2014，（6）：5-10.

④ 康叶钦. 在线教育的“后MOOC时代”——SPOC解析[J]. 清华大学教育研究，2014，（1）：85-93.

准的自测问题可被用于自主学习；二是项目化或问题化设计；三是教学视频较短且聚焦于单一主题，方便学习者选择性地回顾棘手的主题，还可以灵活选择学习时间、地点和步调，满足个性化学习需求；四是专注于高价值活动的教师时间，SPOC 利用了 MOOC 技术支持教师将时间和精力转向更高价值的活动，如小组讨论、任务协作、与导师面对面交流等；五是大数据分析，在 SPOC 教学中通常可被用作问题诊断、教学干预和教学决策的重要参照；六是翻转课堂，SPOC 采用 O2O 混合学习模式，较好地促进了线上学习（以理论知识为主）与线下学习（以实操和社交为主）、自主学习、协作学习、探究（发现）学习以及教学前、教学中和教学后的有机融合，带给学习者完全不同的学习体验。[①]SPOC 重新定义了教师的作用，创新了教学模式，提供了 MOOC 的一种可持续发展模式。

从 MOOC 到 SPOC 话语的转移，显示出人们对 MOOC 的认识和期望日趋理性。目前较成功的 SPOC 教学案例，如国外哈佛大学三门课程的 SPOC 实验、加利福尼亚大学伯克利分校的"软件工程"SPOC 实验及推广、加利福尼亚州硅谷地区的圣何塞州立大学和波士顿地区的邦克山社区学院分别利用麻省理工学院在 edX 平台上的课程进行了 SPOC 教学实验，以及"科罗拉多州立大学—全球校园"的微型 SPOC 实验，已取得初步成效。2014 年 9 月，中国大学 MOOC 平台推出免费 SPOC 功能，3 个月时间内国内 50 多所高校的 60 余名教师参与了 70 多门 SPOC 教学工作，注册学习者近 2 万人。此外，重庆大学、南京大学、上海交通大学、温州大学、常州大学等高校相继推出 SPOC 教学平台和官方网站。

1.1.2 智慧型课程

MOOC 发展经历了从无序到有序、从小规模到大规模、从固定到移动、从碎片化学习到系统学习的转变。北京师范大学曾与果壳网合作，对国内 14 个 MOOC 平台、1388 门课程和 22 952 名学习者进行了深入分析后发现，在线开放课程的发展需要创设更加多元、丰富的教育生态，需要在内容、服务和平台层面改革和创新。在内容层面，提供多样的个性化内容，满足大规模学习者的学习需求；在服务层面，充分调动学习者的积极性；在平台层面，设计满足新型教学模式的更兼容、移动的创新平台。在线开放课程的发展需要大视野、大格局，时代发展呼唤新的在线开放课程样式。

作为互联网与教育深度融合的利器，在线开放课程应按照教育创新的要求，正确把握"课程目标的时代定位"和"教育模式创新"两大方向，以"知行创统一"为指导思想，转变教与学方式、实施"融创式"智慧教学模式，满足智慧学习新诉求；智慧提升与实现，以重构教学评价方式、创新课程形态为基础和保障，突出培养学生的逻辑能力、创新创造能力等。因此，以围绕"教学模式变革、智慧人才培养"为目的，以"规划设计和实施过程"为抓手，对课程"目标、内容、结构、评价"及"设计、效果、机制、应用"进行系统构建的智慧型课程应运而生。智慧型课程是伴随智慧教育兴起产生的，集微课、翻转课堂、MOOC、SPOC 之所长，有创新的课程形态；旨在实现优质资源从

① 贺斌，曹阳. SPOC：基于 MOOC 的教学流程创新[J]. 中国电化教育，2015，（3）：22-29.

知识型向智慧型转化，培养符合时代价值观和思维特质的学习者，综合运用“人机协同”的学习环境、多种学习工具与新型学习方式，实现教育内容、过程、评价等优化重构的课程体系。

1.1.3　智慧型课程的演化

随着技术的不断成熟及其在教育教学领域的广泛应用，在线开放课程发展过程中先后涌现出精品课程、公开课、共享课、MOOC、SPOC 等课程形态，课程逐渐从平面、单维、静态走向立体、综合、动态。因此，下文根据演进情况对智慧型课程的演化进行阶段性梳理，如图 1-1 所示。

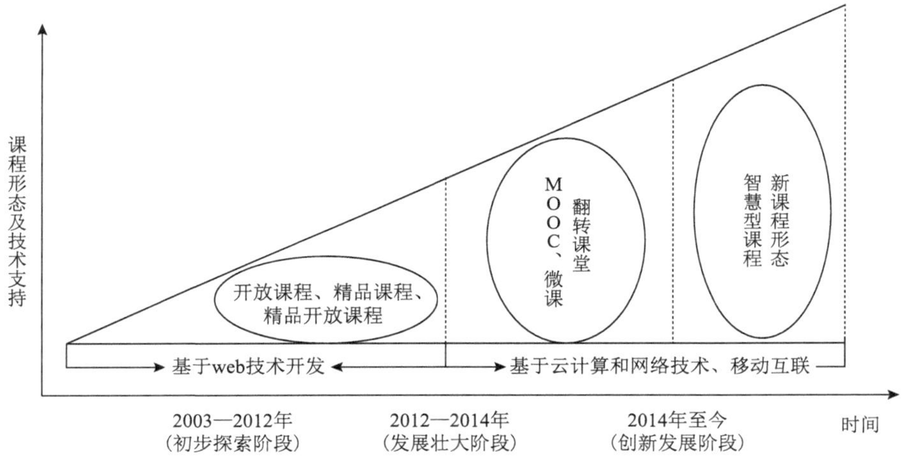

图 1-1　智慧型课程的形态变迁

1. 初步探索阶段（2003—2012 年）

该阶段涉及在线开放课程、精品课程和精品开放课程（共享课、公开课）的概念内涵、模式、机制、问题、策略、发展等。2003 年国家精品课程建设项目启动，项目实施 8 年来围绕其内涵建设、共享发展的研究较多，但其传播共享效果不理想。丁兴富等从项目背景、原因、目标、资源特点等层面对精品课程进行了述评；[①]马红亮等提出开放课程可持续发展需要解决的问题；[②]张大良提出精品开放课程建设是学习型社会建设的重要切入点。[③]该阶段每种课程都是前形态的继承、创新和发展，研究热点主要是建设共享。

2. 发展壮大阶段（2012—2014 年）

该阶段涉及翻转课堂、MOOC、微课的影响及教学研究。2012 年，燃起课改新希望

① 丁兴富，王龙. 麻省理工学院开放课件运动评述[J].中国电化教育，2004，（10）：74-78.

② 马红亮，Stephen Powell，傅钢善. 引入国外开放课程构建网络学习新模式[J]. 电化教育研究，2011，（9）：68-74.

③ 张大良. 以提高质量为核心加强国家精品开放课程建设[J]. 中国高教研究，2013，（1）：6-11.

的翻转课堂兴起；同年由可汗学院和 TED 公开课发起的微课逐步成为区域资源体系的重要组成部分，但微课结构较松散，自我生长、扩充性不够，为此基于联通主义的 MOOC 问世。围绕 MOOC 概念内涵、教育变革、评价认证、学习互动、学习体验、标准协议、设计理念、发展史、工具平台、混合教学等研究越来越热，该阶段研究多涉及课程的设计和开发，研究主旨是促进知识资源整合与共享，推动复合型人才培养。

3. 创新发展阶段（2014 年至今）

该阶段涉及“后 MOOC 时期”的智慧型课程。MOOC 存在学习持续性弱、交流互动差、教学模式单一、学分认证困难等问题，而 SPOC 规模较小。2014 年国务院提出将在线教育列为重点打造的新业态、新产业之一；2015 年教育部提出构建有中国特色的在线开放课程体系和课程平台，推动高等教育更新教育理念。随着智慧教育的兴起，其实践领域的智慧型课程也成为众多学者关注的热点问题。有学者提出，智慧型课程是智慧教育的核心，其目的在于培养学习者高阶思维和创新创造能力；还有的研究将智慧型课程界定为校本课程。该阶段研究主要探讨智慧型课程的建设、概念内涵、意义价值等。

1.1.4 智慧型课程的特征

目前，微课程多注重形式，MOOC 参与意识不强、课程通过率低，难以培养学习者的创新能力；而智慧型课程遵循“转识成智”的核心理念，聚焦培养智慧、培养多元智能、培养学习者解决实际问题的能力，以实现学习的领悟和体验、促使知识内化并最终运用。智慧型课程具有以下典型特征（图 1-2）。

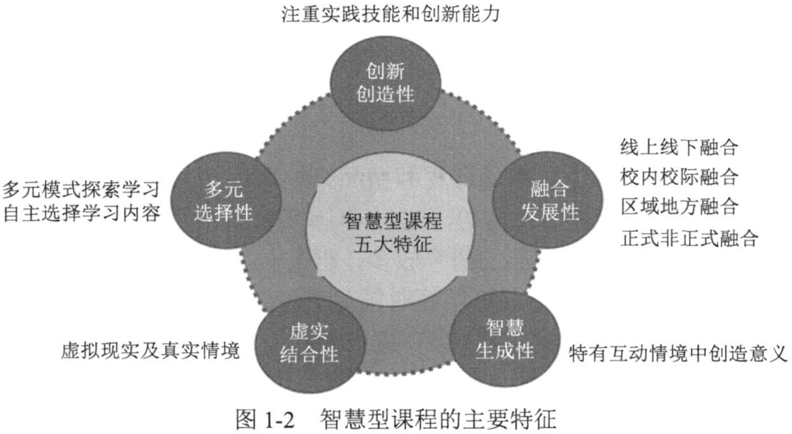

图 1-2 智慧型课程的主要特征

1. 创新创造性

智慧型课程注重实践性知识及基础性知识的优化、注重知识能力转化的速度，课程内容应具有梯度性和阶段性，运用多种教学策略，采用多样化教学模式，提供不同的教学情境，引导学习者走向多元、成熟的智能发展和成长。同时，智慧型课程注重激发学习者主动学习、探索学习，注重将抽象的知识具象化，注重开放性内容的投入与建构，注重实践技能和创新能力的培养，注重师生创造性的发挥。

2. 融合发展性

作为在线教学的形态，智慧型课程需要不断改组、改造、转化和生成，需要内容变化、融通和开放性构建，以唤醒学习者的内在潜能和智慧，注重在情境、话语的互动中创造课程意义，使课程资源呈现动态性、丰富性、多元性、进化性、发展性和创造性。智慧型课程的融合发展，包括线上教学与线下教学的融合、校内与校际资源共性的融合、区域与地方共享融合、正式学习与非正式学习的融合。①

3. 智慧生成性

生成是一种哲学思维，智慧型课程构建是一种生成的过程。生成性是在课程活动中、在特有的互动情境中创造、构建课程意义，打破原有课程固定化、静态化的僵局，体现动态性、丰富性和创造性。智慧型课程需要唤醒和提升学习者的自我意识、主体意识及文化创新精神和能力；应关注学习者的学习特征和学习生成性，同时由师生共同参与并探究活动的意义、精神、经验、观念、能力的生成过程。②

4. 虚实结合性

智慧型课程应提供多种情境的学习体验活动，借助网络学习平台、线上和线下服务、虚拟现实（virtual reality，VR）技术，营造出实践性、情境性的课程内容，将理论与实践融合起来。通过虚拟仿真技术创设的学习环境具有较强的真实感，能够在情境体验中解决问题；同时借助仿真模型、仿真数据、仿真软件和仿真平台，将实验素材、实验软件、支持系统等进行场景虚拟，实现虚实结合的教学。

5. 多元选择性

智慧型课程的开放性和多样性能适应不同风格的学习者，提供多元模式的学习机会，供学习者自主选择学习内容，挖掘学习潜能，促进智慧生成。智慧型课程注重整体设计与开发，注重内容和学科教学结合的“生长点”，以促进“学习者智慧生长”为主要特色，结合校本课程进行规划、组建和实施；同时以对话、交流为手段，并跟随时代发展做出变化和调整，具有过程性、关系性、创新性等优势。

1.2　智慧型课程的构成要素

智慧型课程开发需要搭建平台，打造具有特色的优质创新课程资源，构建多层次、立体化的课程体系，推进课程校内、校际、区域间的开放共享，实现跨年级、跨专业、跨院系、跨学校的选课，满足个性化学习诉求。近年来要素主义课程观逐渐受到广大研究者的重视，其观点认为课程由一系列要素组成，并促使学科课程思想从经验化转向理

① 陈耀华，陈琳. 智慧型课程特征建构研究[J]. 开放教育研究，2016，（3）：116-120.

② 郝德水. 从本质主义到生成性思维——课程探究逻辑的后现代转换[J]. 高等教育研究，2005，（5）：71-75.

论化。目前，诸多学者将学习者、教师、教材和环境视为课程内容的要素。①智慧型课程由哪些要素构成呢？

学者 Kop 等认为 MOOC 由五个要素组成：主讲教师、学习者、学习主题、学习材料和情境；②李青提出 MOOC 的组成要素为课程教师、学习者、协调人员、课程信息、课程活动、平台与工具。作为开放课程发展的新形态，智慧型课程主要包括参与者（课程教师与学习者）、教学内容、智慧学习环境、学与教的方式及反馈评价这五个要素。③这些要素之间相互链接，共同促进智慧型课程的发展。

1.2.1 参与者

参与者主要包括学习者及课程教师。学习者是学习目标的实现者、学习任务的执行者及交互协作的体现者，作为智慧学习环境中的学习主体，能根据自身的学习风格构建、共享知识。课程教师负责课程及内容设计、资源开发、教学答疑辅导、基于大数据的学习分析、微视频开发、学习平台的研究和管理等工作，具备一专多能，能够帮助学习者进行有效的学习活动，引导学习者使用智能工具、智能手段实现智慧学习、创造性学习；是创新创造的指导者、协同者、激励者，在智慧学习中起主导作用。④

1.2.2 教学内容

教学内容是课程设计的基础，它将课程内容按照教学目标和网络教学环境的需要进行分解、重组，并用最适宜的形式表达出来。分析教学内容的目的在于确定教学内容的范围和深度，把握各项知识点之间的相互关系。智慧型课程应遵循情境化、活动化的设计理念，实现课程内容模块化、教学单元完整化、关键知识多元化、组织结构开放化、内容表现形式多样化的系统设计。

1.2.3 智慧学习环境

学习环境构建是实现学与教方式变革的基础。智慧学习环境是数字化学习环境的高端形态，能识别学习者特征、提供合适的学习资源与互动工具、记录学习过程和评测学习成果，以扩大有效学习的空间。⑤智慧学习环境主要由学习平台、学习资源、学习工具、学习支持等要素构成。智慧学习环境能够提供任意时间、任意地点、任意方式、任意步骤的学习诉求，支持有效、投入、轻松地学习，是信息时代学习的重要依托。

---

① 和学新. 学科课程理论形态的确立——要素主义课程述评[J]. 西北师范大学学报（社会科学版），2001，（11）：12-16.

② KOP R. The challenges to connectivist learning on open online networks: learning experiences during a massive open online course[J]. The International Review of Research in Open and Distance Learning, 12(3), 2011.

③ 李青，王涛. MOOC：一种基于连通主义的巨型开放课程模式[J]. 中国远程教育，2012，（3）：30-36.

④ 陈耀华，陈琳. 互联网+教育智慧路向研究[J]. 中国电化教育，2016，（9）：80-85.

⑤ 黄荣怀，杨俊锋，胡永斌. 从数字学习环境到智慧学习环境——学习环境的变革与趋势[J]. 开放教育研究，2012，（1）：75-84.

1. 学习平台

学习平台运用网络和多媒体技术创设情境，为学习活动提供在线环境，是智慧学习共同体构建的重要组成因素。一个完整的学习平台包括课程开发、用户管理、评价管理等功能。其中，课程开发提供教学相关材料，并根据需要下载浏览或在线查看；为更好地保证课程质量，学习平台应提供一些检测学习效果的环节，如考试题、测试题等；用户管理可以管理该平台的全部课程与用户，如初始化新课程、分配课程资源、设置个人账号信息等。常用的学习平台有学习元、Blackboard、Moodle 等。

2. 学习资源

学习资源是开放课程的主体学习内容及学习者可以利用的一切资源。其中，学习内容指课程知识以及所需完成的学习任务；可利用的资源指文字、图像、音视频、超媒体等有助于完成课程知识学习的有效资源。学习资源包括结构化资源和非结构化资源两类，结构化资源指经过设计按照一定的结构组织起来的学习材料、练习和测试题等；非结构化资源包括同步或异步交流、外部链接等。非结构化资源结构不稳定、内容动态变化，常采用非线性的知识传递方式。

3. 学习工具

工具是辅助学习的手段，是智慧学习环境中交流互动的中介。课程教学需要多样化的工具，以便课程信息发布及与学习者进行沟通交流，最终促进探索新知、建构知识意义，实现学习交互的多通道和多层次、学习体验的直观化和丰富性、学习支持的个性化和自适应性。智慧型课程中学习工具有移动工具、认知工具、合作工具，QQ、微信等交互软件，以及电子邮件、论坛等。基于微信平台的移动学习将为泛在学习的发展提供新契机。

4. 学习支持

智慧学习环境创设需要全方位的学习支持服务，涉及资源服务、媒体技术支持等；还包括更深入的层面，内化到对学习者认识活动、学习心理活动的软技术支持，使学习更加多维、综合、高级，如提供辅导、答疑、讨论等功能。此外，还应利用云计算、大数据、移动网络等智能技术构建知识网络和人际网络，实现情境自动感知和环境智能管理，学习过程与创新创造活动全程记录。

1.2.4 学与教的方式

智慧型课程以学习者、内容、环境相互关联建立的学习网络为中心，合理安排教师的教和学生的学，以实现学习空间的开放性和虚拟性，并使学习者根据自身学习风格、习惯、能力、兴趣组建学习共同体；同时创造情境与环境体验，实现师生间、生生间交互的多元、立体。教学情境包括授课教师的主讲风格、授课技巧、内容组织、媒体形式、互动讨论、在线答疑、学习进程监控和评价等，最终实现现实学习空间与网络学习空间的相互融通。

1.2.5 反馈评价

智慧学习关注自适应和个性化学习，并以智慧的方式为学习者服务。智慧型课程的反馈评价需注重师生之间的互动交流，注重问题意识与情境设置，以便及时了解学习者的学习情况并提供真实、有效的评价；鼓励学习者的深层理解与沟通，激发积极思考，促进参与和自我展示，并通过多种方式对学习者进行个别指导，实现信息的共享和交流。智慧评价应在教学性能、学习绩效、用户态度和学习体验等方面有所加强，由单向走向多元。

教学信息化必须面向教育改革的实际需要，推动网络教学资源共享，建设高质量的在线开放课程，促进课堂教学与信息技术、网络教学资源的有效融合，以满足一般教学和学习者开展研究性学习使用。①因此，智慧型课程需要借鉴翻转课堂、MOOC、雨课堂等的建设经验，开展“互联网+黑板+移动终端”教学，并实现实时答题、弹幕互动、线上讨论等功能，同时将 PPT、MOOC、手机微信融为一体，通过网络平台、移动终端开放，推动校内校际共享、线上线下融合的在线课程共享与应用，形成信息化环境下的高校教育教学新模式。

智慧型课程应对学习单元、学习模块、知识点、学习评价进行系统设计，合理安排结构化资源和非结构化资源，实现教与学方式的创新。智慧型课程学习过程涉及的要素包括：课程简介、教学大纲、教学日历、教案或演示文稿、重难点讲解、作业、微视频等结构化资源，以及案例库、专题讲座、素材库、知识检索系统、演示/虚拟/仿真实验实训系统、试题库、作业系统、在线自测/考试系统、学习交流工具等非结构化资源（图 1-3）。

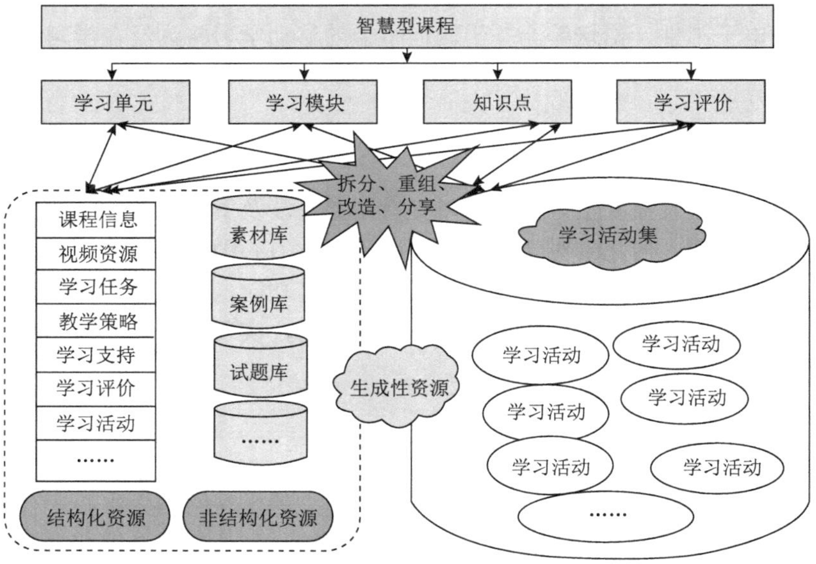

图 1-3 智慧型课程的资源组织

① 穆肃，王孝金，周腾. 多样化教育教学背景下的开放在线课程[J]. 现代远距离教育，2016，（4）：51-58.

图 1-3 显示，智慧学习涉及多个微学习活动，这些在线学习活动包括观看微视频、学习课程资料、在线测试、交互讨论等；每个学习活动内容存放在媒体素材库中，在学习活动中生成的资源也可以进入素材库，以便后续学习使用。①智慧型课程设计应考虑不同知识模块间的逻辑关系，考虑其系统性、完整性和生成性，能够重组、拆分和改造。

随着教育信息化的深入发展，智能信息技术日趋成为教育活动中的常规要素。智慧型课程注重学习内容的智慧化呈现、交互形式的立体多样、学习空间的融会贯通、环境的智能管理，大数据式的学习过程与活动记录和分析。实际上，智慧型课程的学习过程体现为：首先，网络空间的学习内容类似 MOOC、微课、翻转课堂学习；其次，针对学习内容开展创新、创造活动；最后，将所学知识内化，并实现成果、产品的创新输出，即课程简介和导学、微视频资源学习、网络探索和研讨、小组交流形成创新提案、提交“学研创”作品、多种方式开展创新性评价、完善修改提交最终作品，完成成果转化和智慧提升。

智慧型课程的学习活动主要体现在“微学习—微点评—微测试—微作业”等方面。“微学习”指课程单元以视频、文本和图片信息为主要学习材料，整个学习单元以学习模块分段形成学习任务，每次只学习一个模块，学完才能进入下个模块的学习；“微点评”指学习者针对学习模块提出的问题进行点评，这种流式点评使学习内容更具社会化，有助于后续的讨论和总结；“微测试”是在每个学习模块的结尾都设置及时测试，以选择题为主；“微作业”有明确的课程提交标准，学习者进行简单思考即可完成，有助于知识内化和应用。

1.3　智慧型课程设计的理论基础

1.3.1　长尾理论

长尾理论是美国《连线》杂志主编 Chris Anderson 在 2004 年提出的网络时代新理论，揭示了由于信息生产、传播工具的普及和信息检索便利程度的提高，原来不被关注的曲线“尾部”信息，其开发利用效率及发展潜力高于曲线“头部”信息。长尾理论通过提供不同模块的课程体系供学习者选择，有利于学习者关注学习资源、学习存储容量及学习方式，并最终提高创新创造能力、解决高等教育人才培养共性与个性的矛盾。②“互联网+”时代，学习者可以自主选择学习资源，学习活动多是基于网络完成，学习的“长尾”正在形成。利用长尾效应，智慧型课程应发展多样性和个性化教育，强调任务设计、过程评价、深层次学习，设置更多可延续性的互补性产品与服务，以提高课程使用效率，实现在线教育产品的价值。此外，利用社会性软件开展非正式学习，培养学习者的自主能力、协作能力和创新能力。

① 刘名卓. 微课程的设计分析与模型构建[J]. 中国电化教育，2013，（12）：127-131.

② 王颜林. 长尾理论对高校图书馆信息服务的启示[J]. 金融教学与研究，2009，（4）：69-72.

1.3.2 具身认知理论

具身认知理论的主要观点是：认知源自身体的体验，环境是认知过程必不可少的部分，学习过程是认知、身体和环境的动态统一过程，认知是身体以合适的方式与生活世界中物体互动的结果。①在概念形成和推理中，人的知觉和运动系统扮演了更重要的基础性角色，人的认知是身体、环境、活动三者协同作用的结果。具身认知关于人的认知、身体和环境是动态统一体的思想为智慧型课程的建设提供了新思路。智慧型课程将技术置于整个人类实践的情境中考察，探索如何将技术用于扩展学习者的认知系统并付诸实施，在此过程中，技术从“可见”走到“隐形”②；同时，将虚拟空间和现实世界有机结合起来，提供给学习者实践参与、个性化、高互动的学习环境，强调多元性、差异性和创造性，学习在一个合作共变的过程中得以发生。

1.3.3 情境学习理论

情境学习理论强调，学习是一个社会过程，应关注学习发生的社会文化情境，以使学习有意义。③情境学习理论认为知识是在与情境相互作用的过程中产生的，并对情境产生影响，知识与情境密不可分，该理论有助于学习者探究社会化的实践环境和策略。学习是情境性活动、是知识的社会协调及实践共同体合法的边缘性参与。④智慧型课程的跨时空性、开放性、虚拟化为这种学习活动的开展提供了基础和支撑。因此，智慧型课程应重视学习情境设计，营造信息化教学环境，实现新型教学方式；教学内容应具有现实性、实用性和适用性，使学习者能在全面、立体的网络环境中实践新技术，培养创新能力。

1.3.4 新建构主义理论

王竹立教授于 2011 年首次提出新建构主义理论，新建构主义理论强调个体的积极建构过程，强调在建构过程中关联的重要性⑤，是一种互联网时代的新型学习理论。新建构主义理论的核心理念为情境、搜索、选择、协作、交流、创新与意义建构。⑥新建构主义理论将学习的链条延长到知识创新层面。“为创新而学习，对学习的创新，在学习中创新”是新建构主义理论首要的目标。新建构主义理论旨在解决网络时代信息超载及知识碎片化两大问题，对智慧型课程设计与开发具有重要的指导意义。第一，强调以解决任务为核心，课程内容和活动应围绕具体问题展开，以问题解决为最终目的。第二，

① 李海峰，王炜. 基于具身认知理论的教育游戏设计研究——从 EGEC 框架构建到“环卫斗士”游戏的开发与应用[J]. 中国电化教育，2015，（5）：50-57.

② 陶侃. 数字游戏中的学习脉络与场域生态[J]. 中国电化教育，2011，（9）：75-79.

③ 陈梅香. 情境学习理论与我国当前高校教学改革[J]. 江苏高教，2008，（2）：75-77.

④ 黄越岭，朱德全. 情境学习理论视阈下的网络学习评价：体系与策略[J]. 中国电化教育，2015，（2）：29-34.

⑤ 王帆，舒杭，蔡英歌，等. “互联网+”时代众传知识的创生与实践——智慧教育新诉求[J]. 电化教育研究，2016，（4）：42-48.

⑥ 王竹立. 新建构主义：网络时代的学习理论[J]. 远程教育杂志，2011，（2）：11-18.

强调参与者之间的互动，问题的解决需要参与者发挥群体智慧，在完成任务基础上积极互动，并分享、完善自身知识体系。第三，强调创新，创新是学习的最高追求，也是智慧型课程教学目标的集中体现。

1.4　智慧型课程设计与开发流程

智慧教育是教育信息化发展的最新愿景，智慧型课程是智慧教育发展的关键。学习分析技术与数据挖掘是连接智慧型课程与智慧教育的关键。目前对智慧型课程的设计多处于探索阶段，建设基于大数据与学习分析技术的智慧型课程，意识层面应充分重视、顶层规划，实践层面应着力打造，评价层面应注重效果。因此，本书在借鉴 MOOC 等在线开放课程建设的基础上，提出了智慧型课程的设计与开发流程，主要包括环境与平台搭建、教与学模式创新、内容和资源组织、智慧学习支持服务、智能化管理与评价等环节，如图 1-4 所示。

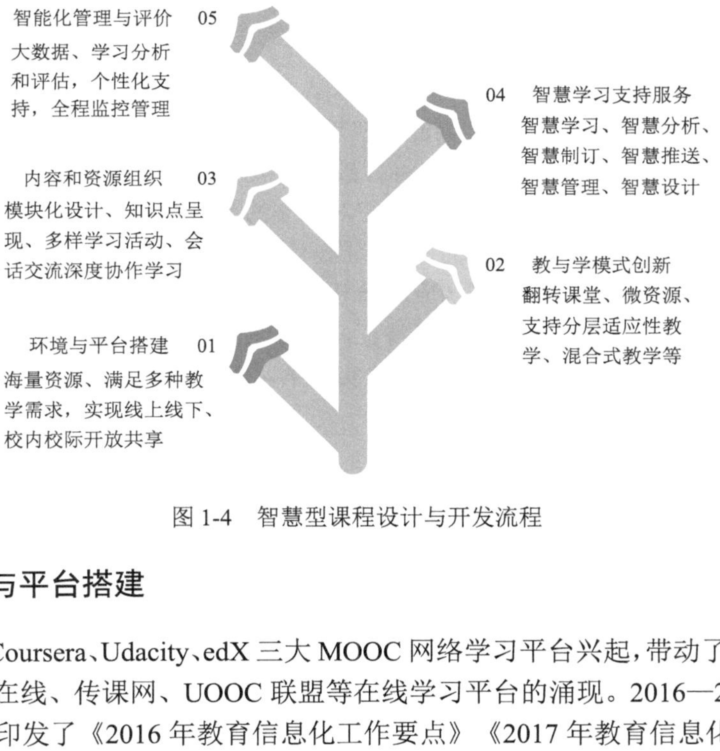

图 1-4　智慧型课程设计与开发流程

1.4.1　环境与平台搭建

2012 年，Coursera、Udacity、edX 三大 MOOC 网络学习平台兴起，带动了 FutureLearn、爱课程、学堂在线、传课网、UOOC 联盟等在线学习平台的涌现。2016—2017 年，教育部办公厅分别印发了《2016 年教育信息化工作要点》《2017 年教育信息化工作要点》，提出加强高等教育优质数字教育资源开发与应用，建设优质在线开放课程，建设一批有影响、有特色的高校校园网络平台，实现资源的广泛共享。为此，智慧型课程建设需要融合学校与地方特色，研发具有线上互动课堂、线下交流讨论、移动终端学习等功能的特色网络平台，并创建智慧学习环境，提供能感知学习情境、识别学习者特征，提供合适的学习资源与便利的互动工具，自动记录学习过程和评测学习成果，促进学习者的有效学习。①

1.4.2 教与学模式创新

教与学模式创新是智慧型课程发展需要解决的核心问题。智慧型课程应转变课程教学模式、变革学习方式，实现个性化、智能化和智慧化学习，可以采用多样态的教学法，如 S-ISAL 教学法，这是一种基于网络学习空间信息搜集与分析的混合式教学法，它以任务驱动方式完成课程单元的知识和技能目标，将教学过程与技术紧密结合，全方位培养学习者信息搜索、分析表达、团队协作等能力。同时，智慧型课程可采用微学习、SOHO 式学习等学习形式，其中微学习以微型、多样的知识资源为学习内容，学习者能随时、随地学习；SOHO 式学习是“互联网+学习”产生的新学习形态，学习者能根据自身情况选择适合的学习内容、学习时间和学习地点，是一种自由、弹性、自主的学习方式。这种教学模式以增加学习者对知识的理解、掌握、应用、迁移为目的，在互动交流中创新创造出新成果。

1.4.3 内容和资源组织

智慧型课程应通过“沉浸式”“情境化”“交互式”的内容组织，以及“本土化”的知识建构为其发展寻找新方向。为此，智慧型课程的教学内容可以构建为“专题+讲座+教师团队”的模块式结构，专题式将打破传统按教材章节体系授课的方式，对教学内容整合、拆分和重组，形成先后连接、相对独立的系列专题；讲座式授课有助于引导学生围绕问题讨论交流，形成良好的课堂氛围，培养思辨能力；教师团队有助于集思广益，提高课程质量。同时，课程资源应遵循智慧学习体验设计，具有开放共享、多样立体、交互灵活、动态进化、时代拓展等特征，围绕个性、泛在、入境等要素展开，根据学习者特征、兴趣主题，结合协同过滤方法实现学习资源、课程专家和学习同伴的推荐，实现个性化的在线学习。

1.4.4 智慧学习支持服务

智慧型课程的学习支持服务强调的是智慧学习，即在互联网、物联网、云计算等智能信息技术支持下，强调“以学为中心”的智能化的多元体系，包括管理、情感、课业、技术和技能等方面的支持服务，注重对学习者的智慧分析、学习目标的智慧制定、学习资源的智慧推送、学习过程的智慧管理、学习活动的智慧设计、学习效果的智慧评价等方面，以促进智慧学习效果、发展学习者智慧为最终目标。②智慧型课程学习支持服务的核心要素包括主体、基础、方式和手段，这些核心要素有一定的组织原则和运行机制。其中，主体包括助学者和助学机构；基础包括智慧学习环境、智慧学习载体和智慧学习资源；方式包括智慧课堂和智慧学习共同体；手段包括智慧管理和智慧评价。智慧型课

① 张永和，肖广德，胡永斌，等. 智慧学习环境中的学习情景识别[J]. 开放教育研究，2012，18（1）：85-89.

② 邢晓春，黄玉桂. 远程学习支持服务的内涵及组成要素分析[J]. 山东广播电视大学学报，2010，（2）：8-10.

程的学习支持服务应为学习者提供个性的学习模式，开发智慧型学习平台，构建智慧型生态学习环境等。①

1.4.5　智能化管理与评价

在大规模在线学习中，面对数量众多、种类繁杂的学习资源，学习者容易产生“信息迷航”“信息过载”等问题。因此，智慧型课程的一项核心任务是为学习者提供个性化的学习推荐服务，提供智能导学系统转变学习方式，提供个性化干预指导，智能导学环境下的学习情绪表现比较积极，其自我效能感也较强。此外，运用大数据技术和学习分析技术对学习过程、教师授课、课程实施等进行管理和评价，健全智能化的管理与评价机制，采用智慧型学习评价，这是一种全面、立体、发展、增量的评价，注重学生的创新、发展和进步，其评价方式多样、评价主体多元、评价目标创新。

1.5　智慧型课程发展的创新路径

《2017 新媒体联盟中国高等教育技术展望：地平线项目区域报告》指出，技术应用的关键趋势正从有形学习形式和学习空间到无形的创新和深度学习转变，在线学习、混合学习、深层学习已成为未来学与教的主要模式。②智慧型课程为学习者提供了全球化的多元交流平台，其创新发展需要与“互联网+”融合，制订顶层战略；需要开放的管理实现数据共享；需要完善的保障推进机制；需要聚焦到课程目标与内容、资源设计与开发、教学方法与手段、教学评价与标准、学习平台与环境等层面。

智慧型课程发展不仅要注重量的积累，更应关注质的建设，注重给学习者创设学习空间。因此，研究结合开放共享的传播诉求，将智慧型课程发展看作“课程、资源、技术、环境”等动态作用的生态系统，旨在实现“学习、协作、创新、创造”的智慧型人才培养。该路径以“学习、协作、创新、创造”目标为抓手，以“动态、聚合、联通、适应”特征为需求，以“对话、合作、探究、展示”宗旨为动力，以“课程、资源、技术、环境”系统为规范；可以概括为“可用技术、可用策略、可用空间和可为服务”（图 1-5）。

“可用技术”夯实了智慧型课程推进的可能性与基本条件；“可用空间”诠释了智慧型课程推进的核心价值；“可用策略”保证了智慧型课程推进的深度和成效；“可为服务”界定了智慧型课程服务的目标人群。理清这四个基本问题有助于改进不足，构建智慧型课程发展的实践路径。

① 杨成，缪培培，胡旺. 互联网+背景下智慧学习支持服务研究[J]. 终身教育研究，2017，（1）：51-57.

② 高媛，黄荣怀. 《2017 新媒体联盟中国高等教育技术展望：地平线项目区域报告》解读与启示[J]. 中国电化教育，2017，（4）：15-22.

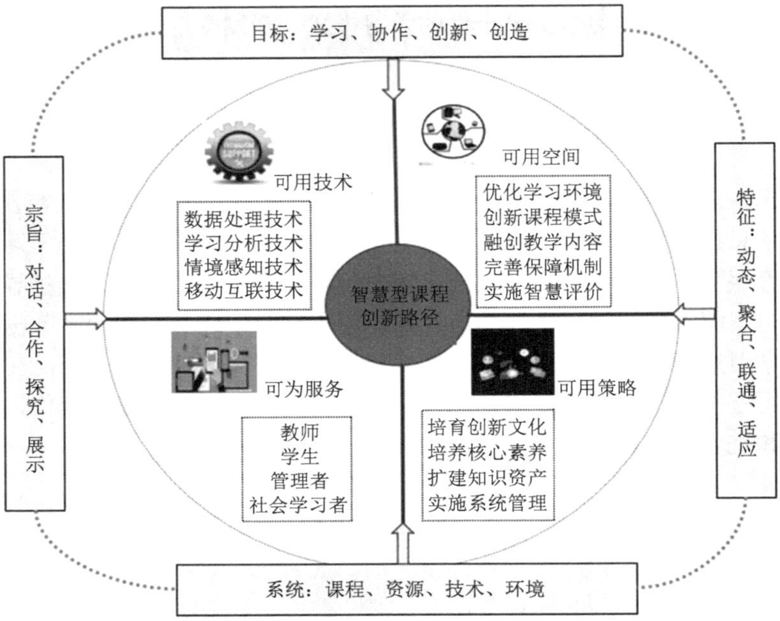

图 1-5　智慧型课程的创新路径

1.5.1　四种可用技术

1. 数据处理技术

数据处理技术涉及对数据进行分析、加工、采集、转换、计算、存储、检索等技术，它使教育信息成为可捕捉、可量化、可传递的数字存在，能通过真实的数据发现教与学的关系。智慧型课程的学习管理系统、课程管理系统、网络互动平台应用，学习者的学习行为、学习状态等，使数据海量增长、使运用数据处理技术考察教育过程成为可能。

2. 学习分析技术

学习分析起步于对学习资源如学习管理系统等的挖掘。①自 2011 年起，作为教育信息技术发展风向标的美国《新媒体联盟高等教育技术展望：地平线项目区域报告》已连续几年将“学习分析技术”列为短期和长期的关键技术，并预测未来将得到普及。学习分析技术提供深入的教学分析及针对性的教学干预，可以处理海量学习者的问题，为学习者推荐学习轨迹、开展适应性学习，发挥学习过程数据的价值，改善智慧型课程的考核方式。②

3. 情境感知技术

情境感知技术是入境学习的关键技术。学习情境识别是个性化学习资源推送、学习

① 吴永和，曹盼，邢万里，等. 学习分析技术的发展和挑战——第四届学习分析与知识国际会议评析[J]. 开放教育研究，2014，（12）：72-80.

② 魏顺平. 学习分析技术：挖掘大数据时代下教育数据的价值[J]. 现代教育技术，2013，（2）：5-12.

伙伴连接以及学习活动开展的前提。[①]提升学习体验、丰富感官刺激的技术，如 3D 打印技术、VR 技术、增强现实（augmented reality，AR）技术以及未来将出现混合现实的 MR 技术等，能够让学习者真实感受问题，为在线教与学创造交互的沉浸式体验，实现虚拟融合的交互情境。

4. 移动互联技术

移动互联技术指将移动通信、互联网、大数据、云计算等结合起来，模拟真实世界的体验，以提升智慧型课程内容的表现力与体验感。物联网架构起课堂与生活的桥梁，给学习者提供了广阔的网络学习空间；云计算提供了在线教学的网络设施和硬件设备；大数据有助于分析、处理课程教学中的信息数据；移动互联网则源源不断地汇聚、接收在线教学系统的数据。[②]随着智能终端、移动应用的普及，移动互联技术应用于在线教学愈加广泛。

这四类技术多次被美国新媒体联盟发布的《高等教育技术展望：地平线项目区域报告》提及，并被视为未来 3—5 年内教育中技术应用的趋势。这些技术凸显了学习者对更为丰富的学习形态的期待，也勾画了未来在线学习方式、教学范式以及网络学习空间的发展图景。因此，智慧型课程发展需要融入多种技术，借助社交媒体、合作学习软件以及技术支持等工具，关注资源的价值。

1.5.2　五种可用空间

1. 优化学习环境

智慧型课程应为学习者创建智慧学习环境。智慧学习环境是一种感知学习情境以促进有效学习的场所或活动空间[③]；是以学习平台、学习工具、学习资源和学习活动为支撑，对学习过程的学习数据进行挖掘和分析，能够生成适配的学习任务和活动。[④]基于智慧学习环境，感知并获得学习情境、终端设备、学习者特性等信息，有助于提供泛在化、入境式的学习体验，提供任意时间、任意地点、任意方式、任意步骤的学习诉求。

2. 创新课程模式

创新课程模式指创造性地开发全新的课程或有特色的课程主题单元，延伸课程的学习领域，实现课程在广度与深度上的全面发展，凸显学科的品性、特色，促进课程变革。因此，在线开放课程发展应遵循个性化、迁移性等原则，采用智慧学习、微学习等多样态的教学法，组建学习共同体，采用以智慧提升为核心、以创新创造为目标，融合多种

① 张琪，章颖华. 情境感知的科技文献协同推荐方法研究[J]. 现代图书情报技术，2012，（2）：4-6.

② 王娟，吴永和. “互联网+”时代 STEAM 教育应用的反思与创新路径[J]. 远程教育杂志，2016，（2）：90-97.

③ 黄荣怀，杨俊锋，胡永斌. 从数字学习环境到智慧学习环境——学习环境的变革与趋势[J]. 开放教育研究，2012，（1）：75-84.

④ 冯翔，吴永和，祝智庭. 智慧学习体验设计[J]. 中国电化教育，2013，（12）：14-19.

方式的融创式智慧教学模式。①

3. 融创教学内容

智慧型课程推进的价值在于将知识、学习和实践与培养学生的创新精神、实践能力结合起来，使学习由“知、行”统一进化为“知、行、创”统一。②因此，通过沉浸式、情境化、交互式的内容组织，以及本土化的知识建构实现融合创新，为在线开放课程发展寻找新方向。在线开放课程不应停留在知识的传播和内化层次，应以融合互动和创新创造为主，实现知识单元融合、组织结构开放融合、表现形式多样融合、线上线下交互融合、师生主体主导融合、虚实融合等。

4. 完善保障机制

作为公共信息服务产品，智慧型课程是政府、企业等多主体共同发挥作用以实现对教学资源的有效配置，这涉及供给模式构建与运行过程中的各类主体、客体、主客体之间的复杂关系调节。因此，智慧型课程发展需要形成多部门协作、实施、合作的良好局面；完善课程投入、质量监控机制；落实运行、管理、经费等保障措施；坚持工作推进与管理监督并重，建立课程发展的长效推进机制，带动优质教育资源促进教学信息化的全面提升。

5. 实施智慧评价

智慧型课程应为学习者提供个性化、自适应的学习推荐服务、智能导学系统，注重互动交流、问题意识与情境设置，提供适度干预指导，提高学习者的自我效能感。同时，运用大数据和学习分析技术对学习过程追踪，分析学习者的学习行为数据（学习习惯、学习方式、学习参与度、学习轨迹）等，对课程实施进行智能化管理和评价，注重学习者创新、发展、进步的评价③，即在用户体验、自我效能、学习绩效等方面，由单向评价走向多元评价，促进评价更加公正、公平、全面、客观和准确。

1.5.3 四种可用策略

1. 培育创新文化

创新文化是一种以创新的价值理念、制度诉求和行为方式为核心的文化。培育创新文化，有利于激发创新思想、开展创新活动、提升创新能力、培养创新型人才。建设智慧型课程，培育创新文化，是高校优质资源传播共享的内在需求，是提高高校竞争力的关键。智慧型课程的推进，将使创新由平面走向立体、由局部走向全球、由单维走向多维，提升了构建创新型高校的速度和深度。

---

① 陈琳，陈耀华，李康康，等. 智慧教育核心的智慧型课程开发[J]. 现代远程教育研究，2016，（1）：33-40.

② 陈耀华，陈琳. 智慧型课程特征建构研究[J]. 开放教育研究，2016，（6）：116-120.

③ 陈琳. 智慧教育创新实践的价值研究[J]. 中国电化教育，2015，（4）：15-19.

2. 培养核心素养

核心素养的提出及构建，使教育在工具理性和价值理性统一中实现“全面发展的人”的价值。核心素养对开发课程资源起着重要的推动作用。在线开放课程重构了科学性、先进性的课程新体系，聚焦于深度学习能力的培养，即符合核心素养培养的改革要求，并通过目标设定、结构形态、运作机制、资源开发及评价体系，构建特色鲜明、个性显著的开放模式，培养学习者解决问题、批判性思维、探究、自我管理等能力。

3. 扩建知识资产

智慧型课程是能够激发并满足教育者或学习者需要的公共物品，体现了非竞争性和非排他性的公共物品属性；具有创新性、公共性、价值性和稀缺性等知识资产的特征，已成为深化高等教育改革、提高高校教育教学质量及国际竞争力的关键。[①]因此，在线开放课程发展应强调其作为教育领域产品的公益性；同时适度扩大规模，以课程资源、人力资源和组织管理为核心，降低知识转移的成本，提高其竞争优势，打造中国特色的在线教育品牌。

4. 实施系统管理

智慧型课程应搭建知识创新的平台，构建多元化的智慧学习环境，实现智慧体验，促进教学方法、教学模式、管理体制和机制发生变革。课程开发中的规划与设计、技术支持、辅助资源架构，学习者精准需求分析、教师学习过程干预、学习过程追踪、学习效果的全面评估，以及整体设计、内容组织、宣传推广等都需要投入大量的人力和物力。因此，实行一体化服务，是智慧型课程的未来趋势和基本走向。

1.5.4 四种可为服务

作为教育公共信息服务产品，智慧型课程的服务目标是使学习者具备获取同质知识或信息分配的机会，知识价值的有效发挥要回归到学习者本身。教师、学生、管理者和社会学习者是在线开放课程的核心用户。

智慧型课程应为广大学习者提供学习资源和支持服务，为教育管理者提供信息化管理服务；同时能够采集和分析教学终端平台资源，实现教师智慧教学、智慧提问、智慧引导和智慧监督，以及借助智能虚拟助手为学习者提供及时的学习帮助[②]，实现学习者在智慧学习情境下的虚拟学习、探究学习、建构学习和深度学习。

1.6 智慧型课程发展的未来趋势

智慧型课程是教育技术在中国高等教育的重要进展，推进高等教育变革、创新文化、

---

① 王娟，孔亮. 精品资源共享课建设研究——知识资产的视角[J]. 电化教育研究，2015，（12）：68-73.

② 王萍，陈章进，陶媛. 智能虚拟助手的教育应用研究[J]. 现代教育技术，2017，（8）：18-24.

转向深度学习是其发展的长期趋势。[①]当下，“互联网+”新业态正在形成，搭建学习、交流、协作知识创新平台的在线开放课程，其未来发展趋势见图 1-6。

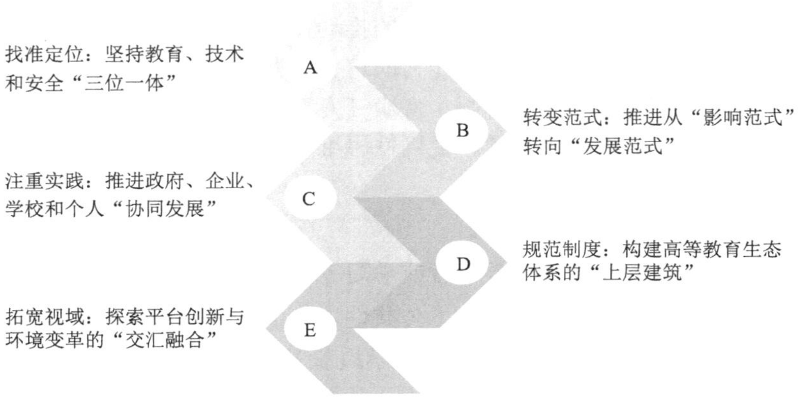

图 1-6　智慧型课程发展的未来趋势

1.6.1　找准定位：坚持教育、技术和安全“三位一体”

教与学层面的创新是教育领域技术应用的最直观变化。智慧型课程发展需要重新理解学习的本质和意义，处理学习者思维与技术的同步性及时空的有效性，需要提供多平台、多终端、易生成、强互动、质量高的课程资源。智慧型课程具有课程资源建设过程“元”化、课程内容动态变化等特点，其发展应处理好数字校园建设中解决网络接入及访问问题[②]；在数据互联互通方面考虑平台、软件、工具的无缝集成和自治系统外的数据耦合问题。

1.6.2　转变范式：推进从“影响范式”转向“发展范式”

作为“互联网+”教育优质开放服务模式，智慧型课程提供了跨越国界的课程服务模式，对于促进教育全方位革新（技术创新、方法创新、实践创新、人才观革新等）具有深远的意义和影响。在线开放课程发展应由技术理性走向技术合理性，转变课程开发理念，在智慧学习环境中使学与教群体与空间资源相互作用，并通过技术应用创新为学习者提供全方位、自适应、个性化的学习体验，运用教育大数据管理提升其数字素养，培养复合思维。

1.6.3　注重实践：推进政府、企业、学校和个人“协同发展”

智慧型课程发展需要遵循教育规律的互联网应用模式，以课程智慧引领学校创新，

① 高媛，黄荣怀．《2017 新媒体联盟中国高等教育技术展望：地平线项目区域报告》解读与启示[J]．中国电化教育，2017，（4）：15-22.

② 黄蔚，高媛，魏雪峰．看“双一流”如何从地平线上跃起——《2017 新媒体联盟中国高等教育技术展望：地平线项目区域报告》解读[N]．中国教育报，2017-03-25（3）.

打破由名校、名师提供课程的单一路径，根据不同类型、不同层次的院校特点，结合学习者的认知能力和实际需求，分层分类推出不同特色、不同水平的课程，明确课程的价值诉求，展开实践探索。①同时，注重实践应用效果，推进“国家指导、企业促进、高校推动、个人参与”的多主体课程协同创新发展模式，形成多方合作共赢的教育组织机制和服务模式，创建课内外结合的贯通式分层次实践教学体系，培养学习者的创新能力。

1.6.4 规范制度：构建高等教育生态体系的“上层建筑”

智慧型课程引发了教育系统中办学与服务主体、教学内容等要素及其关系的变革，这需要体制、机制及制度的保障，以规范其发展。但目前对在线开放课程版权、使用范围和权限做出明确规定的政策少；对课程的学分积累、认定和转换，体制机制改革等制度关注不够。因此，智慧型课程发展需要健全资源的服务标准、技术标准和内容标准，建立课程教育评估系统、监督评估体系、准入和退出机制和认证管理机构，建设以“体验、服务、学生和数据为中心”的课程体系，创设更加多元、丰富的教育生态。②

1.6.5 拓宽视域：探索平台创新与环境变革的“交汇融合”

互联网创新与变革的关键在于共创共享，共创共享的关键在于用户共享。目前，开放教育资源快速增加已成为高等教育中教育技术应用的一种现实性趋势。智慧型课程是促进教育生态体系变革的重要力量，从某种程度上实现了社会性交互，其创新发展需要打造并成功推出群体共享平台，提供智慧学习环境以适应不同学习者的学习风格和学习能力，为终身学习提供支持，最终实现通过平台创新与环境变革，构建共创共享型教育群体生态体系。

【思考与练习】

1. 什么是智慧型课程，它与开放课程的关联与区别体现在哪些方面？
2. 智慧型课程的核心要素有哪些，其开发的一般流程主要包括哪些？
3. 结合实际谈谈智慧型课程发展的创新路径体现在哪些层面。
4. 结合在线开放课程的实际应用情况，谈谈智慧型课程的未来发展。

---

① 李亚员. 国内慕课研究现状述评：热点与趋势——基于 2009—2014 年 CNKI 所刊文献关键词的共词可视化分析[J]. 电化教育研究，2015，（7）：55-61.

② 祝智庭. 智慧学习生态系统研究之兴起[J]. 中国电化教育，2017，（6）：1-11.

第 2 章 智慧型课程教与学模式设计

【学习目标】

1. 了解在线开放课程教学模式和学习模式的种类。
2. 掌握智慧型课程教与学模式的设计要点。
3. 分析智慧型课程教与学模式设计的智慧性体现。

【内容结构】

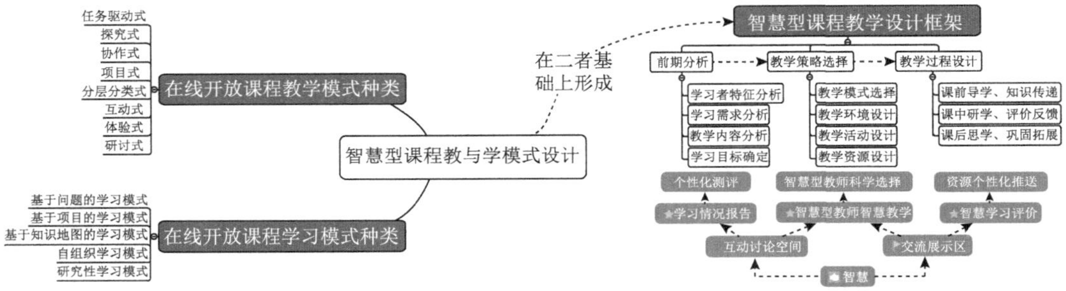

随着技术的成熟，在线开放课程发展过程中先后涌现出视频公开课、精品开放课程、MOOC、SPOC 等课程形态，课程逐渐从平面、单维、静态走向立体、综合、动态。2015 年教育部提出构建有中国特色的在线开放课程体系和课程平台，推动高等教育更新教育理念。智慧型课程教学的核心在于教与学模式的创新，其目标定位不仅仅是让学习者掌握、理解知识，更是锻炼、培养学习者的高阶思维能力和创新创造能力。智慧型课程的教与学模式要博采众家之长，在先进教与学理念的指导下，应用多种先进的技术，培养创新创造型人才。

2.1 在线开放课程教学模式种类

分析国内主流 MOOC 平台的课程获知，行为主义理论指导下的 MOOC 建设与应用是当前的主体。[①]“听讲+练习”课程模式能够让学习者较好地适应，但这仅仅是对传统面授课程的在线迁移，如今已引起大量的诟病。反思和重构在线课程的基本教学模式是

① 郑勤华，李秋菊，陈丽. 中国 MOOCs 教学模式调查研究[J]. 开放教育研究，2015，21（6）：71-79.

当下亟待解决的问题。智慧型教学模式应包括三层含义：其一“为了智慧”，以转变课堂教学中智慧缺失的状况、解决课堂教学中动态生成的智慧问题为指向；其二，“在智慧中”，教学中的智慧问题，要由教师、学生调动智慧来解决；其三，“基于智慧”，从师生的实际智慧水平出发，利用智慧资源，营造智慧场，挖掘师生的智慧潜力。[①]因此，智慧型课程的教与学模式要实现一般性课程目标，还应着力达成学生智慧能力发展这一核心目标。[②]

实践证明，以 MOOC 为代表的在线开放课程对高等教育教学改革产生了深刻影响，目前已开始突破现有教学模式，正向教学方式混合化、教学资源开放化、学生学习个性化、学习过程社会化方向转变。[③]因此，在建构主义和联通主义学习理论的指导下，结合在线开放课程平台，将在线开放课程的教学模式分为任务驱动式、探究式、协作式、项目式、分层分类式、互动式、体验式和研讨式八类，旨在培养学习者的高阶思维能力和创新创造能力。

2.1.1　任务驱动式

1. 概念内涵及特点

“任务驱动”以激发学生学习动机、与教学内容紧密结合、富有趣味性的任务为载体，学习者通过完成某项任务获取知识与技能的一种开放式、探究式教学模式。[④]“任务”是该教学模式的核心，任务设计要贴合学生学习的生活情境，激发其强烈的学习和探究欲望。任务驱动式教学模式的特点是教学过程以学生为主体，以特定的任务为驱动，具体实践中教师的“教”与学生的“学”围绕同一个目标和基于这个目标的若干任务进行。学生在任务驱动下对教学内容的主动学习、对任务的积极探索、解决问题的同时又提出新的任务，形成一个不断提出问题、解决问题的循环教学模型。这种教学方法符合信息技术知识系统的层次性和实用性，形成了“以任务为主线、教师为主导、学生为主体”的基本特征。

2. 基本环节

任务驱动式教学模式的基本实施环节包括情境设计、增强注意、设计任务；集体讨论、共同分析、发现问题；面向问题、理清思路、提示重点；主动探索、领悟意图、完成任务；检查结果、找出问题、总结分析[⑤]，如图 2-1 所示。

---

① 王枏. 智慧型教师的诞生[M]. 北京：教育科学出版社，2006.

② 于颖，周东岱. 走向智慧：智慧型自主探究与协作式教学模式探析——基于第十二届全国小学信息技术与教学融合优质课大赛的思考[J]. 电化教育研究，2015，6（11）：26-32.

③ 宋永刚. 以创新精神构建在线开放课程服务体系——“爱课程”的探索与实践[J]. 中国大学教学，2018，（1）：12-16.

④ 郭绍青. 任务驱动教学法的内涵[J]. 中国电化教育，2006，（7）：57-59.

⑤ 沈爱凤，韩学芹. 职业教育中“任务驱动式”教学模式的探讨与应用[J]. 职教论坛，2016，（2）：46-49.

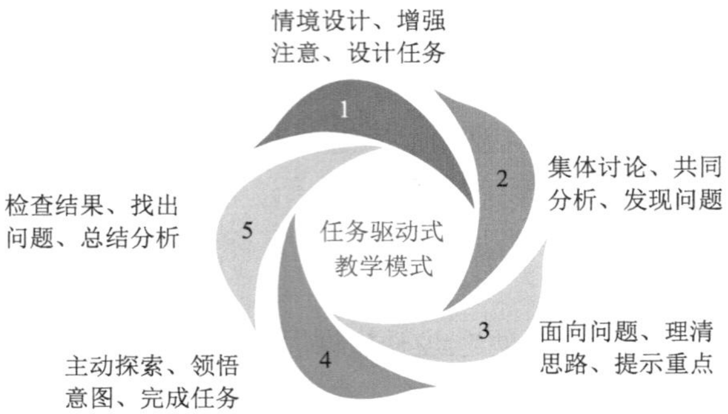

图 2-1 任务驱动式教学基本环节

（1）情境设计、增强注意、设计任务

需要创设与当前学习主题相关的、尽可能真实的学习情境，引导学习者带着真实的“任务”进入学习情境，使学习更加直观、形象化，激发学习者联想，唤起其原有认知结构中相关的知识、经验及表象，进而去“同化”或“顺应”所学的新知识、发展能力。

（2）集体讨论、共同分析、发现问题

在创设情境下选择与当前学习主题密切相关的真实性事件或问题（任务）作为学习的中心内容，问题（任务）的解决使学习者更主动、更广泛地激活原有知识和经验，理解、分析并解决当前问题，这为新旧知识的衔接、拓展提供了平台，有助于探索性学习。

（3）面向问题、理清思路、提示重点

将亟待解决的问题分析透彻，理出清晰明确的思路，并制订出具体的解决步骤。在探究过程中教师应给予及时的帮助，在讲解过程中应向学习者强调重点、难点。

（4）主动探索、领悟意图、完成任务

学习者形成具体解决问题的思路，此时教师应创造主动探索的机会，鼓励学习者进行创新，寻求多种解决问题的思路和方法，并针对学习者特征给予不同的教学策略，如提供指导和帮助，为学习能力强的学生布置高难度的学习任务等。

（5）检查结果、找出问题、总结分析

评价可采取学生自评、学生互评与教师评价相结合的形式。在鼓励学生成就的同时，指出其存在的问题，鼓励学生进行总结反思，促进其应用多种方式方法解决问题。

3. 教学模式分析

任务驱动式教学模式与以往教学模式的不同之处在于其任务设计、教师引导以及学习者的学习都紧紧围绕培养学习者的创新能力展开，因此选取“基于创造思维的任务驱动教学模式”进行分析。李宏岩根据任务驱动教学模式的三要素（教学者、学习者、任务）、创造思维方法和任务驱动的理论基础构建了“基于创造思维的任务驱动教学模式”模型，如图 2-2 所示。①

① 李宏岩，赵丕锡. 基于创造思维的任务驱动教学模式[J]. 黑龙江高教研究，2015，（10）：166-169.

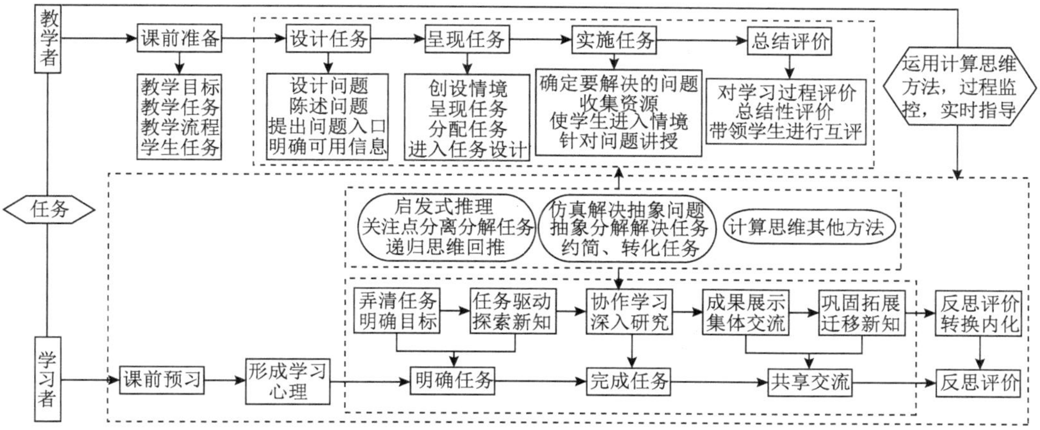

图 2-2　基于创造思维的任务驱动式教学模式图

该模型以“任务”为主线，教学者运用基于创造思维的方法进行设计任务、呈现任务、实施任务、总结评价，学习者在“任务”引导下明确任务、完成任务、共享交流，以达到巩固拓展、迁移新知的目的。该模型在整个教学和学习实施过程中，通过综合运用创造学中关于培养学习者创造思维能力（发散思维、聚合思维、思维的流畅性、灵活性、独特性）的教学方法，提高了学习者的能力。

4. 案例分析

笔者选取西北师范大学张筱兰教授主持的中国大学 MOOC“交互式电子白板教学应用”（图 2-3）为案例进行分析，该课程的授课形式采用的是案例学习、任务驱动、设计及实践的方式，在每一周课程开始之前会发布学习公告，在总结之前教授过的内容的基础上，提出新的问题，发布新的任务（图 2-4）。学习者在课前带着具体的任务有目的地学习，在完成任务的过程中产生新的问题，讨论、思考解决问题的方法，在不断循环中达到知识掌握和迁移的目的，最终通过反思、总结，提升个人的学习能力和思考能力。

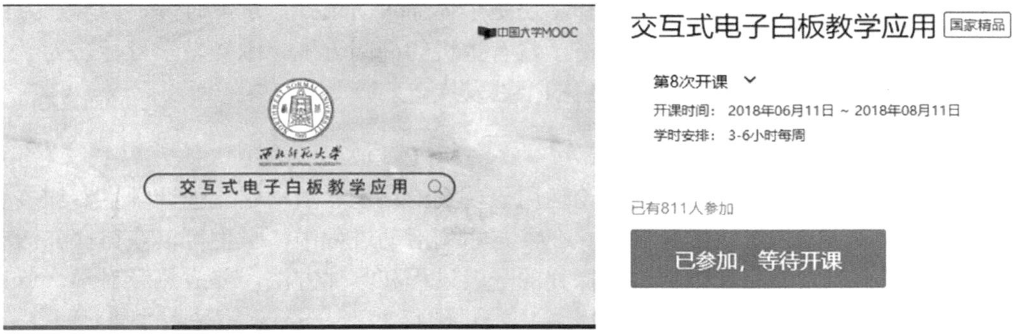

图 2-3　“交互式电子白板教学应用”课程首页

“交互式电子白板教学应用”第三周课程学习公告

诚挚欢迎大家选择学习本课程，并随时欢迎各位对本课程提出宝贵意见。

通过第一周和第二周的学习，相信各位已经对交互式电子白板的基本功能有所了解，在玩转交互式电子白板的同时更加深入了解了交互式电子白板。那么问题来了，在授导式教学与电子白板结合过程中，具体的教学环节中，电子白板如何与讲授式教学不断融合呢？让我们开始“交互式白板环境支持下的授导教学”优化之旅吧！

第三周学习内容正式发布时间是4月2日10：00，学习主题是《交互式白板环境支持下的授导教学》。本周为大家精心准备了以下学习内容：

本周设计了五个活动:电子白板与授导教学、白板支持下的课堂导入、白板支持下的新知讲授、白板支持下的巩固总结、白板支持下的教学方案设计及互评五个方面做了具体且深入的介绍。每个活动基本都是由微视频和交流讨论组成。

第三周需要完成的学习任务主要有四个部分：一是观看每个活动下的微视频；二是完成每个活动后面的交流讨论；三是完成单元测验的20道题；四是完成交互式白板环境支持下的授导教学 / 探究教学的设计方案。这四部分任务要求在规定时间内完成，详见课程内要求。

课程刚开始不久，考虑到还会有不少小伙伴会陆续加入进来，所以我们设置的任务不是严格限定当周完成的，大家可以根据自己的实际情况安排学习并完成任务。

在此祝各位学员学习愉快，有所收获！

“交互式电子白板教学应用”课程团队

2018年04月01日 11:10

图 2-4　“交互式电子白板教学应用”课程学习公告

2.1.2　探究式

1. 概念内涵

探究式教学模式是一种以现代教学思想为理论导向的创新性教学模式。这种教学模式以学与教理论和认知工具理论为主要依据，以开发学生的创造潜能、培养创新精神和实践能力为宗旨，以突出学生的主动性、自主性和独创性为特点，以落实学生学习的主体地位为重点；强调为学生提供大量的观察、操作、实验和独立思考的机会，让学生发现问题和提出问题，通过自主探究，发现知识、获得结论。①

2. 特点

（1）自主性

探究式教学强调以学生为主体，强调主动探索、掌握认识和解决问题的方法和步骤，研究客观事物的属性，发现事物发展的起因和事物内部的联系，从中找出规律，形成概念。

（2）开放性

探究性教学无论在学习场所的选择，还是个体需求的选择，学习时间、内容和方法的选择等方面，都给教与学的过程创造了富有生机的广阔天地。围绕教学目标，为学生创造民主、开放的学习氛围，突出学生的个性发展。②

（3）参与性

探究式学习要求学生把习得的结论运用于现实的环境、活动中，强调学生参加多姿多彩的社会实践活动以解决实际问题。在参与系列活动过程中，学生可以获得探究活动所指向的知识，以及学习和掌握科学探究的一般过程和具体方法，养成热爱科学、尊重事实的科学态度。

---

① 楼娜嫒. 对探究式教学模式下课堂教学评价的进一步探讨[J]. 教学与管理，2012，（15）：105-106.

② 郑国瑞. 高中政治课探究式教学模式的构建与完善[J]. 教学与管理，2014，（9）：134-136.

（4）探究性

探究式教学与传统教学的不同在于设置让学生自主探究的问题，同时提供开放的资源，使学生主动发现问题、提出问题并解决问题，最终实现学习目标。在这一系列的活动中，学习者通过不断探究，在掌握知识的同时，创造性思维及创新能力都得到了培养。

3. 基本环节

智慧型课程教学模式以发展学生的信息素养、自主探究学习能力以及协作能力等高阶能力为目标，其探究式教学的基本环节主要包括创设问题情境，提出探究问题；引导组织探究，自主协作探索；验证假设，得到问题结论；反思评价，总结经验，如图 2-5 所示。

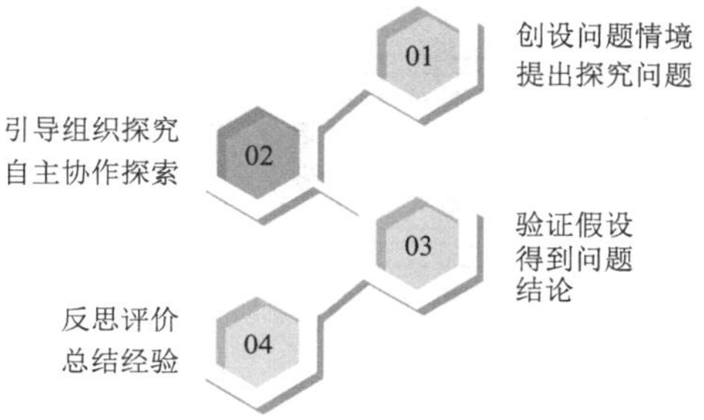

图 2-5　探究式教学基本环节

（1）创设问题情境，提出探究问题

创设情境指学生突然提出问题或接受教师提问并产生解决问题的强烈愿望，作为学习活动的情境，教师需要根据教学目的和内容，根据学生学习状况，注重挖掘问题存在的意义、背景，并据此设计出合理的探究活动情境。

（2）引导组织探究，自主协作探索

探究是教师指导和组织下有方向性的主动认知活动，包括探究形式的适当选择和探究方法的合理选择，可采用独立探究、小组合作探究和班级集体探究的方式。根据要解决问题的难度，可采用的探究顺序是“独立探究—小组合作探究—班级集体探究”。

（3）验证假设，得到问题结论

通过使用软件或根据假设进行试验，将结果与假设对比，得出试验结论。在此过程中教师应对学生做出相应的引导，提供及时的帮助，帮助学生顺利完成验证实验，得出结论。

（4）反思评价，总结经验

反思评价是学生对探究过程进行的思考和评价活动，通过反思评价可以促进学生明确学习目的，增强学习动机，增强主动参与探究的自信心，培养探究习惯。

4. 教学模式分析

目前，探究式教学在课堂应用中没有真正发挥出自主、开放的优势，究其原因在于缺乏相对恰当而丰富的课堂教学模式，没有设计和开发出学生在自主探究过程中需要的探究工具和资源。①因此，智慧型课程的探究式教学应充分让学习者在开放的教学环境中，依据个人需求选择合适的学习资源和工具，通过自主探究或者小组协作完成学习任务。本书以《基于电子书包的探究式教学模式设计——以小学科学教学为例》的教学模式进行分析，如图 2-6 所示。

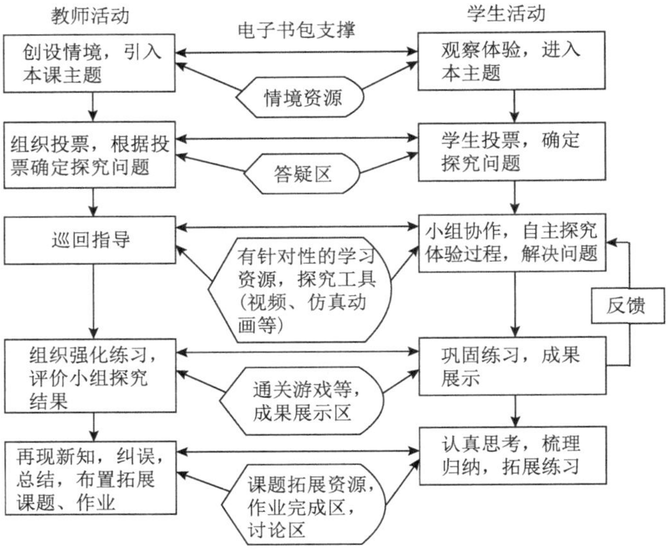

图 2-6　探究式教学模式图

该模式首先进行前端分析，包括教材分析、学情分析和教学目标，教师对教学内容以及学生的掌握情况有整体了解；其次是创设情境，导入课题，通过选取合适的教学资源，使学生通过教师创设的情境发现问题，导入本节课内容；再次是确定探究问题，通过教师引导、学生小组协作和自主探究，探究问题本质从而解决问题，强化练习并进行成果展示；最后是总结反思，拓展练习，小组之间进行互评，小组内部针对他人的评价进行总结反思，提供拓展性资源供学习者在课堂外使用。该模式在自由、开放的教学环境中，在丰富的资源和有力的探究工具支撑下，凸显了学生的主体地位，提升了学生的自主学习能力和问题探究能力。

5. 案例分析

在中国大学 MOOC 选取四川师范大学周建芳教师团队的“信息素养：效率提升与终身学习的新引擎”课程（图 2-7），该课程使用全案例教学，注重探究，在“授鱼”的同时更注重“授渔”，从解决问题的角度选择案例，所选案例贴近实际，更具操作性。例如，让学生认识信息素养概念，教师不是直接讲授案例，而是通过抛出“如何找出 Excel 中 8000 多个身份证号码中的错误”的探究问题，激发学生思考，教师通过列举解决方法，

① 王玉玺，张妲，钟绍春，等. 基于电子书包的探究式教学模式设计——以小学科学教学为例[J]. 中国电化教育，2014，（2）：95-100.

引导学生进行思考，如图 2-8 所示。学生讨论研究解决该问题最便捷的方式并付诸实践，在实践中不断总结完善，最终找出最优的解决方案，通过检索信息、获取信息、利用信息提高解决问题的效率。

图 2-7　“信息素养：效率提升与终身学习的新引擎”课程首页

图 2-8　案例——Excel 检验身份证号

2.1.3　协作式

1. 概念内涵

协作式教学以学习者为中心，在建构主义学习理论、媒体选择理论等理论的指导下，在情境、资源、工具和支架几个方面，为学习者提供必要的服务支持。协作式教学通过独立学习，建立小组相互协作，并在小组间形成竞争的方式，培养学生的自学能力、合作共享能力，兼顾了学生的个性特点，是一种相互协作共同完成教学目标的教学模式。①

2. 基本特征

协作式教学指在同一个协作小组中学习者对同一问题用不同的观点进行观察、比较、分析、综合等交互协作的学习活动，它具有如下特点。②

① 刘巍，蔡霞. 协作式教学模式在计算机基础课程的应用[J]. 计算机时代，2014，（3）：49-50.

② 杨秋喜. 基于大学城空间网络的协作式计算机英语教学模式的探索[J]. 湖北经济学院学报（人文社会科学版），2012，9（7）：193-194.

（1）协作式教学过程是一种交往的过程

协作式教学要求学习者能够依据明确的目标，在教师引导下自觉、主动地完成任务，在这个过程中生生之间、师生之间通过各种中介进行认知、情感、态度、价值观等多方面的信息交流。

（2）协作式教学环境中师生地位是平等的

在协作式教学环境中，教师不再是整个课堂的主导者，而是转变为引导者、协助者，指引学生保持正确的学习方向；学生由信息接受者转变为信息的生产者和传递者。二者都是为了一个共同的目标相互协作，解决问题。

（3）协作式教学注重学生的个性

在协作式学习过程中，学生是积极参与者，每个人都有着明确的分工，同时又是协助者、被协助者，这有助于培养学生自我负责、与他人协作的态度，形成自主、独立、善于合作的人格。

（4）协作式教学能够丰富教学内容，扩大认知空间

协作式学习环境下的学习者可以根据自身兴趣成立探讨某专题的协作小组，通过小组成员在查找资料以及分享彼此见解的过程中，丰富教学内容。学习者能够独立判断信息，客观分析他人见解，开阔思维空间，辩证地看待问题。

3. 基本环节

智慧型课程的协作式教学更加注重创设真实的情境，从而明确学习任务；可以提供丰富的资源供学习者选择，支撑学习者的协作学习以及拓展性知识的获得；学生之间的沟通方式快捷多样，有助于快速获取他人经验、激发创作潜能、开阔视野、拓展思维模式。基于此，协作式教学的基本环节分为提出学习任务，创设学习情境；组成协作小组，制订协作准则，选择角色分工；积极协作交流，共享学习资源，共同承担学习任务；汇总问题、分析问题、解决问题；完成任务、量化评估、针对指导五个环节，如图 2-9 所示。

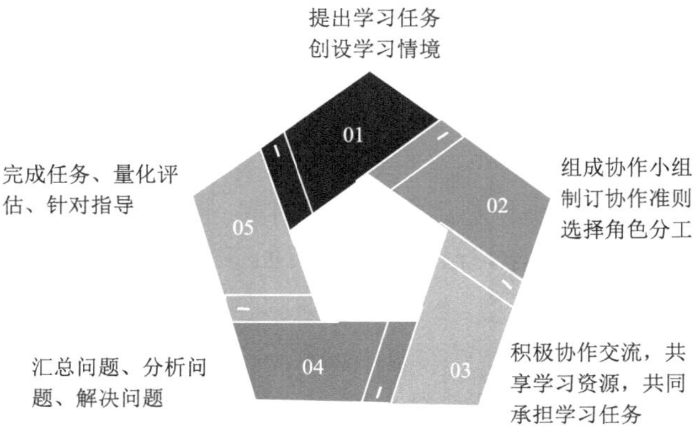

图 2-9　协作式教学基本环节

（1）提出学习任务，创设学习情境

教师通过创设与学生真实学习生活环境相贴合的情境，在情境中展示学习任务，在激发学生兴趣的同时驱动其积极思考、寻找解决问题的办法。

（2）组成协作小组，制订协作准则，选择角色分工

根据学习任务的类型以及学生情况选择合适的分组，制订每个成员必须遵守的基本准则，根据成员的兴趣，能力尽可能地提供扩展知识和技能，从而担任不同的角色，协作交流，共同解决问题，最终完成任务。

（3）积极协作交流，共享学习资源，共同承担学习任务

每个成员明确各自分工后，开始寻求相关资料，通过平台或面对面的形式将搜集的信息和学习资料与组内其他成员共享，实现师生、生生之间的双向互动。

（4）汇总问题、分析问题、解决问题

在分享过程中，小组成员将提出的问题汇总，问题汇总之后组内成员之间、组与组之间对问题进行分析，教师在此时提供适当的帮助，最终解决问题。

（5）完成任务、量化评估、针对指导

完成任务后，教师根据学习者的参与度以及完成任务的数量进行量化评估，得出学生的学习情况以及知识掌握情况，将薄弱环节在巩固练习中给予重视，做到及时突破。

4. 教学模式分析

未来课堂以互动为核心，而协作学习是一种高互动的教学模式，因此未来课堂具备的功能可以为协作学习提供非常有利的条件。首先，未来课堂多屏显示技术和智能环境控制系统有利于协作学习情境创设和协作成果展示；其次，基于泛在网络和云端的未来课堂有利于教师协作任务与活动设计和学生自主探索学习；最后，未来课堂活动桌椅便于学习者组成协助小组进行互动。①因此，未来课堂应选取基于云平台的未来课堂协作学习模型进行分析（图 2-10）。

未来课堂协作学习以群体动力学、建构主义和情境认知与学习等理论为基础，基于云端学习平台，通过协作小组间互助、合作完成教学目标，最终达到对知识意义的建构、技能的提升和情感态度的升华。该模型由课前准备、课堂学习和课后反思三个过程组成，三个过程相互补充，构成了未来课堂完整的有机整体。未来课堂的协作学习是一种“多对多”的学习模式，其学习途径具有多样性，其成果具有可分享性，这为智慧型课程的协作式教学模式设计提供了参考。

① 肖兵，黄烟波. 未来课堂协作学习模式研究[J]. 现代教育技术，2013，23（12）：20-25.

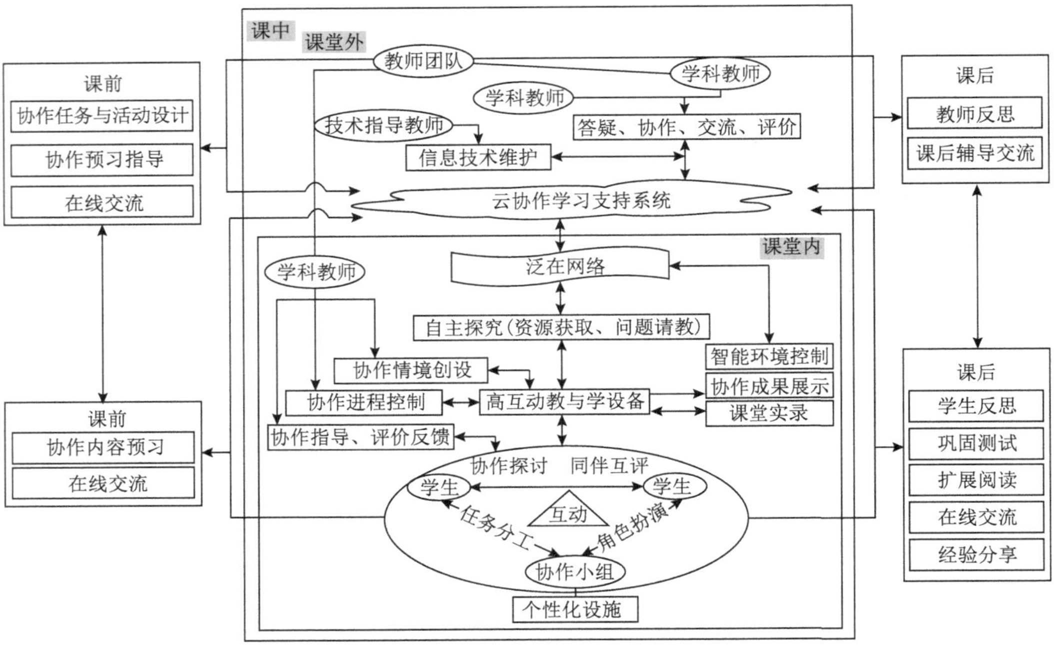

图 2-10 未来课堂协作学习模型图

5. 案例分析

中国大学 MOOC 平台上由郑州大学徐春华副教授主持的“信息技术及教育应用”（图 2-11），采取了小组协作的方式开展教学，如在第六单元多媒体设计与制作课程讲授结束后，讲授者发布课后作业——数字故事，要求学生自选主题用 PPT 制作一个数字故事作品，并形成在线小组，作品完成后首先在小组内部分享演示，相互提出修改建议，进行修改完善，最后上传到教学平台，学生间互评并进行反思总结，如图 2-12 所示。这是典型的小组协作教学模式，小组是在线小组，小组之间交流的方式是通过社交软件以及课程平台，通过小组协作学生能够更好地将理论应用于实践，学生的学习积极性、自主学习能力、竞争意识与合作精神、理解能力和评价能力以及创新能力与创新精神都得到不同程度的提升。

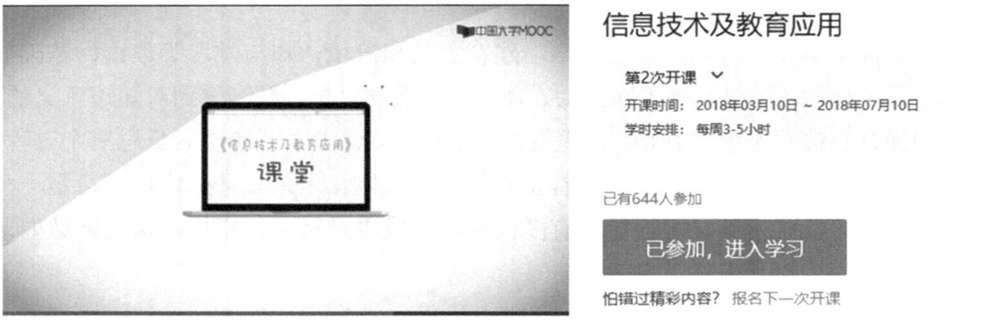

图 2-11 “信息技术及教育应用”课程首页

第六单元数字故事作业提交和互评时间（以此为准）

每位同学自选主题 ppt设计制作一个数字故事作品，PPT页数在30页左右。
时间进度与要求：
1.5月17日前，建议先小组内部分享演示，相互提修改建议，进行修改完善，再上传到教学平台。
2.5月18-20日，同学互评。
3.撰写总结反思

作业提交阶段
截止时间：2018年05月17日 23:30

学生互评
开始时间：2018年05月18日 00:00
截止时间：2018年05月20日 23:30

图 2-12　“信息技术及教育应用”　课程第六单元公告

2.1.4　项目式

1. 概念内涵

项目式教学是以学生为中心，在教师引导下依托某个实际或虚拟项目或专业领域内的竞赛命题，把该课程中所需讲授的基础知识和基本原理，与其对应的实践部分串联、融合在一起，用项目实操的过程和方式呈现在教学中，学生根据项目主动获取相关知识的教学方法。①在该过程中学生的主体地位得以体现，教师成为引导者和协助者，有利于锻炼学生的组织能力和知识应用能力，培养其动手实践能力和创新能力。

2. 教学特点

项目式教学最显著的特点是“以项目为主线、教师为引导、学生为主体”，是学生主动参与、自主协作、探索创新的新型教学模式。②

（1）目标指向的多重性

对学生，通过转变学习方式，在主动积极的学习环境中，激发好奇心和创造力，培养分析和解决实际问题的能力。对教师，通过转变教育观念和教学方式，从单纯的知识传递者变为促进者、组织者和指导者。对学校，建立全新的课程理念，提升学校的办学思想和办学目标，通过项目教学法的实施，探索组织形式、活动内容、管理特点、考核评价、支撑条件等的革新，逐步完善和重新整合学校课程体系。

（2）实践性与体验性

项目式教学强调学习者通过借助教师的协助，在丰富资源的支撑下自主发现、协商合作完成整个项目，将所学的理论应用于实践，形成终身学习的能力，以适应社会的发展，其注重的不是最终的结果，而是让学习者在完成项目过程中获取知识、技能及解决

① 聂晶晶. 采用项目式教学模式提升教学效果——以“商业空间设计”课程为例[J]. 中国大学教学，2017，（8）：73-75.
② 朱金秀，陈小刚，朱昌平，等. 项目式实验教学的探索与实践[J]. 实验室研究与探索，2008，27（11）：93-95.

问题的办法，培养学习者的责任感及团队协作能力，培养学习者对知识进行自主深化与拓展的能力。

（3）综合性和开放性

综合性指项目式教学融合理论知识和实践操作于项目之中，每个项目的实施都包含了多方面的知识和技能；开放性指不只局限于书本，也不只局限于从某个角度看问题，它所涉及的问题都是非常实用的、不断变化发展的，可以从多个角度进行分析。①

3. 基本环节

项目式教学注重以学生为中心，以具体项目为导向，强调团队合作学习，促进学生在完成项目的过程中不断探索解决现实中可能遇到的问题的方法。在构建可操作性项目时，主要考虑以下环节：选定项目—制订计划—实施项目—交流评价。

（1）选定项目

教师根据学生的兴趣和能力、课程大纲、环境资源等条件，选择一个可以围绕其项目活动的题目，同时考虑教学目标，如何与学生已有的知识联系起来等。

（2）制订计划

确定好题目后，教师依据自身的经验和知识，拟定一个项目活动的基本框架，制订初步计划。教师要充分设计好各个环节的活动，各个环节之间的内容要清晰。

（3）实施项目

创造机会让学生走出教室实地探索，鼓励学生与专家谈话。教师适时提供资源帮助学生探究，同时为学生的实践活动提供各种建议；要让学生通过探究、与他人的协作、与专家学者的交流等实现有意义的学习，体验在真实情境中解决真实问题的过程。

（4）交流评价

项目完成后，每个团队展示探究结果。教师对各个团队在项目实施各个环节的表现以及最终的作品展示进行综合评价，并与学生交流完成项目的经验，引导其反思并改正不足之处。

4. 教学模式分析

将翻转课堂与项目式教学结合起来，一方面可以利用各种先进的教学手段增强教学效果，将抽象的知识转化成便于学生理解的形式；另一方面，融入了翻转课堂的项目式教学，延长了学生的学习时间，学生可以根据自身情况选择并安排学习内容，如选择丰富的网络资源。另外，基于翻转课堂的项目式教学可以灵活安排学习进度等，提高了学习效率。本书选取基于翻转课堂的项目式教学模式进行研究，该模式由教师教学结构图和学生学习结构图组成，如图 2-13、图 2-14 所示。

---

① 宋朝霞，俞启定. 基于翻转课堂的项目式教学模式研究[J]. 远程教育杂志，2014，32（1）：96-104.

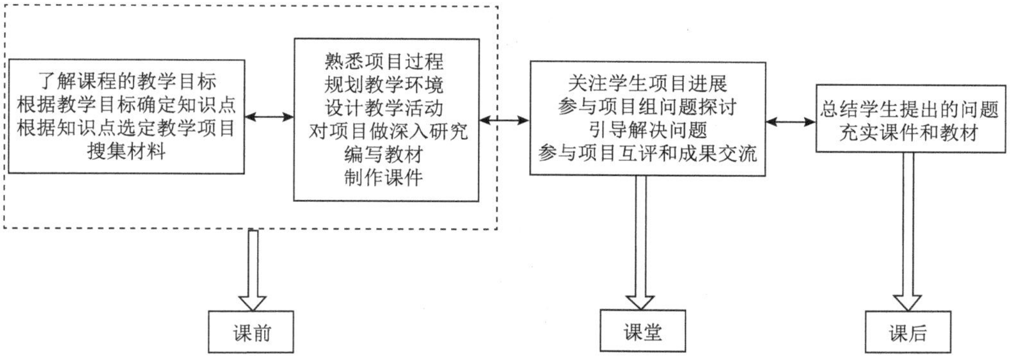

图 2-13　基于翻转课堂的项目式教学中教师教学过程结构

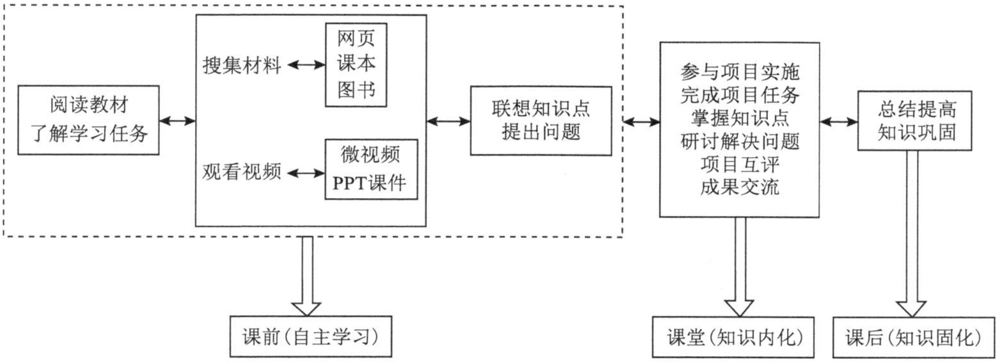

图 2-14　基于翻转课堂的项目式教学中学生学习过程结构

课前，教师在明确教学目标、制订好教学大纲的前提下确定知识点，根据知识点选定教学项目、搜集材料，之后教师要规划教学环境，设计相应的教学活动及准备教学资源；学生在课前先阅读教材，了解学习任务之后，开始搜集材料并观看教师录制的视频，在理解知识点的基础上提出问题。课中，教师随时关注项目进展情况，与学生共同探讨问题，引导学生找到解决问题的方法，同时参与项目的评价及成果交流；学生在参与项目到完成任务的过程中，掌握了知识点，解决了问题，得到了他人的评价以及经验的交流，这是一个知识内化的过程。课后，教师根据课上的情况，总结学生提出的问题，充实课件和教材；学生反思在项目完成过程中的收获和不足，总结提高，巩固知识。

该模型将翻转课堂融入项目式教学中，学生的主体地位和教师的主导地位得以体现。师生互动使得教学过程活跃起来，学生在轻松愉悦的状态下学习知识，在学习效率提高的同时，自身各种能力也得到提升。

5. 案例分析

我们选取了“爱课程”网中的由纪方、梁一凡等教师团队制作的“走进项目学习”系列课程（图 2-15）中分享的案例“‘画’说永定门”项目教学设计，其中一个项目的主题是“画”说永定门——走中轴品京味之南中轴。教师通过提出核心问题、驱动问题及内容问题逐步激发学生思考。通过对永定门的资料搜集、筛选、整理，绘制不同时期的平面图，能用地图简要描述地理事物的变化；通过对永定门未能完全复建的探究，引发观察和思考，学会运用地理的视角分析问题，解决问题；初步树立各地理要素间相互影响、相互制约的观念，逐步树立可持续发展观；在小组合作汇报与展示的过程中锻炼学生的人际交往及合作能力。

图 2-15 “走进项目学习”课程首页

2.1.5 分层分类式

1. 概念内涵

分层教学是在教学进程中针对学生的个性特征、知识基础和接受能力等，设计多层次的教学目标，并采用相应的教学方法与手段，使不同层次学生都得到应有发展的教学模式。分类教学是根据学生不同的兴趣爱好、年龄特点、性别差异等，选择不同的教学内容，促进其掌握相应技能的教学。分层分类教学符合从实际出发的教学原则，有利于因材施教。①

2. 特点

（1）注重因材施教

分层分类教学是根据学生的个性差异、心理差异、基础和能力差异，在教学中有区别地制订教学计划、设计课程内容、控制教学进度、变换教授方式、确立评估体系，使学生在最适合的学习环境中求得最佳发展。②

（2）体现学习个性化

对于同一知识，不同的学习者接受程度不同，因此要实行分层分类教学。对于接受能力强的学生，为其提供更多学习资源供其自主学习，针对学习能力较弱的学生，教师提供更多的指导，从而使每个学习者都能在最适合的学习环境中得到最佳发展。

① 王春模，周荣虎，张林龙. 高职院校实施分类培养分层教学模式的探索与实践[J]. 教育与职业. 2016，（2）：103-105.
② 徐士芳，李祥春. 分层分类教学模式探析[J]. 晋中学院学报，2007，（1）：112-115.

（3）促进学生共同进步

分层分类教学针对不同类别学生的实际情况开展教学，使教学目标、内容、进度及方法等更符合实际学习，从而确保教学与学生的现有水平相适应，并不断挖掘学生的潜在能力，使每个学生的认知水平通过教学活动得到不断提升。

3. 基本环节

依据因材施教的教育思想、维果斯基的“最近发展区”理论及布鲁姆的“掌握学习”理论，将分层分类教学的基本环节划分为：学习者分类、教学目标分层、教学内容分层、教学方法分层和考核评价分层五个环节。

（1）学习者分类

根据一定标准将学习者分类，如将学习者分为理论能力强但实践能力弱、理论能力弱但实践能力强、理论能力和实践能力都强以及理论能力和实践能力都弱四大类。

（2）教学目标分层

根据不同类别的学生学习需求、能力高低及接受程度的强弱，将教学目标分为识记、理解、应用、分析、综合、评价六个层次，通过运用合理的教学方法调动学习者学习的积极性，激发其主动参与课堂教学活动的欲望，使每个学生都能学有所获。

（3）教学内容分层

在选择教学内容前，要先了解学生的现有知识结构、知识水平和技能素质，依据学生情况和教学目标，选择相应的教学内容。例如，对于理论能力强但实践能力弱的学生，要增加更多实践的内容；对理论和实践能力皆强的学生，要增添一些拓展型、设计型的内容，使其创新能力和研发能力得到培养；对于理论和实践能力皆弱的学生，要安排一些基础性内容。

（4）教学方法分层

依据学生特点灵活采用不同的教学方法，如针对基础较弱的学生，为其讲解基础性知识，以“多讲多学”为主；针对理论能力强但实践能力弱的学生，为其多分配实践性较强的任务，增强实践能力，以“精讲多练”为主；针对实践能力强但理论能力弱的学生，则应多讲解理论性知识，以“多讲精练”为主；针对理论和实践能力都强的学生，让其多参与复杂的实践活动，以“深讲深练”为主。

（5）考核评价分层

针对不同类别的学生，构建多元考核模式。平时考核包含课堂表现、出勤情况等；最终考核包含理论性考核和实践性考核，理论性考核和实践性考核都依据学生的分类，设置不同的难度，从而检测教学效果，并修改完善教学目标。

4. 教学模式分析

借鉴翻转课堂、MOOC 模式的优势，将其融入分层分类式教学中，本书选取《线上线下一体化"互联网+"个性化教学模式研究》中的教学模式，如图 2-16 所示。①

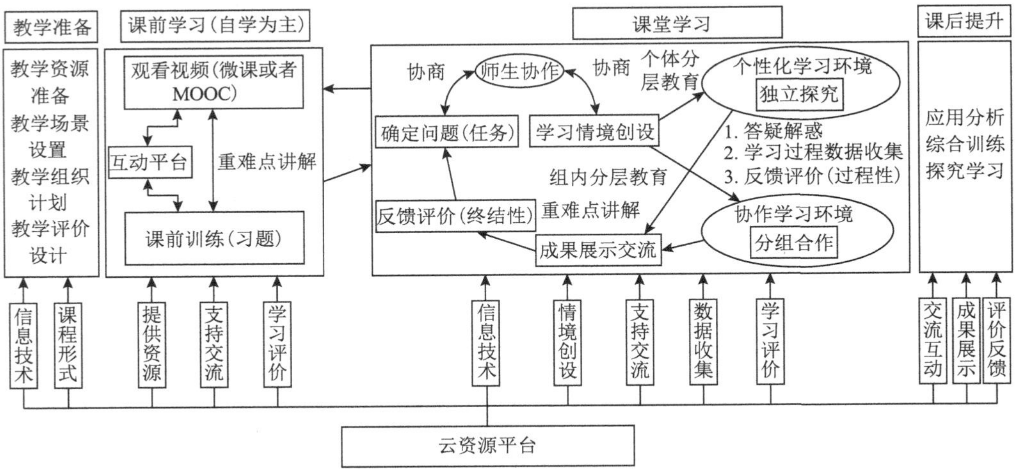

图 2-16 "互联网+"教育的线上线下相结合的教学模式

在教学准备阶段，教师要完成教学资源准备、教学场景设置、教学组织计划和教学评价设计。在课前自学阶段，学生通过观看视频和多媒体资源了解课程的学习目标、教学任务，同时通过课前训练检测知识初步掌握情况，发现问题。

在课堂学习环节，教师首先构建完整明确的学习场景，抛出多个与教学目标相关的学习任务或讨论主题。学生可以选择教师提供的多个主题之一，也可自主确定主题；学生选择独立探究学习或协作学习方式，小组成员的分派依据学习成绩、认知能力、认知方式、性格差异等因素；教师在这个过程中进行个性化指导，聆听并记录学生学习的难点，观察学生的总体表现，判断教学目标是否实现；学生进行成果展示，教师对其进行评价，同时讲解重难点；最终教师根据学生的表现评定成绩，也可通过布置习题或测试来评测学生知识技能掌握情况。

在课后提升环节，教师根据学生的能力，布置任务以拓展学生的知识面、提升其学习能力。任务的形式可以是对知识技能的综合应用，完成大型的项目，也可以选择合适主题进行探究学习。学生在平台上传各自的学习成果，交流学习经验或讨论学习过程中遇到的问题，从而不断完善自我。

互联网环境下的教学评价强调学生的差异性、测试场景的复杂性和有效性，注重学习过程的阶段性考评，累积学习者个体学习状态和结果数据，不断调整学习计划和习惯，促进个人学习经验积累，最终提升自主学习和协作学习的能力。分层分类式模型立足个性化和协作化相结合的教学方式，既尊重个体的学习习惯、学习兴趣，又能根据不同的认知能力组成协作小组；既能让学习者根据自身能力进行分层递进式学习，又能让学生在合作中取长补短，促进情感交流，将学习动力进行内化，获得适合自身需求的教学体验和知识能力。②

① 董骁，张华，张丹，等. 互联网+线上线下相结合的教学模式探索[J]. 现代职业教育，2018，（22）：66-67.
② 颜正恕，徐济惠. 线上线下一体化"互联网+"个性化教学模式研究[J]. 中国职业技术教育，2016，（5）：74-78.

5. 案例分析

由谢幼如教授主持的在线开放课程“电子书包教学应用”（图2-17）中的第三讲——电子书包支持的个性化，提出了电子书包支持下问题导向式个性化学习模式流程图，如图2-18所示。以“用线条、色彩画感觉”为例，说明电子书包对个性化教学的支持。教师将绘画鉴赏范例发送至学生端，学生利用电子书包进行观摩，并进行在线投票，确定鉴赏范例；学生利用电子书包中的绘图工具进行个性化练习，在练习中突破课程重难点等。在这个过程中，学生的差异性得到关注，教师对每个学生的知识掌握程度有了更确切的了解，学生也能根据个人情况及时调整学习策略，从而提高学习效率。

图2-17　“电子书包教学应用”课程首页

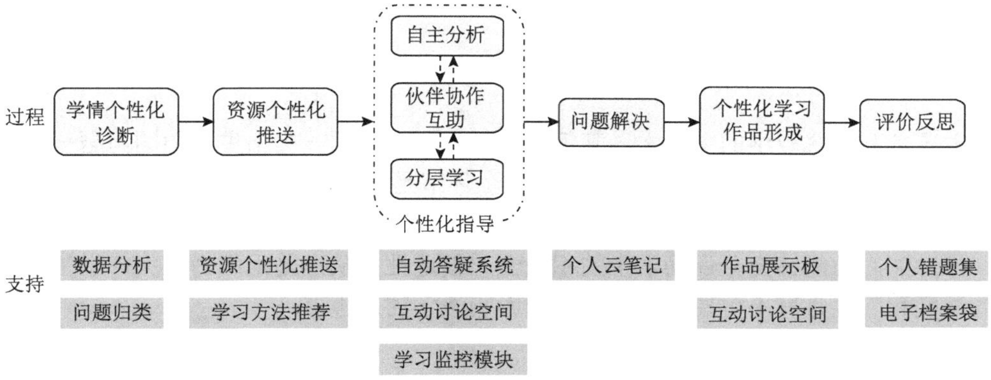

图2-18　电子书包支持下问题导向式个性化学习模式流程图

2.1.6　互动式

1. 概念内涵

互动式教学模式是在教师的启发和引导下，师生之间、生生之间采用对话、研讨和交流等学习方式，形成互动学习机制，调动学生学习的主动性，开发其创造性思维，培养其学习能力的一种教学模式。[①]互动式教学要基于学生已有的知识建构，结合其特点

① 唐世刚，钟万林. 互动式教学模式构建研究[J]. 教育理论与实践，2013，33（18）：42-43.

和需要，因材施教，这也是学生知识建构的自我完善和更新过程，是自发的知识认知和吸收内化过程。①

2. 基本特征

（1）注重师生互动

互动式教学注重师生之间知识与信息的双向互动。师生之间的关系是平等的，课堂氛围是和谐的，师生之间坦诚地进行对话。学生不再是被动的知识接收器，而是积极主动地参与，在问题探究、专题讨论和案例分析等环节中发挥主体作用。教师不是单纯的知识传声筒，而是在整个教学过程中起着组织和引导的作用。

（2）注重情理交融

通过师生互动，教师引导学生在知识发现过程中深化对理论知识的理解，增强学生的综合素质，提高其学习能力、创新能力、实践能力、交流能力和社会适应能力。互动式教学有助于促使学生从多角度、多侧面、多层次提出问题、分析问题和解决问题。

（3）注重教学相长

在互动式教学中，教师作为教学活动的设计者、组织者和引导者，需要不断依据学生的实际情况和课堂表现及时调整教学策略、优化教学过程，促进学生知识、能力和素质的协调发展。同时教师的知识需要不断更新，能力需要不断提高，素质需要不断增强。

3. 互动式教学的类型

（1）主题探讨法

主题是互动式教学的主线索，其策略一般为抛出主题—提出主题中的问题—思考讨论问题—寻找答案—归纳总结。教师在前两个环节是主导，学生在中间两个环节是主导，最后教师作主题发言，也可请学生代表作主题发言。这种方法优点是主题明确、条理清楚、探讨深入、能够充分调动学生的积极性、创造性；缺点是组织力度大，学生所提问题的深度和广度具有不可控制性，往往会影响教学的进程。

（2）问题归纳法

教学内容在实际生活中的表现以及存在问题由学生提出，然后教师运用书本知识解决上述问题，最后归纳总结所学基本原理及知识。其策略为提出问题—掌握知识—解决问题，在解决问题中学习新知识，在学习新知识中解决问题。这种方法的优点是目的性强，理论联系实际好，提高解决问题的能力快；缺点是问题较单一，知识面较窄，解决问题容易形成思维定势。

（3）典型案例法

运用多媒体、3D 打印、互联网平台等形式将精选个案呈现在学生面前，请学生提出

① 顾佳峰. 高等教育中的互动式教学——以北京大学“世界课堂”为例[J]. 黑龙江高教研究，2013，31（2）：24-27.

解决方案，然后抓住重点、热点作深入分析，最后上升为理论知识，策略为案例解说—尝试解决—设置悬念—理论学习—剖析方案。这种方法的优点是直观具体、生动形象、环环相扣、对错分明、气氛活跃；缺点是理论性学习不系统、不深刻，典型个案选择难度大，课堂知识容量较小。

（4）情境创设法

依靠教师在课堂教学中设置启发性问题，创设提高学生思维活跃度和创造性解决问题的场景，其策略为设置问题—创设情境—搭建平台—激活学生。这种方法的优点是课堂知识容量大、共同参与性高、系统性较强、学生思维活跃、趣味性浓；缺点是对教师的教学艺术水平和调控能力要求高、对学生配合程度要求高。

（5）多维思辨法

把现有定论、解决问题的经验方法提供给学生，让学生挑刺，提出优劣加以完善，还可以有意设置正反两方，掀起激情风暴，在争论中明辨是非，在明辨中寻找最优答案。其策略为解说原理—分析优劣—发展理论。这种方法的优点是课堂气氛热烈，分析问题深刻，自由度较大，答案往往没有定论；缺点是要求教师充分掌握学生基础知识和理论水平，教师收放把握得当，对新情况、新问题、新思路具有极高的分析探索能力。

4. 教学模式分析

互动式教学模式具有传统教学模式无法比拟的优势：第一，互动式教学模式的教学环境宽松，注重师生之间的对话、合作和交流，有利于在师生之间建立起“信任感”，打破师生双方角色的限制，促使教学相长，构建和谐民主的师生关系。第二，倡导教师创设良好的教学情境，引导学生发现问题和不足，启发、设疑，使每个学生都有机会参与到教学活动中，鼓励学生独立思考、大胆质疑、大胆提问、大胆发言，使学生的思维处于运动状态，从而使其自身的潜质得到最大限度的发挥。第三，互动式教学模式采取师生双向沟通的方式进行教学，教师的任务除了鼓励学生分析问题外，还要对学生提出的观点给予分析、评价和引导，使学生的思维更加开阔、多元，从被动学习转向主动学习。因此，笔者选取《互动式教学模式构建研究》中构建的教学模式进行分析，如图 2-19 所示。

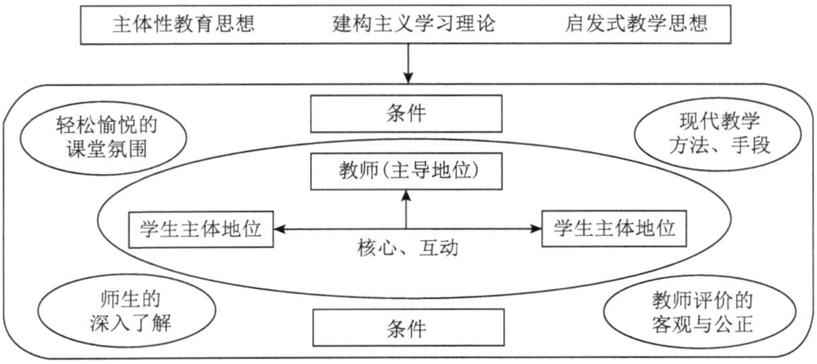

图 2-19　互动式教学模式

该模式综合了建构主义学习理论和启发式教学等教学思想，强调以学生为本。互动式教学模式的基本前提是尊重，传统的师生授受关系变成朋友式的对话与磋商关系，强调平等的对话、彼此的沟通和真诚的交流，使课堂充满互动、民主、和谐。简言之，互动式教学模式是一种充分体现以教师为主导、以学生为主体、以训练为主线、以思维为核心的新型教学模式。

5. 案例分析

浙江大学蒋文华副教授主持的“博弈论基础”课程（图 2-20），旨在让学生建立起基于博弈理论的新思维方式，最终能够用所学的博弈理论深入分析和理解现实问题，并提出对策方案。为了让学生表达自己的观点，该课程在每一讲结束后都开辟了老师课堂交流区，并设置了相应的问题，供学生交流讨论，老师也会参与其中，学生对感兴趣的言论进行深入探讨，从而使其对课程讲授内容理解得更加深刻，如图 2-21 所示。

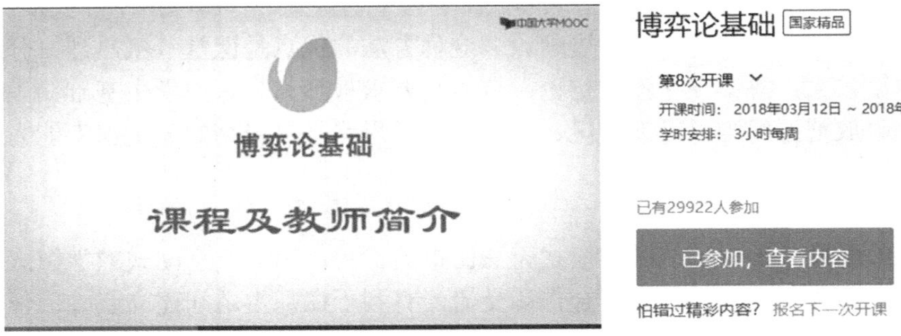

图 2-20　“博弈论基础”课程首页

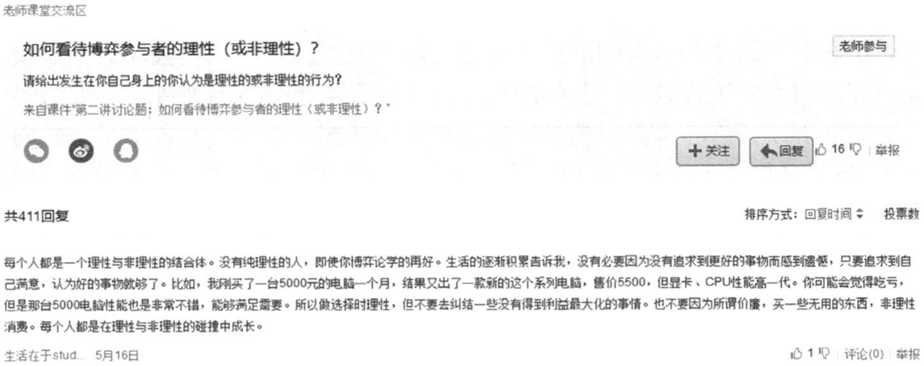

图 2-21　“博弈论基础”课堂交流区

2.1.7　体验式

1. 概念内涵

体验式是教师通过精心设计的活动让学生体验或对过去的经验进行再体验，积累正面的体验，达到对对象本性或内蕴的一种直觉的、明澈的透察，使心智得到改善与建设的一种教学方式。①

2. 特点

体验式教学注重学习者的主观能动性、主体性和个体差异性；注重感性认识与理性思维的结合；注重理论知识指导与实践的结合；注重对学习过程的反思，学习是个体不断发展的过程；情境性与无法复制性，教学过程随情境的不同呈现动态变化的特点，个体感知与收获无法复制；师生之间关系的平等性。体验式教学模式探讨了教与学的关系，体现了学生主体性、学习的主观能动性、学思结合等主旨。②

3. 基本环节

体验式教学模式的实施主要围绕以下五个环节展开：明确目标，转变角色，落实体验，提供指导，总结反思。③

（1）明确目标

作为一种创新的课程教学模式，体验式教学能否得到有效实施，首先依赖于师生的共同认识。因此，课程伊始的导论非常重要，需要教师向学生明确阐明体验式教学的意义、规则、总体安排等，使学生在正式开始学习前能清楚地明白今后在学习过程中需要做什么、怎么做以及为什么这样做，从而为体验式教学的顺利开展奠定基础。

（2）转变角色

师生需主动完成角色的转换。学生应转变为信息加工的主体、知识意义的主动建构者、学习和体验活动的主角；而教师要转变为学生主动建构意义的帮助者、促进者。同时，为了拓展体验的范围、提高体验学习的效果，应进行学习小组的构建，使其中一部分体验能够以团队的形式展开。

（3）落实体验

在体验式教学中，教师的主要任务是根据课程大纲中的学习要求，设计和布置不同主题和层面的体验任务（经典阅读、课题研究之类），明确任务、进度要求等，同时明确监督检查规则和评价评分标准。学生或学习小组在按学习进度接到相应的体验任务后，即由其进一步自行设计和确定选题、制订计划、落实分工、开展活动、总结反思、提交成果。在整个体验过程中学生是主体，在体验过程中了解和感知问题、学习相关的理论知识、运用相关的方法、探索解决问题的思路、反思总结过程中遇到的问题或感悟。

① 赵晓晖. 体验式教学在德育教学工作中的借鉴教育管理[J]. 企业家天地下半月刊（理论版），2008，（11）：85-86.

② 冯晨昱. 论体验式教学在高校创新创业教育中的运用[J]. 国家教育行政学院学报，2017，（7）：68-73.

③ 邢以群，鲁柏祥，施杰，等. 以学生为主体的体验式教学模式探索——从知识到智慧[J]. 高等工程教育研究，2016，（5）：122-128.

（4）提供指导

体验式教学强调“以学生为中心”，强调学习者的主动体验。教师要有针对性地指导、检查、提醒、点评，教师的指导和点评可以使学生选择合适的体验主题、从更多角度或更系统地思考问题、更好地进行深入总结和反思，而阶段性的检查和提醒则能加强学生完成体验任务的紧迫性，并迅速发现学生体验中的共性问题加以及时的指导和帮助。

（5）总结反思

总结反思是体验式教学中的升华环节。体验式教学并不主张为体验而体验，而是要通过体验活动促进知识的学习和运用。总结反思不仅针对实践活动，也针对教材阅读、平时思维和行为、课堂行为等；不仅要有学生自身的总结反思，也要有教师的评价反馈。通过“体验—反思认识—再体验—再反思认识”这样循环渐进的学习过程，实现智慧的提升和能力的提高。

4. 智慧型课程中的体验式教学运用策略

（1）加强体验式教学的“深度”和“广度”

“深度”即学生参与体验式教学的时间。“广度”为学生参与体验式教学的种类。①学生参与体验式教学时间越长对其高阶思维能力提高的作用越明显，学生参与体验式教学的类型越多对其人际关系能力和有效合作能力的提高越明显。因此，智慧型课程加强体验式学习的“深度”和“广度”，有助于培养学习者的创新意识、创新精神、创新思维、创新能力、创新人格等创新素质。

（2）体验式教学设计要注重理论与实践环节的结合

智慧型课程中体验式教学设计既要注重“软技能”（创造力、积极性、领导力等素质为基础的能力）培养，又要把知识作为工具应用于具体实践中，理论与实践相结合是设计体验式教学法的重要策略。要加强教学的实践性，体验式教学设计不仅要以问题为教学的出发点，还需整合各类资源，如课程资源、情境资源、学习资源等。

（3）体验式教学要促进知识的不断更新

随着体验式教学深度的不断加深，学生的知识、经验、能力增加，需要不断进行反思总结，构建新的知识体系，从而内化为个体能力，学生能描述和呈现所建构的知识体系。如此循环往复，实现学生知识的不断更新、能力的不断增强。

（4）体验式教学要设计合理的评价体系

考核不再以试卷成绩作为评判的唯一依据，教师应分别从学业能力和实践应用能力两方面进行综合考核，更加注重的是学习者的学习态度、参与程度、沟通能力、创新意识、自主性、责任心、解决问题的能力等素质是否得到提升。评价的功能由侧重

① 冯晨昱. 论体验式教学在高校创新创业教育中的运用[J]. 国家教育行政学院学报，2017，（7）：68-73.

甄别筛选转向侧重学生的发展，不仅重视学生解决问题的结论，更注重学生得出结论的过程，使评价起到激励导向和质量监控的作用，实现全体学生的发展以及学生个体的全面发展。

5. 案例分析

哈尔滨工业大学胡修睿副教授主持的精品开放课程“中国传统艺术——篆刻、书法、水墨画体验与欣赏”（图 2-22）旨在让学生学习中国传统艺术理论，体验篆刻、书法和水墨画基本的绘制步骤与方法。以篆刻体验与创作为例，教师通过演示篆书的正体与反体设计，让学生体验篆刻的制作过程，在此基础上鼓励学生创作（图 2-23）。学生在跟随教师学习的过程中体验了篆刻、书法、水墨画的绘制步骤，并创作出自己的作品，对学生的艺术素养以及创新创造能力都有所提升。

图 2-22　“中国传统艺术——篆刻、书法、水墨画体验与欣赏”课程首页

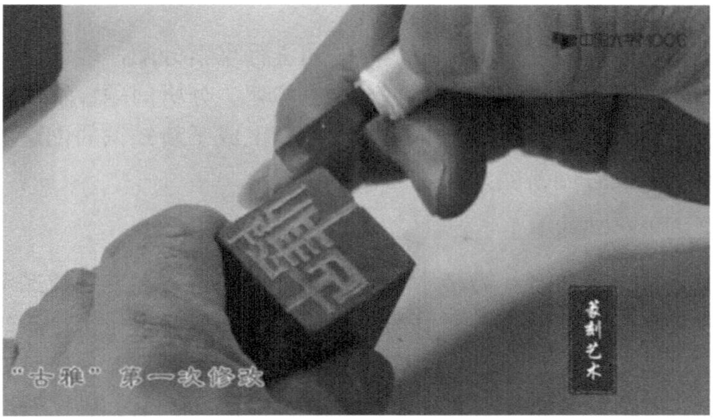

图 2-23　篆刻体验与创作——印章第一次修改

2.1.8　研讨式

1. 概念内涵

研讨式以学生主体精神培养为原则，以学生能力培养为目标，主张师生平等，教师引导学生主动去思考、分析和探索，发现研究内容的发展过程和研究因素间的内部联系，

体现了以学生发展为中心的现代教育理念，有助于培养学生的创新意识和创新能力。[①]

2. 特点

研讨式教学具有三个基本特征：一是学生的主体性，即学生“自主学习”；二是研讨活动的实践性，即活动内容来自“现实世界”；三是问题性，即研讨目的是解决实际问题。研讨式教学以学生为主体、教师为主导，教师由知识的传授者转变为学生学习方法的引导者，工作重心从“授”转变为“导”，体现了教学民主化、个性化，创造师生、生生之间平等、互相尊重的教学环境，达到和谐共进、教学相长的境界。[②]

3. 基本环节

一般认为，研讨式教学主要采用郭汉民教授提出的“五步教学法”，即指导选题、独立探索、小组交流、大班讲评、总结提高。[③]在智慧型课程中，结合翻转课堂与研讨式教学二者的教学优势，其中指导选题、独立探索与小组交流为课下学习环节，可以通过翻转课堂的在线学习过程完成。[④]

（1）指导选题

授课教师需根据培养计划和教学大纲提炼两到三个研讨式题目，并将每个课题梳理、划分成若干知识点，配以相关基本内容形成知识点单元，再以幻灯片或者短视频的形式上传于互联网。学生可以根据自身特点及个人兴趣自主选择探究题目，选择同一题目的同学自动组成讨论小组进而完成后续的小组讨论活动。

（2）独立探索

在线上查找资料的过程中，学生对学习时间进行重新分配，以调整学习步调，真正体现学生的主体性。在探索过程中学生通过提出问题、分析问题、解决问题，达到了独立思考、自主探索的自我教育目的，并从某种程度上成了新知识的创造者，这也符合高等教育新形势下培养具有创新能力人才的目标。

（3）小组交流

结合翻转课堂特色的研讨式教学小组交流环节，其特点在于交流场所不再受场地限制，即可以从现实生活中的教室、图书馆等转化为QQ群、在线讨论组等互联网虚拟交流场所。学生可以通过文字、语音、视频等多种交流方式在网上畅所欲言，并实现资源共享和文件传输。借助在线的互动与交流，能够使学生在参与过程中产生一种“沉浸感”和“全程参与感”。

---

① 杨达玲，史越，祝娜，等. 研讨式教学内涵及应用研究[J]. 教育学，2015，（9）：51-52.

② 曾明星，蔡国民，覃遵跃，等. 基于翻转课堂的研讨式教学模式及实施路径[J]. 高等农业教育，2015，（1）：76-81.

③ 郭汉民，李永春，田丹. 传授知识与培养能力的有机结合——试析研讨式五步教学[J]. 湘潭大学学报（哲学社会科学版），2006，（5）：140-143.

④ 张璐莹，蒋鹏，成庆林，等. 结合翻转课堂与研讨式教学优势，探索高等教育新模式[J]. 教育教学论坛，2017，（8）：159-160.

（4）大班讲评

这一环节是研讨式教学的重中之重，通过上一步的小组交流，每组推选出优秀代表对本组讨论题目进行讲解，其他各组同学和老师进行听课和点评，这不仅是对讲解同学的考核，也是对其他同学学习成果的检验。同学们可以向讲课的同学提出一些有意义的问题等待其解答，授课教师也可在此过程中进行指导，并引申一些问题进行大班讨论。这样同学们有讲有评，不仅强化了他们的独立思考能力，还锻炼了他们的口头表达能力和解决问题的融会贯通能力。

（5）总结提高

知识从实践中来，再回到实践中检验，总结一般性规律上升为理论，再指导实践活动。通常需要授课教师在学生完成选题、探索、交流、讲评后根据知识点布置一些实际问题，让学生运用前期知识解决问题，最终以文字、图纸或程序的形式上交总结报告。

4. 教学模式分析

翻转课堂变更了传统教学流程，为有效推行研讨式教学创造了良好的条件。研讨式教学为翻转课堂组织活动提供了丰富多彩的内容。两种教学模式都以学生为中心，以学生能力培养为根本目标，充分发挥学生主体的能动性，最大限度地实现知识内化。二者具有高度的同一性、互补性，其有机结合将更能发挥二者的优势，为进一步提高教学改革效果提供了新思路。[①]基于翻转课堂的研讨式教学模式如图 2-24 所示，主要包括课前准备、课中研讨、课后巩固三个相互关联的阶段。这三个阶段是一种渐进式的知识内化过程，前一次知识内化是后一次知识内化的基础，形成一种因素叠加的效果。

（1）课前准备

第一，教师根据专业培养目标与教学计划的要求制定课程目标，并将课程目标分解为单元目标，再进一步将单元目标分解为知识点目标。第二，根据知识点目标的要求制作微视频、PPT 与练习题，设计微项目、微案例与问题情境，并设置多个研讨问题。第三，教师确定课堂研讨任务与范围，设计课堂研讨流程与评价标准。第四，教师通过网络平台在线指导、答疑并快速统计学生学习情况。

学生课前自主观看教师提供的教学视频，自定进度、节奏、速度与方式，自主学习新知识，并独立完成少量训练与测验。针对教师布置的研讨微项目或案例查找、搜集研究资料，自主分析、探索问题，做好课中研讨的准备。整理并通过网络发布问题，进行生生、师生在线交流，分享资源、观点、见解，拓展知识领域，发现新问题，这是学生第一次知识内化。

（2）课中研讨

第一，教师针对学生课前视频学习的反馈情况，简要地讲解其疑点、难点。第二，教师按照课前设计的研讨微项目、微案例及其相关问题，简单介绍课堂研讨的目标与评

① 曾明星，蔡国民，覃遵跃，等. 基于翻转课堂的研讨式教学模式及实施路径[J]. 高等农业教育，2015，（1）：76-81.

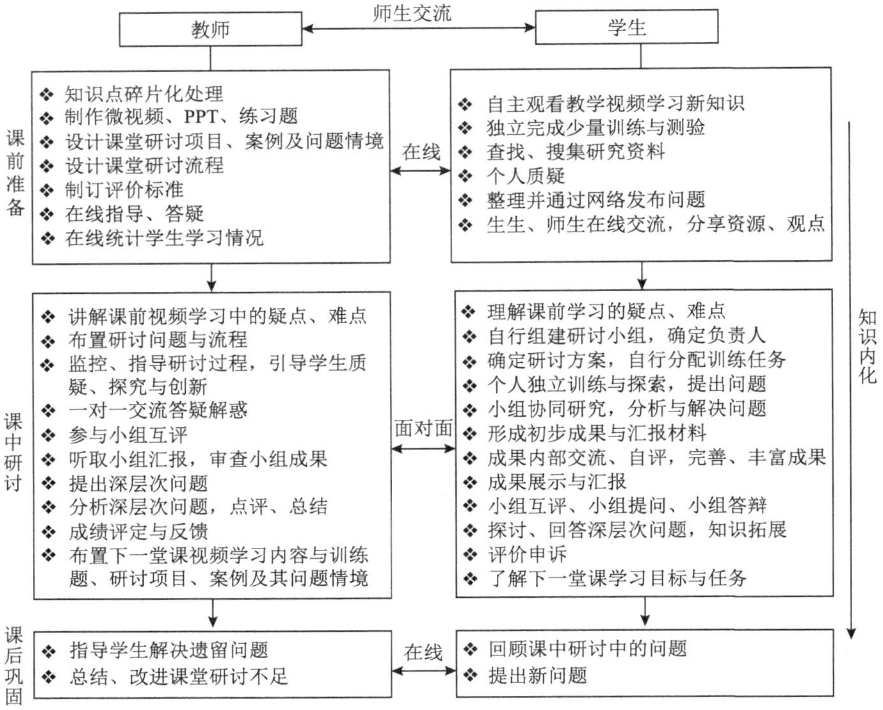

图 2-24　基于翻转课堂的研讨式教学模式

价的方法，引导学生了解研讨的目标与任务。第三，学生组成研讨小组，推选一名组长。小组根据研讨目标，自行确定研讨方案，进行项目分解与任务分工，组长主要承担组织领导与协调职能，小组成员分工协作，既可独立训练，也可协同探究。教师监控、指导研讨全过程，引导学生质疑、探究与创新，与学生交流，及时解决学生存在的问题，并不断引导学生思考。小组内对作品丰富完善后进行汇报，小组互评，教师参与评价，提出深层次问题，学生探讨回答，不断拓展，激发扩散思维，梳理批判意识。第四，教师评定小组研讨成绩。第五，教师布置下节课学习内容及习题。学生在“训练—研讨—提问—点拨—创新—再研讨—再创新”的过程中，不断理解新知识，解决新问题，这一过程是学生第二次知识内化，是第一次知识内化的深化，也是学生灵活应用知识，对所学知识融会贯通的最重要环节。

（3）课后巩固

学生回顾课中研讨中的问题并提出新问题，教师通过网络平台帮助学生解决遗留问题，不断总结、改进课堂研讨的不足。这一过程既是教师组织研讨式教学的提升阶段，又是学生温故知新，实现知识内化的第三阶段。

5. 案例分析

北京师范大学毛建素副教授主持的“循环经济与可持续发展型企业”课程（图 2-25）从自然科学的视角，采用议题研讨式教学方法，从问题提出到理论分析和应用管理 3 大部分，共由 12 个课程议题组成。以环境现状研究为例，学生讨论议题：选择熟悉的区域进行环境问题现状研究，学生通过议题筛选，确定研究方案、内容与分工；根据小组分工，收集、整理数据，并形成研究报告（PPT）；最终进行课堂汇报，师生共同评估（自评、他评）。整个过程学生的逻辑思维和表达能力都得到提升。

图 2-25　“循环经济与可持续发展型企业”课程首页

2.2　在线开放课程学习模式种类

信息时代的人才培养目标、教学模式和学习环境越来越朝着互联互通、个性化、自组织方向发展①，学习越来越呈现出复杂、混沌、非线性等特征，学习者需要具备较高的信息素养，更要有强烈的学习动机，自发地寻找解决问题的方法。因此，本书将智慧型课程的学习模式划分为以下五种：基于问题的学习模式、基于项目的学习模式、基于知识地图的学习模式、自组织学习模式、研究性学习模式，以培养能够主动探究、独立思考、协同协作、创新创造的智慧型人才。

2.2.1　基于问题的学习模式

1. 概述

基于问题的学习也译作“基于问题式学习”（problem-based learning，PBL），指把学习设置于复杂的、有意义的问题情境中，通过让学生以小组合作的形式共同解决复杂、实际或真实性问题，形成解决问题的能力，并发展自主学习和终身学习的能力。②PBL的主要倡导者白罗斯提出的 PBL 模型，在美国研究型大学中有着广泛的影响，其实际实施过程包括组织小组、开始新问题、后续行动、活动汇报、问题反思等环节。③

① 谢幼如，张惠颜，吴利红，等. 基于 ARCS 的在线开放课程自组织学习模式研究[J]. 电化教育研究，2017，38（7）：43-50.

② 刘晓艳. 基于问题的学习模式（PBL）研究[D]. 江西师范大学硕士学位论文，2002.

③ 张建伟. 基于问题式学习[J]. 教育研究与实验，2000，（3）：55-60，73.

2. 学习模式分析

目前，国外越来越重视将 PBL 应用于中小学课堂，如在学生成绩、学生态度、元认知技能的获取等多方面的研究。国内关于 PBL 的研究主要集中在理论层面，缺乏实证性的分析和验证，尤其是移动技术支持下的 PBL 教学对学生高阶思维能力的影响研究鲜少涉及。本书将设计移动学习环境下的 PBL 教学模式，并将此模式应用于小学课堂中，探究基于移动终端的 PBL 教学对小学生元认知能力和成绩的影响①，如图 2-26 所示。

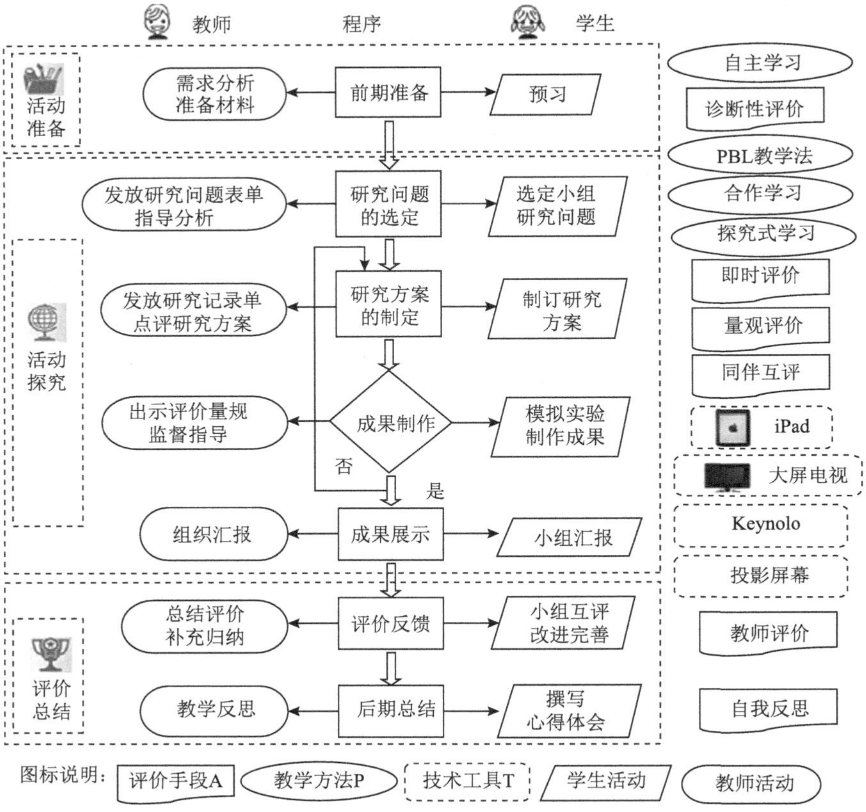

图 2-26 基于 APT 的 PBL 教学模式

张屹等构建的新型 APT（分别为 assessment、pedagogy、technology 的缩写）教学模型，旨在转变传统学习方式，体现学生的课堂主体地位。APT 教学模型指导教师于教学开展前全面分析学生特征和教学内容特征，将评价手段 A、教学方法 P 与技术工具 T 等要素深度融合于课堂教学中。②

由图 2-26 可知，该教学在智慧型教室中开展，学生使用 iPad 通过小组合作完成基

① 张屹，陈珍，白清玉，等. 基于移动终端的 PBL 教学对小学生元认知能力的影响研究——以小学科学课程“地球的运动”为例[J]. 中国电化教育，2017，（7）：79-87.

② 张屹，白清玉. 信息化教学模型 APT 的构建与设计——以小学科学课程“扫一扫，更精彩”为例[J]. 湖北教育：教育教学，2015，（5）：27-28.

于问题的探究学习（包含研究问题的确定、研究方案的制订、研究成果的制作、研究成果的展示四个环节），采用同伴互评的方式对研究成果进行评价。结果显示，基于移动终端的 PBL 教学对学生的元认知能力提升效果较好但不显著；对学生成绩有显著的积极影响；可适当减轻学生的心理负荷；在基于移动终端的 PBL 课堂中，学生小组产出了较为丰富的研究成果，对提出的研究问题能科学合理的解释，实现了教学目标。

3. 案例分析

由华南师范大学焦建利教授主持的在线开放课程“信息化教学能力之五项修炼”（图 2-27）讲授“教师需要哪些素养”模块时，首先抛出“信息时代教师需要哪些素养”问题供学生在讨论区交流，如图 2-28 所示。学生通过搜集资料，融合个人理解，在讨论区中表达个人观点，在这样的交流中每个人的思想都得到启发、拓展。教师在学生交流后再进行授课，发现学生的注意力更加集中，学习效率大幅提升。

图 2-27　“信息化教学能力之五项修炼”课程首页

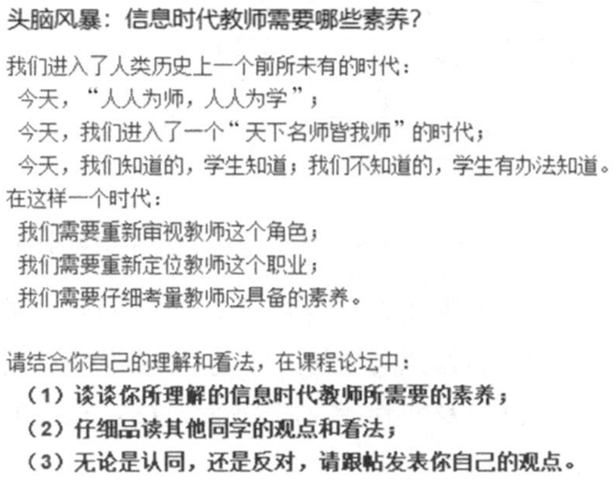
头脑风暴：信息时代教师需要哪些素养？

我们进入了人类历史上一个前所未有的时代：
今天，“人人为师，人人为学”；
今天，我们进入了一个“天下名师皆我师”的时代；
今天，我们知道的，学生知道；我们不知道的，学生有办法知道。
在这样一个时代：
我们需要重新审视教师这个角色；
我们需要重新定位教师这个职业；
我们需要仔细考量教师应具备的素养。

请结合你自己的理解和看法，在课程论坛中：
（1）谈谈你所理解的信息时代教师所需要的素养；
（2）仔细品读其他同学的观点和看法；
（3）无论是认同，还是反对，请跟帖发表你自己的观点。

图 2-28　“教师需要哪些素养”讨论区

2.2.2　基于项目的学习模式

1. 概述

基于项目的学习模式以学科的概念和原理为基本中心，在各项任务中借助多种资源开展系列探索研究活动，其最终目的是要求参与者在限定的时间内解决问题或获得预期结果，这是一种新型的探究性学习模式。[①]其基本特征包含：基于项目的学习模式的学习情境具体而真实；学习内容综合而开放；学习途径多样而协同；学习手段向着数字化和网络化发展；具有连续性和多样性的评价方式。

2. 学习模式分析

智慧型课程基于项目的协作学习模式能较充分地发挥网络的优势，培养学生的信息素养，实现教育教学改革的目标，网络环境下基于项目的协作学习模式如图 2-29 所示。

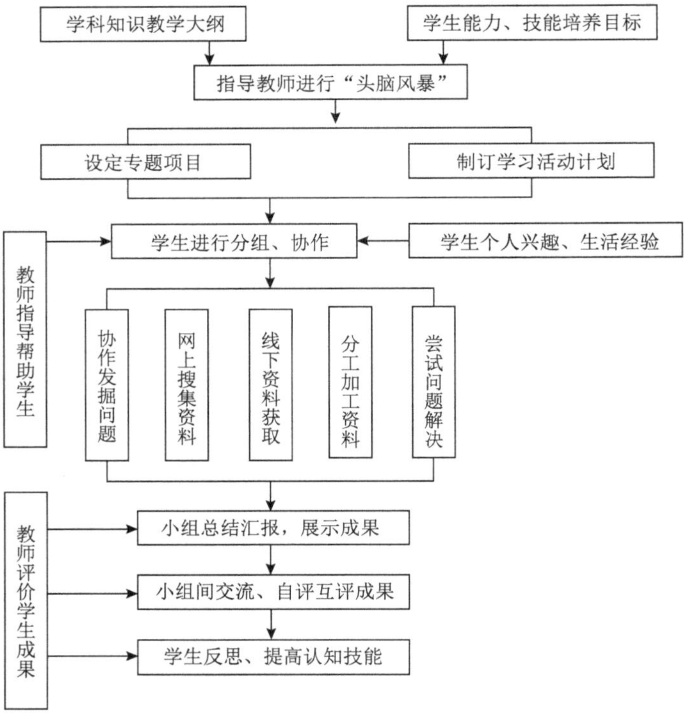

图 2-29　网络环境下基于项目的协作学习模式

该学习模式是建构主义学习理论在信息技术环境中的具体应用，是网络环境下的探究性学习，它将基于项目学习的特点与互联网在教育教学中的优势结合起来，使学生除了学习学科知识外，更要在自主及协作学习中学会方法，提高解决问题的技能。[②]

3. 案例分析

笔者选取了“爱课程”网上由纪方、梁一凡等教师团队制作的“走进项目学习”（图 2-30）系列课程中所分享的案例“探究中华传统节日中秋节”，项目流程如图 2-31 所示。学生通过问卷调查发现问题，小组分工合作解决问题，并进行汇报交流、评价，反思完

① 程茜. 基于项目的学习模式（PBL）在英语口语教学中的应用[J]. 黑龙江教育学院学报，2017，36（1）：142-144.

② 任英杰，戴心来. 网络环境下基于项目的协作学习探究[J]. 电化教育研究，2004，（12）：57-60.

善等系列过程，在实践学习中获得积极体验和丰富经验，培养问题意识，体验并初步学会分析解决问题的能力，培养创新精神、实践能力和强烈的社会责任感。

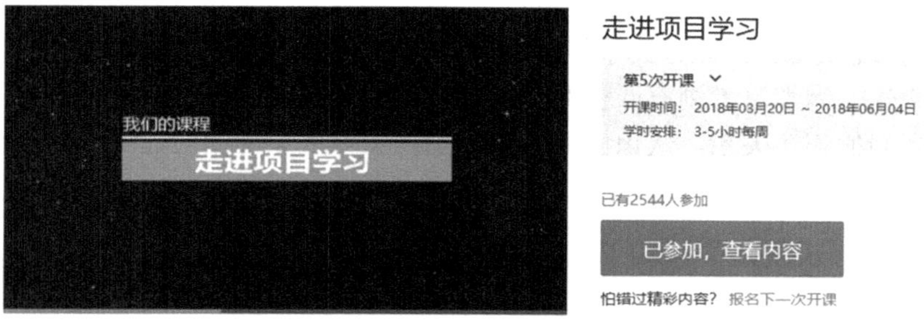

图 2-30 “走进项目学习”课程首页

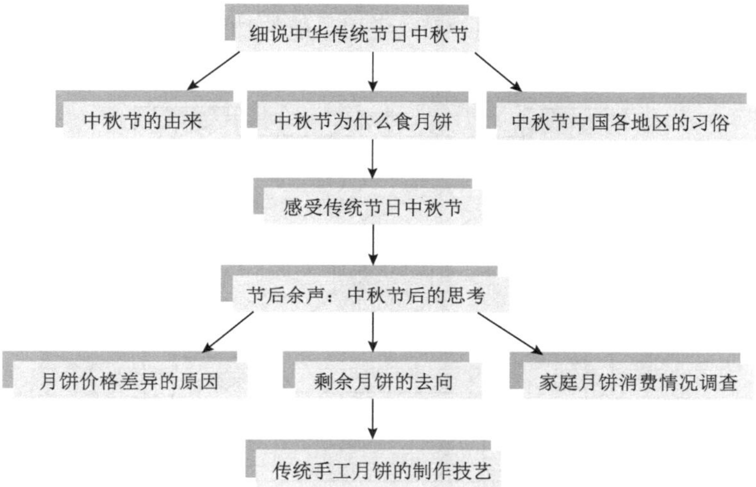

图 2-31 “探究中华传统节日中秋节”项目活动流程

2.2.3 基于知识地图的学习模式

1. 概念内涵及特点

知识地图是一种通过对知识和概念进行组织、描述绘制成的以知识和概念为节点的，根据其层级和结构关系进行关联的，可以用于知识组织、管理、导航、搜索、揭示关系的工具。知识地图最大的贡献在于将知识间的关联和结构可视化呈现，使看似无关联的知识变得有序化、结构化，有利于学生对知识的建构，从而促进学生的学习。①

知识地图能帮助教师组织教学内容，更好地引导学生对课程知识的学习。知识地图在 MOOC 课程中的应用为学生提供了一种个性化的学习导航工具，能够动态呈现出课程知识点之间以及课程知识点与描述课程的资源之间的关联，有效地避免了学习中的迷航问题。②

① 姜宛彤，王翠萍，唐烨伟，等. 构建基于知识地图的微课程研究[J]. 电化教育研究，2016，37（12）：93-98，105.
② 李艳红，赵波，甘健侯. 基于知识地图的 MOOC 课程开发[J]. 现代教育技术，2015，25（5）：85-90.

知识地图具有分布性、联系性、导航性和认识性四个主要特点。[①]分布性的知识地图主要展示知识及其存放位置之间的分布关系，协助MOOC学习者定位课程知识资源。联系性的知识地图利用课程知识之间的内在隐性联系展示课程知识，如基于学习者社会网络分析的知识地图、人立方关系搜索、课程知识结构图。导航性的知识地图用于MOOC网站信息构建，为学习者浏览课程网站内部知识提供导航，展示MOOC课程网站所涉及的知识之间的连接关系。认识性的知识地图以学习认知规律为基础，揭示知识之间的内在联系，如“V”形知识地图。

2. 学习过程

基于知识地图的自我导向学习在强调学习者独立性与自主性的同时，为学生提供一定的引导与参照。学生运用知识地图执行自我诊断、设定目标、选择资源、监督效率、调节进程等学习活动。结合知识地图资源导航、学习导航的功能特性，将自我导向学习划分为自我计划、自我引导、自我评价与自我调节四个相互作用的过程[②]，如图2-32所示。

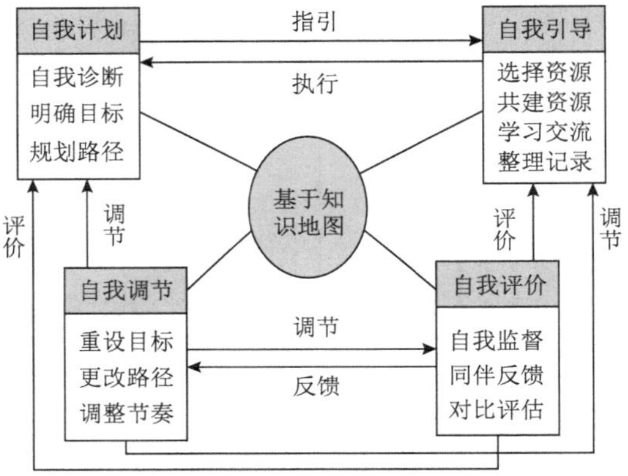

图2-32 基于知识地图的自我导向学习过程

自我计划是学生进行自我诊断、明确学习目标、规划学习路径的过程。知识地图能够为学生呈现相关内容的所有学习要点，学生借此审视已构建的知识体系及存在的学习盲点；同时，根据自身的学习需求或兴趣，确定学习目标。

自我引导是自我导向学习得以实现的基础，包括自我引导下的资源选择与共建、学习与交流、整理与记录等系列过程。知识地图具有资源导航与学习导航两大功能。资源导航即运用地图中各知识点与相应资源的链接，帮助学生准确查找与定位资源，减少资源检索与筛选的时间。

自我评价是自我导向学习的关键，是学生了解自身知识范围、知识掌握程度、学习效率等情况的基本途径，主要通过自我监督、同伴反馈、对比评估进行。自我监督指学习者根据自身在学习过程中的表现检查学习状态及对前置知识的掌握情况，以做出及时调整。

① Jonassen D H, Beissner K, Yacci M. Structural knowledge: Techniques for Representing, Conveying, and Acquiring Structural Knowledge[M]. London: Routledge, 2013.

② 李士平，赵蔚，刘红霞，等. 基于知识地图的自我导向学习设计与实证研究[J]. 电化教育研究，2016，37（5）：74-81.

自我调节指学生在自我监督与评价中，发现学习中存在的问题，从而对学习目标、学习路径、学习节奏及自我评价方式等进行调整。只有通过不断的调节与尝试，学生才能综合、合理地运用多种评价手段，更好地认识自我，进行高效的自我导向学习。

3. 学习模式分析

知识地图在知识梳理、交流和共享等方面具有较大的促进作用，因此本书构建了基于知识地图的 MOOC 学习共同体的学习模式（图 2-33）。

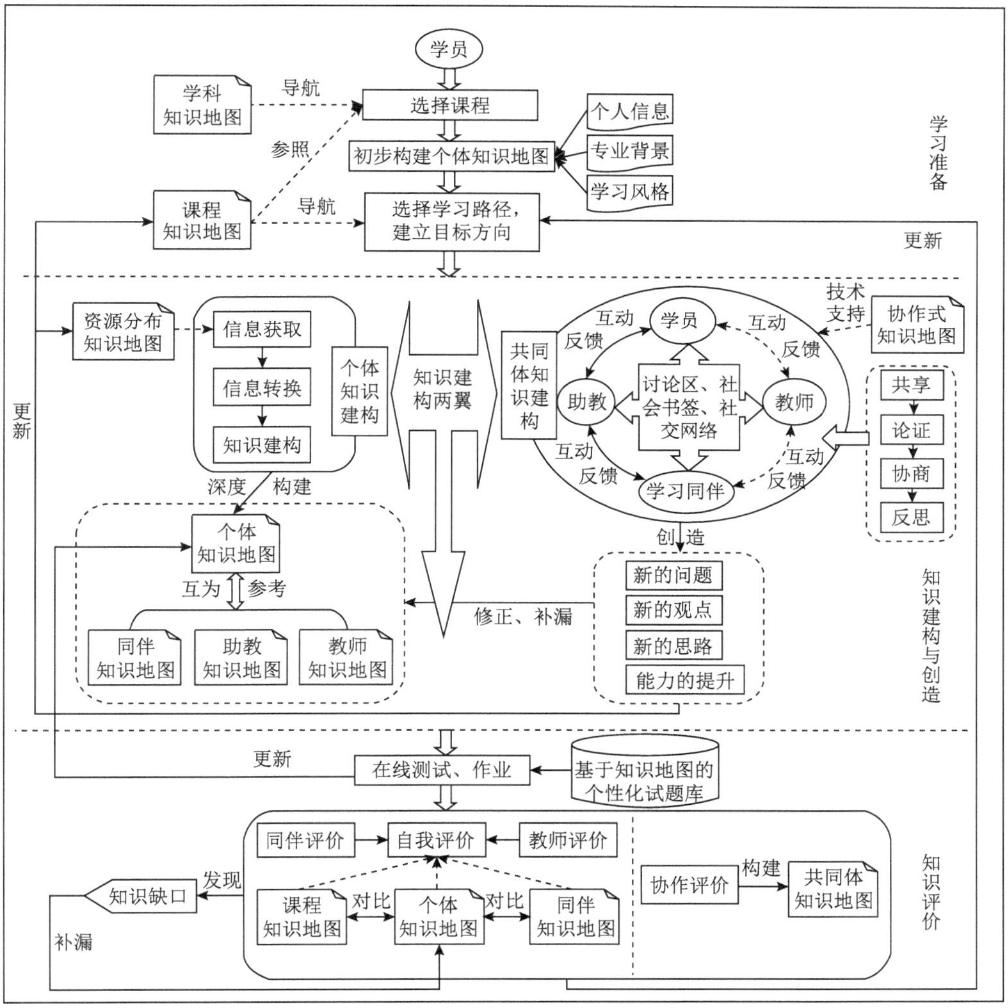

图 2-33　基于知识地图的 MOOC 学习共同体的学习模式

在基于知识地图的 MOOC 学习共同体中，学员具有学习者和辅导者的双重身份。在学员、助教、教师这三者和学习共同体之间，独立场效应和互动场效应并存。学习共同体成员与其他成员相互协作，通过自身的努力更容易达到“最近发展区”，实现“挑战性学习”，提高问题解决能力和认知活动能力，促使每个角色不断立体化，促进学习共同体不断进步、走向成熟，实现优质学习。①

在学习准备阶段，学员首先依据学科知识地图对课程的分类和导航快速锁定要选择的课程。其次，初步构建个体知识地图，学员在个体知识地图中输入自己的基本信息、专业背景、学习风格等。最后，参照课程知识地图选择学习路径，建立目标方向。

在知识建构与创造阶段，学员在知识建构中不断创造新的知识。知识建构分为个体知识建构和共同体知识建构。在个体知识建构方面，学员要经历信息获取、信息转换、知识建构等过程。在共同体知识建构方面，学员在社交软件、协作性知识地图等技术支持下，通过讨论区、社交网络、社会书签等，以知识共享、论证、协商、反思等方式完成知识建构，并形成新的问题、新的观点、新的思路，不断提升自我和团队协作能力。

在知识评价阶段，学员首先要利用基于知识地图的个性化试题库进行在线测试，完成作业。其次，提交的测试题和作业将通过同伴评价、教师评价来完成测试效果分析，并推动学员自我评价，在反思中对比个体知识地图与同伴知识地图、课程知识地图的异同，发现知识缺口，修正个体知识地图，确定下一个学习目标。最后，修正所有的知识地图，开始新一轮的学习。

4. 案例分析

由郑州大学赵丹教师团队制作的“英语公众演讲”系列微课（图 2-34）以行动清单的方式构建知识地图，打造易实践的学习内容；使用影像、图片、动画、图形等符号，构建多模态教学内容，调动学员的感官潜能，帮助学员了解英语演讲，走进英语演讲，提高英语演讲、演说能力。在每章节的学习后，会让学习者用简单的短语总结自己学到了什么，形成个体的知识地图，如图 2-35 所示。通过绘制个体知识地图，学习者能够将所学知识系统化地整理出来，并不断修正，真正掌握并灵活运用。

图 2-34 “英语公众演讲”系列微课课程首页

① 刘红晶，谭良. 基于知识地图的 MOOC 学习共同体的学习研究[J]. 中国远程教育，2017，（3）：22-29，79-80.

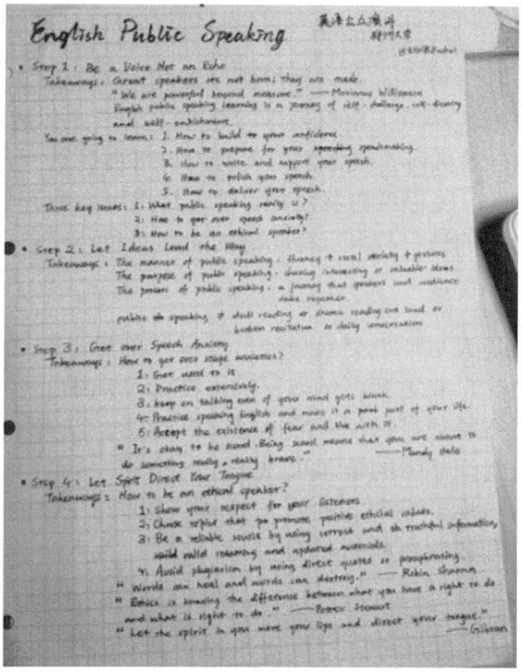

图 2-35　学习者一周学习总结

2.2.4　自组织学习模式

1. 概念内涵

真正意义上的“自组织学习”是在没有外界力量干涉的情况下，系统内部各成员自觉主动学习，并达到一种高度有序的局面。作为一种内在的学习品质，自组织学习是对学生主体学习耐力的一种磨炼、发展乃至超越，而不是自由随意、盲目独立的学习行为。[①]自组织学习应该是在开放、民主、和谐氛围中的一种师生或生生互动，是学生在教师的引导、启迪或是在同学激发下，围绕共同的研究兴趣讨论、分析、归纳和总结生成一种新的观点，这是一个不断循环、非线性、非平衡的过程。每个学生都可以提出自己的观点打破这种平衡使其保持不平衡，这种循环最终使得系统内部各要素、各教育资源的价值最大化，使其从低级到高级、从无序到有序，达到一种高度有序的局面。

2. 特点

自组织学习作为人本体论的一种存在，是人生命自组织性、自由属性的重要体现，是人之自我建构的实践活动，是人实现全面发展和生命价值的主要方式。这种学习与灌输式教育下的他控式学习有着本质的区别。[②]具体地说，它具有以下特征。

---

① 姜艳. 自组织学习模式在理论与实践中的是与非[J]. 教育理论与实践，2017，37（10）：61-64.

② 钱巨波. 试论自组织学习[J]. 江苏教育研究，2008，（17）：3-7.

（1）自主性

自组织学习作为一种学习方式，与他组织学习相对。他组织学习是学生处于被动地位状态下的被动性和消极性学习；自组织学习是学生处于主体地位状态下的主动性和能动性的学习。自组织学习动机可自我激发，学习内容可自我选择，学习方法可自我确定，学习时间可自我计划，学习过程可自我监控，学习结果可自我评价。在这种学习状态下，主体能够合理地利用自己的选择权利，有明确的学习目标，有坚忍不拔的毅力和进取心。

（2）开放性

自组织学习的本质是人与环境交换精神、能量和信息，在这种“新陈代谢”中，实现自我建构，进行生命的自我更新。学习目的不在于“知识”“符号”“图式”，而是在学习知识的过程中获得隐蔽在知识背后的意义和智慧，以实现生命的成长与发展。从学习资源看，主体的自组织学习的资源可以是全时空的。从学习过程看，自组织学习表现为主体内化与外化的转换、互动，主体与文本、主体与主体的“对话”，即自组织学习是“不断迈向未来的开放性生成的过程”。

（3）超越性

自组织学习为人“立足于现实，又不满于现实，不断地追求一种理想”的本性所规定；它以先前的“实然”为基础，使“应然”不断转化为“实然”，随之又产生新的“应然”，所谓“学无止境”“学而后知不足”，即表达了人不断超越的意蕴。

（4）不确定性

自组织学习是人的兴趣、思维、情感、意志和信念、知识、能力等因素综合、协同作用的结果，任何一种因素都可能对主体的学习活动产生影响，或促进或阻断或使其改变方向，具有强烈的个体性、多元性、偶然性、非线性等特征。人生命的自由本性，决定了其本真的学习往往具有不确定性。不确定性即意味着能动性、创造性；不确定性也意味着自组织学习的“方向”有极大的选择性，所以自组织学习需要正确价值观的引领。

（5）可持续性

自组织学习是终身发展的根本保证。一方面，只有具备较强的自组织学习能力，才能实现人的终身学习和终身发展。另一方面，在自组织学习活动中，学生的主体地位得到充分保证，人的主体性以及与其正相关的探索性、创造性得以充分自由的发展，即在自组织学习活动中，得以充分发展的自学能力和主体性是保证人可持续性发展的核心要素。

3. 学习模式分析

自组织学习模式以自组织理论和学习动机理论为指导，以学习者为中心，发挥在线开放课程平台的功能作用，构建了“开始演化”（自定目标，自发学习）→“引发涨落”（提出问题，互动讨论）→“引起突变”（组建共同体，协作与竞争）→“触发跃迁”（形成新观点，生成新秩序）→“会聚与分叉”（自评互评，总结反馈）的自组织学习过程，如图 2-36 所示。

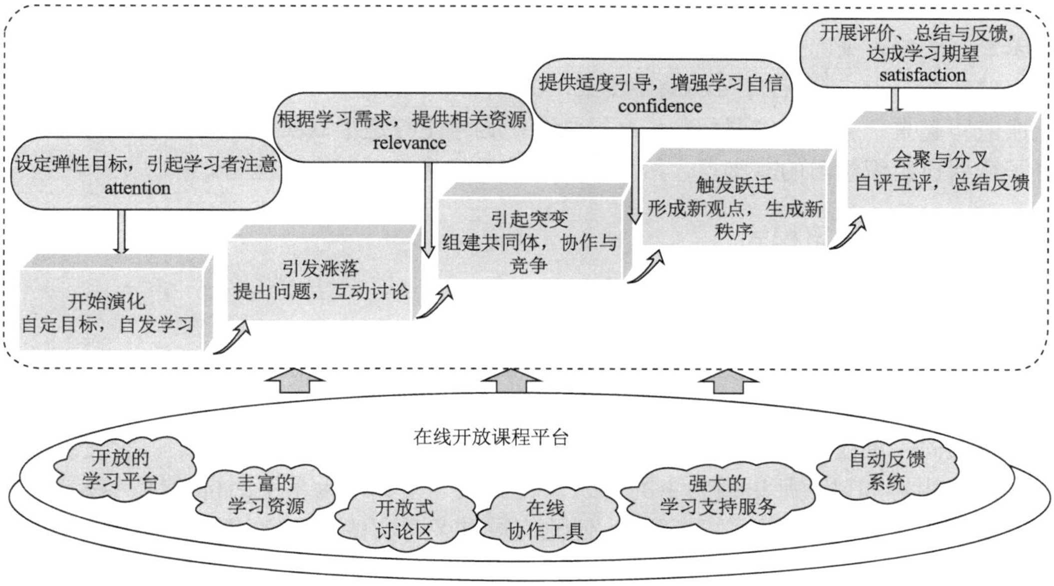

图 2-36　基于 ARCS 的在线开放课程自组织学习模式

在线开放课程自组织学习系统演化的过程为：开始演化→引发涨落→引起突变→触发跃迁→会聚与分叉。相应地学习者的自组织学习过程为：自定目标，自发学习→提出问题，互动讨论→组建共同体，协作与竞争→形成新观点，生成新秩序→自评互评，总结反馈。

教师在学习者自组织学习过程的适当节点应用相关策略促进学习者自组织学习。在“开始演化”前，教师设定弹性目标，引起学习者的注意，促使学习者自定目标、自发学习；在“引发涨落”后，教师根据学习者的学习需求，提供相关资源，推进学习者组建共同体，开展协作学习，小组间产生竞争，从而使学习者自组织学习产生突变；在“引起突变”后，教师需对学习者的协作与竞争提供适度引导，增强其学习自信，从而“触发”其自组织学习“跃迁”；在“会聚与分叉”中，教师开展评价、总结与反馈，使学习者满意其学习期望。

4. 案例分析

湖北省武汉市武昌区第一届“微课堂”大赛决赛候选作品集中，三道街小学制作的“象形文字的演变”短小精悍，重点突出，动画效果制作精良，在传承中华文化的基础上，创建了有趣生动的学习环境，为微课程教学中的自组织学习提供了很好的范例。

每节课时长 5 分钟，教授一个汉字的演变与写法。课程分为课前导入、课程教学和实践操作三个部分。导入是 1—2 分钟课程简介，为学生的自组织学习树立了一个明确的目标；教学部分先是用动画展示字的结构，接着演示字的历史演化过程，最后用童趣动画演示笔画顺序；实践操作部分，带动学生动笔写字。

课程一气呵成，从生字是什么到演化历史，再到如何书写，符合了学生心理认知发展过程，为自组织学习创建了优越的外部条件。设计者匠心独运地想到了用童趣的动画展示笔画顺序，画面效果生动有趣，激发了学生的学习兴趣，更有助于自组织系统记忆与存储新知识点。 最后环节的动手实践，在前面环节的铺垫下，学生跃跃欲试，很自然就跟着写起来。总之，该课程制作水平很高，为学生打造了真实的学习情境，同时也诠释了微课自组织学习的落脚点，培养了学生动手解决问题的实践能力。①

2.2.5 研究性学习模式

1. 概念内涵

研究性学习是在素质教育和创新观念下催生出的一种全新的教学方式，以建构主义心理学和发现说为理论基础，坚持以学生为中心，以自主学习为主要路径，以能力培养为价值取向，重视探索、研究、发现等学习实践过程。相对于接受性学习，它突破了单一的学科内容和以教师讲授为主的传统课程及教学模式，为学生的自主性、探索性、创造性学习构建了开放的学习环境，使他们通过亲身实践获取直接经验，构建完善自己的知识体系，同时促进其形成积极的学习态度和良好的学习策略，培养创新精神和实践能力。②

2. 特点

（1）强调学习的研究性

研究性学习强调选择自然界和社会生活中的真实问题作为学习与研究的主题，即以问题或项目作为研究性学习的载体。学生的知识获得与能力培养，都是在对自然和社会的客观规律进行科学研究的过程中、在解决实际问题的探索过程中完成的。③

（2）强调学习的实践性

研究性学习强调理论知识与自然界、与实际社会生活的紧密联系；强调学习与研究的主题必须具有实践性，即必须具有现实意义和实用价值。研究性学习特别关注环境问题、生态问题、人类与大自然和谐相处问题，特别关注社会现实问题、国际热点问题以及现代科学技术对人类生活和社会发展产生重大影响的问题。

（3）强调学习的体验性

研究性学习强调学生的学习过程，特别是学生在学习过程中的真实感受和亲身体验。按照马克思主义认识论的观点，人类的认识开始于感性认识，但感性认识应当提高到理性认识，并将理性认识再运用于实践，才有可能实现对客观事物规律的认识、理解

---

① 翁小洁，靖国平. 论微课程教学中的自组织学习[J]. 中国教育信息化，2015，（23）：59-62.

② 于琴妹，鲁吉，王毅，等. “研究性学习”视听说教学模式下听力教学成效实证研究[J]. 外语电化教学，2013，（6）：44-49.

③ 何克抗，吴娟. 信息技术与课程整合的教学模式研究之四——“研究性学习”教学模式[J]. 现代教育技术，2008，（10）：8-14.

与掌握（而不是一知半解或纸上谈兵）。研究性学习不仅要重视学习过程中的理性认识（如对概念、原理的理解），还应重视感性认识（即真实的感受、体验）和实践运用的理论依据。

（4）强调学习的自主性

学习主题可以由指导教师确定，也可以由学生根据当前所学内容结合个人兴趣、爱好自主选择，即从开始选题、收集资料、撰写研究报告到成果展示和答辩、交流、总结的全部学习过程，都是学生自主学习、自主探究、自主发现的过程，都可以由学生（个人或小组）自主完成；教师在这一过程中起着组织者、指导者和学生自主建构意义的帮助者、促进者的作用。

（5）强调学习的开放性

研究性学习的主题和由该主题展开的学习内容不是已经确定的知识体系，也没有相关学科的研究性学习专用教材，而是来源于自然界和社会生活的真实问题。因此，研究性学习特别关注社会现实问题、国际热点问题……这些都是与时俱进的、不断更新的、涉及领域极为宽广的开放性问题。

3. 学习模式分析

网络研究性学习是促进高校创新人才培养的一种有效教学模式[①]（图 2-37）。

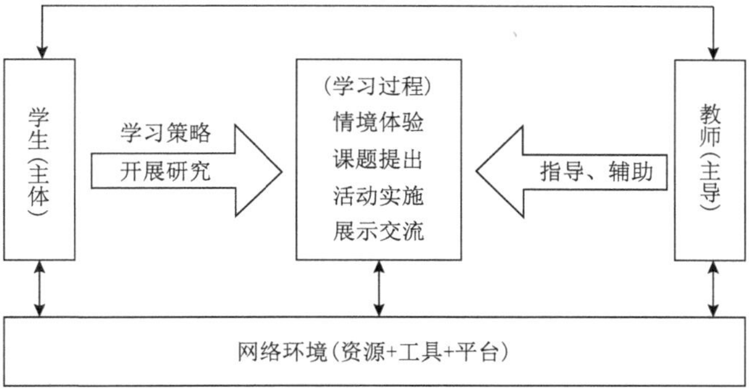

图 2-37　网络研究性学习一般模式

（1）学生（主体）——教师（主导）

该模式遵循以学生为中心的思想，放手让学生自主学习、协作研究，但强调教师的主导地位，教师指导学生的学习活动，并对活动进行适度的干预。

（2）策略选择

根据不同学习活动合理选取学习策略，如预习时可采用抛锚式的自主学习策略；调研时可采用小组合作的协作学习策略；讨论时教师采用支架式学习策略为学生搭建学习

① 李志巧，陆芳. 基于创新人才培养的网络研究性学习模式探析[J]. 高等工程教育研究，2011，（2）：138-142.

支架，学生采用学习支架开展协作学习。

（3）研究性学习过程

研究性学习过程包括情境体验、课题提出、活动实施、展示交流。其中，活动实施一般会经历研究方案的制订、研究数据资料的收集、研究资料的分析处理和研究结论的推演等过程。

（4）网络学习平台

它是研究性学习的支撑，具备资源库、交流协作平台、工具库等功能。

4. 案例分析

以四川大学的省级精品课“外国文学”为案例，运用网络资源促进教学；利用平台完善课前准备；运用网络提供的资源和移动互联网软件，引导学生进行研究性学习，激发其主动性；利用网络对课程教学进行评价，取得了良好的教学效果，促进了文学与现代教育技术的结合。[①]基于网络的外国文学研究性学习过程如下。

（1）课前：利用平台资源，完善教学准备

教师运用互联网技术，利用教学平台在课前进行外国文化常识学习，帮助学生理解文学作品的文化背景，减少文化误读现象。教师在正式课程之前通过网络平台，上传文本、图片、视频等多种材料，介绍与课程要讲授的文学作品相关的文化知识。学生登录网络平台查看上述材料，进行课前预习。此外，教师还通过网络平台安排了文化常识小测试，包括名词解释、填空等多种测试形式，便于学生通过检测的方式掌握外国文化知识。

例如，有一些文学作品讲述的是陌生的异国文化现象，为减少学生对作品的陌生感，教师选取了视频资料。视频具有立体、综合、生动的特点，有助于学生在短时间内获得所需知识。苏联名著《静静的顿河》描绘了顿河地区哥萨克人在近代战争中的苦难历史，教师从反映苏联历史的纪录片中，截取了反映哥萨克人生存情况的片段上传到网络平台上。视频虽仅有十余分钟，但形象地展示了哥萨克人平时从事农业的情况，展示了他们英勇参加战斗的情形，使学生了解哥萨克人生存的苦难与奋斗，更容易与这部文学作品产生共鸣。

（2）课中：运用网络多媒体，探索艺术风格

教师为了有效地矫正单一文本教学的偏差，采用了联想的学习策略，运用多种媒介材料向学生展示文艺作品，沟通文学与其他艺术门类，在课堂上为学生打造立体的审美体验。为全面而立体地呈现多种艺术作品，教师运用网络多媒体技术，突破以传统文字为主的课件形式，通过网络下载大量材料制作多媒体课件，并在课堂教学中运用网络链接让学生观看与课程相关的视频。

① 叶慧婷. 基于网络的外国文学研究性学习——以省级精品课“外国文学”为案例[J]. 中国电化教育，2017，（3）：115-120.

例如，教师在授课过程中采用与文学有密切联系的经典音乐作品选段，发挥听觉体验的优势，激发学生的想象力，引导学生体验、探究文学作品的风格。法国文学作品《卡门》中的主人公卡门生活放荡不羁，却又有着追求生之自由的积极一面。这类女性有别于学生熟悉的中国传统女性，学生难以在短时间内通过文本阅读把握这一人物形象的精髓。因此，教师选取了歌剧《卡门》中的咏叹调《爱情是只自由鸟》帮助学生理解，这支乐曲采用行板、2/4 拍等节奏，旋律优美、富于变化，充分表现出卡门奔放且具有神秘感的特征。

（3）课中：基于移动网络，开展互动研讨

教学中教师引导学生利用移动互联网搜集与课程有关的资源，拓宽课堂的时间和空间，增强师生互动，使课堂重点由教转向学。在讲授外国文学的过程中采用移动网络，选取学生较感兴趣的以及有理论价值的问题，以学生为主体，组织多堂精彩的讨论课，加强以学生为中心的个性化学习，帮助学生建构外国文学知识体系，培养其独立思考能力。

以《布登勃洛克一家》一课为例。在学习过程中学生联想到日本的《源氏物语》，产生了初步的比较思想。一部分学生认为两本家族小说相似性较多，一部分学生则认为差异较大。因此，教师利用网络平台和移动软件组织讨论课，促进学生独立思考问题。教师在网络平台上传必要的文本、大学辩论赛的精华视频以及通过超链接的形式提供学术网站，供学生明确讨论的规范、步骤以及寻找支持论据。学生利用移动互联网，主动搜集文本、图像、视频等多种材料，从中提炼论据。在课堂上两组学生展开积极的讨论，各自举出多项论据，培养逻辑思维能力。教师进行引导，启发学生将问题讨论得更加深广，亦纠正学生的一些理解偏差。学生的分析资料、整合资源的能力，自主学习能力，逻辑思维能力，团队协作能力都在这个过程中得到强化。

（4）课后：反馈和拓展课堂教学

在课堂教学完成之后，课程教师利用网络平台的评论区功能，完成课后评价与交流，及时补充和拓展与课程相关的内容，改进教学方法。比如讲授艾略特诗歌《荒原》后，学生在评论区表示，该诗歌主要对神话进行了改写和反讽以表示西方精神世界的失落，他们不能完全理解以现代手法改写神话的艺术手法。教师查看到这一反馈，在下一周的文学读书会上安排放映电影《地狱三王》。电影相对于诗歌显得更加生动、立体，易于理解，使学生获得直观的视听感受，有效地帮助学生体会改写神话的艺术方式。教师还注重使用移动互联网提供的资源，引导学生在课下继续学习外国文艺作品，促使学生进一步欣赏和探索艺术。

2.3　智慧型课程教学设计框架

智慧型课程的教学模式采用“融创式智慧教学模式”，该模式以智慧提升为核心，以创新创造为课程培养的重要目标，融合多种方式方法和手段，以适应未来教育要求。

其中“智慧”是方向、思想和催化剂。“融”一方面包含了将一切先进的方式方法应用于教学，并在融的基础之上形成新的方式方法，让其在智慧型课程的理念下发生化学反应，共生于创新创造人才的培养；另一方面，又指多方面的融通和融合。“创”是通过智慧型课程更好地培养学生的创新精神、创新意识、创新品质、创新思维、创新能力。“智慧”往往是通过头脑风暴式的讨论、激辩，激发智慧，产生思维的火花、灵感、创新的激情和冲动，养成创新思维和创新习惯与品质，使“创”有不竭动力。[①] 通过对在线开放课程教与学模式的分析，笔者构建了智慧型课程的教与学模式的设计框架（图 2-38）。

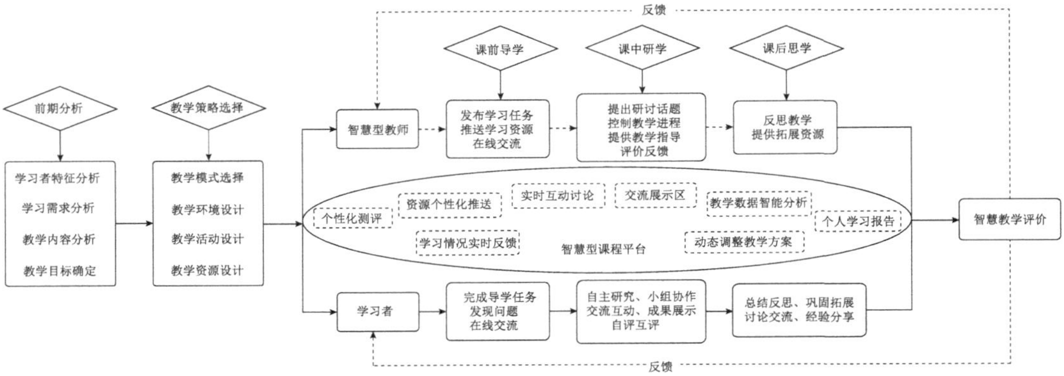

图 2-38　智慧型课程教与学模式设计框架

2.3.1　前期分析

1. 学习者特征分析

学习者登录到智慧型课程平台后，平台会给学习者发放测试其学习特征的问卷，学习者依据自己的真实情况填写问卷并提交，系统针对学习者的填写情况，从学习者起点水平、学习态度、学习风格、学习动机四个维度分析。学习者起点水平包括学习者的认知能力特征、学习者的认知结构、学习者特定知识和能力基础特征和学习者的信息素养四个方面。如果是成人学习者，还需考虑其学习特点，如学习目的是否明确、是否注重学习效率等。通过对搜集数据的分析将学习者按照学习特征分类，以便为其制订个性化的学习方案以及推送个性化的学习资源等。系统会不断记录学习者的学习行为，学习者在学习的过程中学习行为发生改变，系统会进行动态调整，学习方案及学习资源也会相应做出改变。

2. 学习需求分析

学习需求指学习者目前的学习状况与期望达到的学习状况之间的差距。系统通过学习者所填的问卷、访谈结果以及学习者的学习行为等分析学习者的学习需求，最终

① 陈琳，陈耀华，李康康，等. 智慧教育核心的智慧型课程开发[J]. 现代远程教育研究，2016，（1）：33-40.

得出每个学习者的学习需求报告，教师根据学习者的学习需求合理安排教学内容、教学资源及教学活动等，最终消除学习者理想与现实之间的差距，满足学习者各方面的需求。

3. 教学内容分析

教学内容分析指围绕总的教学目标，确定学习内容的范围和深度，揭示学习内容各部分之间的联系，为教学顺序的安排奠定基础。教学内容分析包含选择与组织单元、分解总的教学目标、确定教学目标的类型、分析并选择学习内容、安排学习内容的顺序及初步评价学习内容六个环节。教学内容分析的方法有归类分析法、图解分析法、层级分析法、信息加工分析法和解释结构模型法（ISM 分析法）五种，教师可以根据不同类型的教学内容（如认知学习类、动作技能类、情感学习类等），选择合适的教学方法对教学内容剖析，并进行编排。

4. 教学目标确定

教学目标指学生通过学习后，能够达到的最终结果。教师要根据不同类型的教学内容对应确定不同的教学目标，如事实的学习对应记忆的学习目标；概念的学习对应理解的学习目标；技能的学习对应简单应用的学习目标；原理的学习对应综合应用的学习目标；解决问题的学习对应创新层次的目标。

2.3.2 教学策略选择

1. 教学模式选择

在前期对学习者特征、学习需求、教学内容及教学目标分析的基础上，教师可以选择不同的教学模式。教师要根据教学目的和教学任务，考虑让学生进行何种学习活动。从认知的角度看，学习活动的认知复杂性是不同的。高复杂性的认知活动体现了更多的辩证思维，需灵活地、多角度、深刻地进行思考，具有更高程度的抽象性和概括性。如果要进行的学习活动具有较高的认知复杂性，就需要选择结构较松散的教学模式，即教师及教学程序的控制性较低，允许学生进行更主动的、更开放的、探索性活动多的教学模式，如发现学习的模式、基于问题式学习的模式、非指导性教学等。相反，如果要进行的学习活动主要依赖于较低复杂性的认知活动，则可以选择结构更严格的教学模式，即教师、教学程序对学生的学习过程作详细严格的规定，如程序教学等。

2. 教学环境设计

教学环境是教学资源和人际关系的一种动态的组合，既有丰富的教学资源，又有人际互动的因素。教学资源包括支持教学的媒体、教学材料、帮助学习者学习的认知工具等。人际关系包括生生之间、师生之间充分有效的人际交往，学生不仅能够得到教师的帮助和支持，也可以在与同伴协作中得到启发和能力提升。除了上述的环境要素，还包含物理教学环境，如智慧教室、智慧型课程平台等。教学环境的设计是建立在所选择教学模式的基础上的。例如，在协作式教学模式下，教学环境既包含线下在教室中学习者进行学习汇报交流、师生评价等学习活动，还包括线上学习者在课程平台上进行学习、互动交流、成果展示等活动。

3. 教学活动设计

教学活动依据所选择的教学模式进行设计，如探究式教学模式的教学活动偏向于学习者在教师创设的情境下发现问题，搜集资料、讨论交流，最终进行展示、评价和反思，从而使学习者的自主学习能力和交流表达能力得到提升。在学习活动设计过程中，教师首先要明确教学目标，其次是教学活动的量和度要把控好，最后教师需要考虑活动安排的阶段、时间的分配等。不同的阶段教师的角色不同，讲授环节教师是课堂的主导者，自主探究阶段教师是课堂的指导者、协助者。因此，在活动设计环节，教师主导与学习者主体二者所占的比重需慎重考虑。

4. 教学资源设计

教学资源指在教学过程中，支持教师的教和学生的学的一切资源，包括各种学习资料、媒体设备、教学环境及人力资源等。这里主要指信息化教学资源，而且是一种狭义的信息化教学资源，它主要指信息技术环境下的各种数字化素材、课件、数字化教学材料、网络课程和各种认知、情感和交流工具等。教学资源的设计是建立在所要达成的目标的基础上的，如为了让学习者掌握新知，需要进行课程视频、教学课件等的设计；再如为了提升学习者解决问题的能力，则需要提供支持学习者解决问题的软件工具以及课程交流讨论平台等。

2.3.3 教学过程设计

在前期分析和教学策略选择的基础上，教师需要进行教学过程设计，如何安排教学环境，如何将教学活动融入教学过程中，都是需要考虑的要素。该过程采用线上线下混合式教学，教师主导与学习者主体相结合，智慧型课程平台提供相应支持，主要分为课前导学、知识传递，课中研学、评价反馈和课后思学、巩固拓展三个阶段。

1. 课前导学、知识传递

课前，教师发布学习公告，包含学习任务和学习要求及完成时间，教师提供相应的教学视频、学习资源。学习者根据学习公告中的要求按时完成学习任务，并在学习过程中记录下遇到的问题，与学习者、教师在线进行交流，可通过社交性软件，也可以通过智慧型课程平台讨论区进行交流。智慧课程平台为学习者推送适当的学习资源，记录学习者的学习情况，并反馈给学习者，对学习中产生懈怠的学习者进行干预，以保证整个课前预习阶段的高效进行。

2. 课中研学、评价反馈

教师将学习者遇到的问题汇总，整理出出现频率最高的问题在课堂上作为研讨话题提出，学习者依据问题搜集资料，小组讨论交流，将最终的讨论结果以一定的形式（如PPT、视频等）展示出来，在此过程中其他学习者可以提出疑问，汇报人要给予解答。讨论结束后，教师进行总结，并对学习者的表现进行评价。课后，小组在平台上传完善后的学习成果，进行组内自评、组间互评。教师在该阶段扮演的是课堂的指导者，把控着整个课堂节奏，控制每个学习活动的时间，使学习者在有限的时间内进行高效的学习。

3. 课后思学、巩固拓展

课程结束后，教师在平台上提供一些拓展性资源，并促使学习者持续进行学习，从而发现可深入研究的方向。教师将学习者在课堂上的表现和对平台数据的分析结合起来对教学进行反思，从而完善教学过程的设计，使其更符合学习者的需要，更好地达到教学目标。学习者依据平台推送的个人学习报告以及教师和其他学习者的评价，对学习情况进行反思，并在讨论区撰写学习心得、未来学习计划和需要做出改变的地方。学习者之间互相查看彼此的学习心得，获得启发，彼此成长。

2.3.4 评价与修改

在智慧型课程教学模式实施过程中，学习者在课程学习结束后，平台会为学习者推送最终的学习评价表，使学习者明确自己在课程学习过程中的行为、态度、能力等的变化，提升的部分继续保持，不足的地方努力改善。教师一方面依据自身在每节教学实践过程中的教学反思，另一方面依据课程平台收集的关于学习者学习行为、教师教学行为、学习者学习效果等各方面的数据，评价该教学模式的有效性，发现存在的问题，思考解决问题的方法，并再应用于教学实践，进而再根据反馈评估其效果，这是一个动态循环的过程。随着时间的推移，教学理念、教学方法、教学策略等的不断更新，学习者特征和学习需求的不同，教学模式会相应做出更符合教学要求的改变。

2.3.5 智慧性体现

1. 智在数据

智慧型课程平台在大数据、云计算等的支持下，依据学习分析技术，对学习者的学习行为进行不间断的记录，并出具阶段性的学习报告和最终的学习报告，使学习者在学习过程中能够不断了解自己的学习变化，不仅掌握了知识，高阶思维能力也得到很大提升。教师依据数据能够更好地调整教学，使其更加满足学习者的需求，提升教学质量和学习效率。

2. 智在融合

智慧型课程教学模式融合了传统与现代教学、线上与线下教学、多种教学方式、多种教学理论、虚拟与现实、微课、MOOC、翻转课堂与SPOC多种课程形态，取其精华，并在此基础上有所发展和创新，使其更适合未来教学的需求。融合不仅仅是简单地将各要素相加，而是在学习目标和学习需求催化下，各要素有机整合，产生化学反应，其结果是教学质量的提高和学习效率的提升，教师能够更有智慧地教学，学习者能够更有智慧地学习。

3. 智在创新

现有的课程形态更多地停留在让学习者掌握、了解知识，没有上升到提升学习者创新创造能力的高度。智慧型课程教学模式在内容、活动、测验、平台等方面都支持学习者的创新和创造，使学习者在理解和掌握的基础上向应用和创新层面拔高，使其在面对真实情境的问题时，能够从容面对，找出具有创造性的解决问题的最佳方案，从而培养信息时代所需要的具有国际竞争力的拔尖创新型人才。

【思考与练习】

1. 结合学习体验，谈谈对智慧型课程教学模式与学习模式的理解。
2. 查阅相关研究，用实例说明在线开放课程不同类型教与学模式对你的启发。
3. 如何架构智慧型课程的教与学模式？其智慧性主要体现在哪些方面？
4. 结合在线开放课程的学习体验，谈谈愉快的教与学模式应该是什么样的？

第 3 章　智慧型课程教学内容和学习资源设计

【学习目标】

1. 了解智慧型课程教学内容和学习资源的内涵。
2. 掌握智慧型课程教学内容设计的流程与方法。
3. 阐述智慧型课程学习资源的设计原则和步骤。

【内容结构】

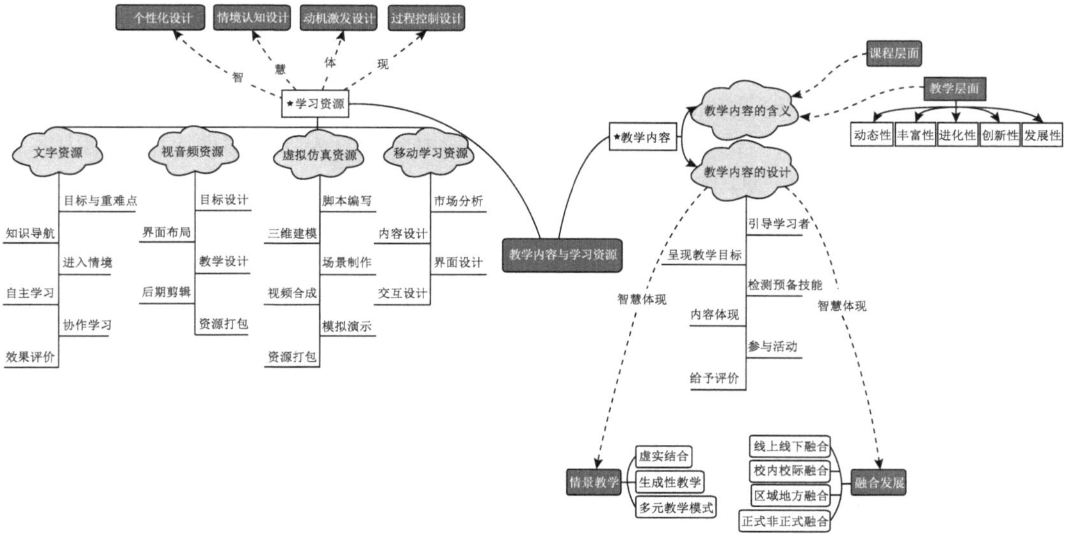

随着信息技术的成熟及其在教育领域的应用，开放课程发展先后经历了精品课程、精品开放课程、MOOC、SPOC、在线开放课程等形态，课程逐渐从平面、单维、静态走向立体、综合、动态。教学内容作为课程设计的基础，要将课程内容按照教学目标和教学环境的变化进行分解、重组，并用适宜的形式表达出来。①《教育部办公厅关于开展 2017 年国家精品在线开放课程认定工作的通知》中明确提出：课程教学设计要“注重探索以学生为中心的课程教学组织新模式，构建教与学的新型关系，积极开展课程内容重构，课程知识体系科学，资源配置合理，适合在线学习和混合式教学”。课程内容则要求“内容导向正确，弘扬社会主义核心价值观。遵循教育教学规律，体现现代教育思想。反映学科最新发展成果和教研成果，具有较高的科学性水平”。

---

① 王娟. 智慧型课程：概念内涵、结构模型与设计流程[J]. 现代远距离教育，2017，（3）：25-33.

3.1 教 学 内 容

作为影响教育信息技术发展风向标的《2017 新媒体联盟中国高等教育技术展望：地平线项目区域报告》指出，大规模在线开放课程是中国高等教育的教育技术在未来一年内的重要进展。教学内容是智慧型课程设计的基础，它将课程包含的知识内容按照课程教学目标和网络教学环境的需要进行分解、重组，使教学内容用最适宜的形式表达出来。

目前，智慧型课程教学内容设计是在在线开放课程设计基础上，结合新兴技术和智慧教学理念，加以整合和拓展。作为在线教学的新形态，智慧型课程需要不断改组、改造、转化和生成，需要内容变化、融通和开放性构建，以唤醒学习者的内在潜能和智慧，注重在情境、话语的互动中创造课程意义，使课程资源呈现动态性、丰富性、多元性、进化性、发展性和创造性。同时，智慧型课程发展要包括线上教学与线下教学的融合、校内与校际资源的融合、区域与地方共享的融合、正式学习与非正式学习的融合。①

3.1.1 教学内容的含义

教学内容是教育理论领域的基本术语，是指学校传授给学生的知识、技能、技巧、思想、观点、信念、言语、行为、习惯的总和。②教学内容可分为课程层面上的教学内容和教学层面上的教学内容。课程层面上的教学内容，包括科目的设置和编制，涉及学科结构、课程形态和类型；教学层面上的教学内容，指师生作用的对象或客体，是经过课程设置和编制具体化的知识、技能、思想观念、行为习惯，是学生活动所作用的全部对象。③

随着课程形态的不断变化，在线开放课程的教学内容也在与时俱进。精品课程、视频公开课、MOOC、SPOC、智慧型课程等教学内容越来越体现出教育的民主性和公平性、终身性和全时空性、生产性和社会性、个性化和创造性、多样性和差异性、信息性和创新性、国际性和开放性。《教育部办公厅在关于开展 2017 年国家精品在线开放课程认定工作的通知》中，将教学内容分为课程介绍、负责人介绍、教学大纲、授课视频、演示文稿、教学课件、课程公告、测验和作业、考试等教学活动必需的资源，以满足高校教学和学习者自主学习需求。

开放课程中教学内容一般分为理论知识和经验知识两部分。一般来说，理论知识适宜用抽象形态的媒体呈现，如文本、声音、图标等；技能、技巧和事实等经验知识适宜用具象形态的媒体呈现。智慧型课程强调按照不同的内容、不同的学习对象、不同的学习要求，采用最合适的方式教授特定的教学内容，实现优化教学④，因此，智慧型课程教学内容的设计应运用适当的、合理的媒体与技术，并遵循相关标准，同时应依据课程内容的特点选择相应的资源呈现形式，并符合多媒体教学的基本原则及学习者的学习倾向。⑤

---

① 王娟. 智慧型课程：概念内涵、结构模型与设计流程[J]. 现代远距离教育，2017，（3）：25-33.

② 顾明远. 教育大辞典（第一卷）[M]. 上海：上海教育出版社，1990.

③ 谢幼如，尹睿. 网络教学设计与评价[M]. 北京：北京师范大学出版社，2010.

④ 陈琳，陈耀华，李康康，等. 智慧教育核心的智慧型课程开发[J]. 现代远程教育研究，2016，（1）：33-40.

⑤ 黄荣怀，陈庚，张进宝. 网络课程开放指南[M]. 北京：高等教育出版社，2010.

3.1.2 教学内容的设计

教学内容设计是把经过分析划定的各个部分，按照一定的方式、方法进行安排，或把分散的、零散的内容组成具有一定结构的整体。科学的模式可以有效地指导教学内容的分析和组织工作，可以直接成为教学组织的工具。①

智慧型课程教学内容的设计要以智慧提升为核心，以创新创造为课程培养的重要目标，融合多种方式、方法和手段，以适应未来教育要求。智慧型课程是立足当前、面向未来的，其教学内容的设计要基于传统教学理论，将培养学习者创新创造能力放在更加重要的位置。②根据加涅提出的“九大教学事件”，智慧型课程融合新兴的科学技术，将教学内容设计划分为六个模块：引导学习者、呈现教学目标、检测预备技能、内容呈现、参与活动以及给予评价。对教学中包含的学习成分描述如下。

1. 引导学习者

智慧型课程学习开始前，指导教师要结合在线教学的特点，引导学习者多维度地思考课程内容，确保他们具备教学所需的预备知识。智慧型课程设置了具有趣味性的课前引导，可以激发学习者的学习动机。目的是要获得学习者的注意力，并在教学过程中一直维持其注意力。当然，学习者的注意力可以通过利用 VR 技术、AR 技术等新技术创设学习情境，引发学习者感情因素的提升、设置智力挑战等来实现。

2. 呈现教学目标

向学习者提供教学目标，帮助他们集中注意力学习教学内容。智慧型课程要合理呈现教学内容和教学目标，帮助学习者更有效地运用学习策略，建立教学相关性。

3. 检测预备技能

该功能是“现实性审查”，以确定学习者初步了解新学内容和已有知识之间的关系。传统课堂一般给学习者简短的入门技能考试，或提供所需的入门技能简要说明。智慧型课程采用基于大数据的方式检测学习者的预备技能准备情况，建立学习者数据库，通过对学习者日常学习数据的收集、汇总和分析，判断每位学习者的学习情况，提示未具有预备技能的学习者进行相关学习，以掌握预备技能完成学业。同时，告知学习者预备技能可以为后续教学做准备。

4. 内容呈现

需要准确判断向学习者呈现哪些信息、概念、规则和原理。智慧型课程要让学习者掌握的不仅是新概念，还要解释新概念与其他概念之间的关系。教师要决定与概念相关的实例类型和数量，以情境再现的方式引领学习者探索；要运用多学科知识帮助学习者从多方面思考知识存在的价值，批判性和创造性地看待教授的内容。

---

① 张丽霞，张立新. 基于学习理论的教学内容分析和组织的模式[J]. 电化教育研究，1998，（4）：23-28.

② 陈琳，陈耀华，李康康，等. 智慧教育核心的智慧型课程开发[J]. 现代远程教育研究，2016，（1）：33-40.

5. 参与活动

智慧型课程要向学习者提供与教学目标直接相关的教学活动和学习活动，扩展学习过程，同时给予学习者及时反馈。

6. 给予评价

智慧型课程评价，要将学习者看作全面发展的人，不仅要评价其知识的获取程度，还要评价其知识的应用、分析、综合、创造性思维等高层次的智力因素，以及兴趣、态度、情感等方面的非智力因素。①作为更加科学的课程形态，智慧型课程利用大数据技术收集学习者在学习过程中产生的数据，挖掘数据中存在的隐藏信息，易于从多个方面对学习者进行评价。

组织教学内容最重要的是确定教学顺序，合理安排每个阶段呈现的教学内容模块。教学顺序从逻辑上说应从开始点进行，如果教学步骤有从属技能，则这些从属技能应该提前进行。教学顺序倾向于从下向上、从左到右的结合，具体组织流程如图 3-1 所示。

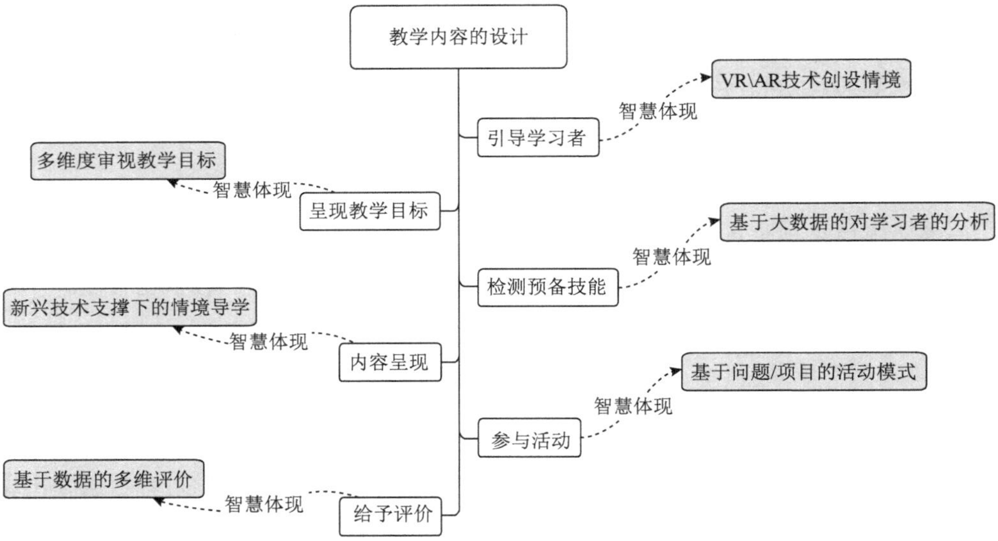

图 3-1 教学内容组织流程图

根据智慧型课程教学内容的设计流程，笔者以“学堂在线”平台上北京石油大学李建华老师的“经济学”课程为例进行分析。

首先告知学习者学习目标，“经济学”课程采用结构性组织形式将内容按照知识点排列出来，课程内容被分成多个小节，每个小节只有 10—15 分钟的微视频，大大减轻了学习者的学习负担，使学习者可以很清晰地了解知识点，帮助学习者形成系统的课程知识观，“经济学”课程授课界面如图 3-2 所示。

① 齐礼良. 网络学习者评价研究——基于知识管理的视角[J]. 远程教育杂志，2008，（2）：52-54.

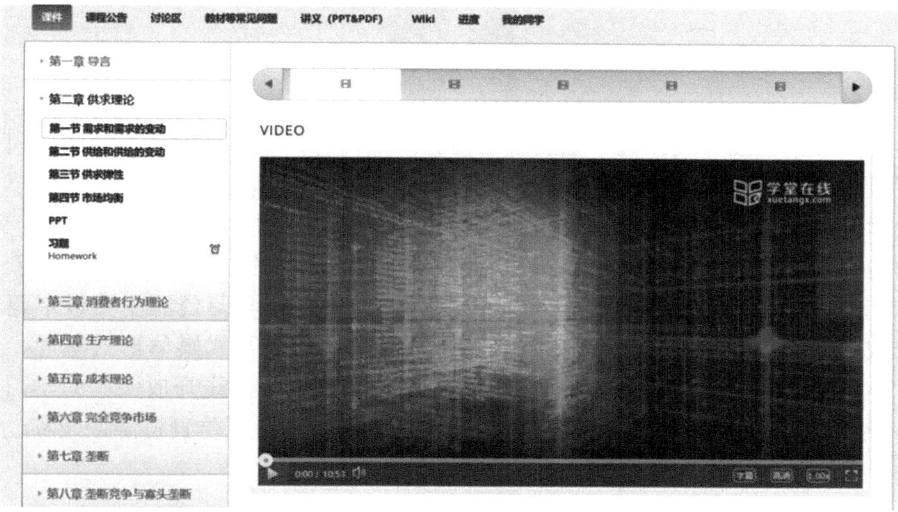

图 3-2　“经济学”课程授课界面

其次告知学习者预备技能。由于课程本身的性质，“经济学”课程将教学内容介绍放在了第一章导言部分，在第一章介绍了经济学的发展历史和相关概念，给予学习者一定的知识内容储备，这可以帮助学习者在后续学习中更好地理解课程内容。

再次是内容和案例的呈现，在讲授某个知识点时以经典案例为依据，这样可以更好地将学习者带入情境中，帮助学习者快速理解学习内容。

最后是让学习者参与学习活动和给予学习评价，在线开放课程一般以课堂提问和课后习题的形式，让学习者参与学习活动以及设置讨论区供学习者交流（图 3-3），课程每个章节都设置相应的习题，供学习者观看完视频和课件后对学习效果进行自测，并在完成课程学习后进行总结性考试，根据平时作业和考试成绩整体评判。

图 3-3　“经济学”课程讨论区

3.2 学习资源类型

学习资源指在线开放课程中独立于主体教学的内容，学习者在学习过程中可以利用一切显现的或潜隐的资源。[①]随着 STEM 教育、创客教育、移动学习、碎片化学习、生成性教学等教育新理念与新方法的逐步盛行，以及 VR/AR 技术、移动通信、社交媒体、人工智能等前沿科技的快速发展与普及应用，在线开放课程的学习资源不断与新技术、新理念相互融合，形成智慧型课程学习资源。传统教学中学习资源主要以书籍材料为表现形式；在线开放课程中学习资源则主要以多媒体或交互式媒体形式呈现，通常包括文本、声音、视频、移动资源等媒体形式。[②]因此，借鉴在线开放课程的学习资源类型，将智慧型课程学习资源分为文字资源、视音频资源、虚拟仿真资源以及移动学习资源四类。[③]

3.2.1 文字资源

文字是智慧型课程学习资源最基本的表现形式。根据智慧型课程教学环境及学习者特征，智慧型课程要对授课内容进行重新组织与编排，要能够引发师生对话，体现有效的教学交互。文字资源设计应注意以下环节。

1. 合理应用过渡句，注意内容的承接与连贯

网络学习资源多采用模块化的形式组织，尽可能使教学内容细化为知识点。一般来说，转化技巧在于设计巧妙的过渡句将两部分或多部分内容连接起来，从而使教学成为一个连贯紧凑、浑然天成的有机整体。

2. 巧妙渗透对话意识，体现学习资源的交互性

教学的本质意义是交往与对话，即知识、思想、情感、经验等多方面、多层次的交流。目前使用的文字材料多是单向的文本，即教学思路是预设的，学生根据预设线索获得知识和结论。实际上，文本材料也能引发有效的对话，在设计文本材料时要注意内容描述的语气，或设计一些问题引发与学生的交流，可以采用师生对话情境的方式呈现课程内容。文本学习资源要摆脱书面化、教条化的陈述，让内容具有较强的亲和力，拉近与学生之间的距离，可采用商讨式、征询式的“话语”模式，关注学生的已有经验、生活体验、目标和预期等。在“对话”情境中，更加突显学生的主体地位。

3. 提供丰富案例，拓展学习资源

丰富的案例可以拓宽学生运用原理与知识的视野，从而形成更加深刻的理解。案例

---

① 武法提. 目标导向的网络课程设计[M]. 北京：中央广播电视大学出版社，2009.

② 谢幼如，尹睿. 网络教学设计与评价[M]. 北京：北京师范大学出版社，2010.

③ 杨现民，赵鑫硕. “互联网+”时代学习资源再认识及其发展趋势[J]. 电化教育研究，2016，37（10）：88-96.

的运用有两种主要方式：一是“以例释理”，即先给出基本概念、相关的原理与知识，再结合具体案例进行剖析，引导学生将抽象的理论具体化、形象化，继而深刻理解重点和难点问题；二是“以理释例”，即用实际案例创设情境引导学生思考具体问题，再呈现基本概念、相关原理与知识，启发学生运用基本概念、发散思维、以例证理，从而获得解决实际问题的能力。

“学堂在线”平台上复旦大学录制的“经济学原理”课程，每章都为学习者提供PPT文本资料以及课后习题资料，学习者在课前下载PPT文本进行初步学习，以便把握课程重点内容，课后习题资料则帮助学习者了解学习中存在的不足（图3-4）。

图3-4　“经济学原理”学习资料

3.2.2　视音频资源

学习资源通常也采用图片、声音、动画、视频等视音频的媒体形式。相对于文本而言，这些媒体形式具有丰富的表现力，既可以自然逼真地表现多姿多彩的视听世界，也可以对事物进行模拟，对抽象事物进行生动直观的表现，对复杂过程进行简化和再现等。充分利用声音、动画、视频等多媒体手段，可以将静态变为动态，化抽象为形象，充分表现教学内容，突出教学重点和难点。视音频学习资源一般具有如下特征。

1. 界面友好，布局合理，色彩协调

视音频资源的呈现页面是学生与学习资源交互的界面，它是学生对学习资源最初、最直接，也是最重要的印象，界面的设计是计算机科学和艺术的高度结合，也是对学生认知习惯的反应，友好的屏幕界面能使学习资源更容易被理解、接受和使用，因此设计时要注意操作简便、内容简洁、布局合理和色彩协调等。

2. 创设教学情境，激发学习动机，关注学习风格

建构主义学习理论认为知识是学生在一定的社会文化背景中，利用必要的学习资

源，通过意义建构的方式获得。情境有助于反映新旧知识的联系、促进学生的思维联想，理解所学内容的主题意义，便于学生对知识进行重组与改造，帮助学生知识的同化和顺应。在线教学中可以通过图片、音频、视频、动画等方式为学生创设生动形象的场景，如内容导入、问题设计、任务设计、作业布置等。[①]

本书以“学堂在线”平台中清华大学的“信息素养——学术研究的必修课”为例说明（图 3-5）。该课程以系列视频的形式开展，采用多种场景实地介绍课程内容，如图书馆、教室、微机室等。通过创设真实情境，使用多种教学活动导入教学内容，有助于提升学习者的学习兴趣。

图 3-5 视音频资源案例：“信息素养——学术研究的必修课”

3.2.3 虚拟仿真资源

智慧型课程强调理论与实践相融合，力求将理论与实践在课程中达到高度统一，以解决传统教学中理论脱离实际的问题，做到将理论在实践中检验，将理论在实践中应用，将理论在实践中发展与升华，加强学生的认知。[②]因此，智慧型课程可以借助虚拟仿真资源发挥强大的情境支撑功能。

1. 虚拟仿真技术

虚拟仿真技术（virtual simulation）是美国 VPL 公司创始人拉尼尔（Jaron Lanier）在 20 世纪 80 年代初提出的，在多媒体、虚拟现实、人机交互、网络、通信等技术不断发展的基础上，将仿真技术与虚拟现实等技术相结合，使仿真的过程和结果实现图像化、可视化，使仿真的系统具有三维、实时交互、属性提取等特征，从而进行仿真模型建立和试验模拟的更高层次的仿真技术。[③]虚拟仿真技术是综合利用计算机图形系统和各种

① 谢幼如，尹睿. 网络教学设计与评价[M]. 北京：北京师范大学出版社，2010.

② 陈琳，陈耀华，李康康，等. 智慧教育核心的智慧型课程开发[J]. 现代远程教育研究，2016，（1）：33-40.

③ 王卫国，胡今鸿，刘宏. 国外高校虚拟仿真实验教学现状与发展[J]. 实验室研究与探索， 2015，34（5）： 214-219.

现实及控制等接口设备，在可交互的三维环境中提供沉浸感的技术。目前虚拟仿真技术已形成一定的综合技术体系，正在向“数字化、虚拟化、网络化、智能化、集成化、协同化、服务化”方向发展。

虚拟仿真技术是仿真模拟技术与 VR 技术相结合的产物，目前广泛应用于教育信息化及高校实验教学示范中心建设领域。VR 技术是一种计算机界面技术，即利用计算机生成一种逼真的、具有多种感知的人工虚拟环境，使置身于该环境中的人，可以通过各种传感交互设备（如立体头盔、数据手套、数据衣等）与这一虚拟环境进行实时自然的交互作用，产生身临其境之感。①VR 技术带来了人机交互的新概念、新内容、新方式和新方法，使人机交互的内容更加丰富、形象，方式更加自然、和谐。

模拟仿真技术指使用仪器设备、模型、计算机虚拟技术，以及利用场地、环境的布置，模仿出真实工作程序、工作环境、技术指标、动作要求，进行科学研究、工业设计、模拟生产、教学训练和考核鉴定等的一项综合技术。利用虚拟仿真技术创造的学习环境具有物理真实感、环境真实感和行为真实感，使学习者能够在类似真实的情境中体验解决真实问题的过程，有助于学习者发现事物的规律以及不同的行为对结果的影响，进而产生归纳式学习，通过反复学习和练习，达到熟能生巧的程度。

2. 虚拟仿真资源的内涵及应用

“虚拟仿真资源”对多数人来说并不陌生。2012 年，国内开始出现有关“虚拟仿真资源”的文章和报道。张莹和张兴在《以虚拟仿真资源为抓手，打造湖铁特色教学资源平台》一文中，首次对虚拟仿真资源的建设思路及教学资源库平台发展提出了建设构思；随后孙爱娟对职教领域虚拟仿真教学资源建设与应用进行了分析。此外，为提高使用效益、创新应用模式，近年来围绕虚拟仿真资源的高峰论坛不断涌现，如“中国职业教育虚拟仿真教学资源高峰论坛”等。这些研究和活动主要是分享了虚拟仿真资源建设、应用的研究成果、实践经验以及行业前沿和产品方案，但对虚拟仿真资源内涵进行阐释的不多。我国虚拟仿真资源建设起步较晚，广大研究者和实践者对其还缺乏清晰的认识。

目前，国内外学者对虚拟仿真资源的概念界定尚显模糊，为此笔者通过对近年来虚拟仿真资源资料、会议、报告等梳理，将虚拟仿真资源界定为：借助仿真技术和 VR 技术开发的、蕴含大量信息、可以被利用的各种显现的或潜隐的条件和要素，主要涉及基础设施和设备，实验材料（素材、案例、影视、动画、图片、课件、教具等）、实验软件、支持系统等，通常包括仿真模型、仿真数据、仿真软件和仿真平台。当前各级各类机构，对虚拟仿真资源基本都采用自定方案的建设模式，暂无指定的设计方案。

虚拟仿真教学资源的作用及应用方式主要包括漫游、演示、互动、考核等功能，其中漫游功能通常包括认识现场环境、认识现场设施设备以及安全生产的基本要求；演示功能包括操作程序（顺序、步骤）演示、操作方式方法演示、偶发事件演示、错误操作结果演示；实现互动功能是仿真实训中最重要与应用最多的，其目的是让受训者按照某种操作规范学习、掌握规定的操作技能；仿真实训考核可验证学习者的学习能力，突出

---

① 薄瑞峰，李戈. 虚拟现实技术在计算机辅助概念设计中的应用[J]. 华北工学院学报，2004，25（2）：106-109.

核心技能点，具有激励性、公平性、诱导性、趣味性和方向性等特征。实际上大型的虚拟仿真实训，实现的更多的是这些功能的组合。①

用虚拟仿真技术开发的教学软件资源具有沉浸性、交互性、想象性等特征，创造的学习环境具有物理真实感、环境真实感和行为真实感，使学习者能够在类似真实的情境中体验解决真实问题的过程②；同时具有将知识要点附加到三维模型上、实现三维可视化；三维结构可以任意旋转、缩放、互动拆装；计算仿真结果三维可视化；虚拟场景，可自由行走、体验、观察等特点。目前，虚拟仿真资源主要应用在军事与航天、城市规划与经营、建筑设计、房地产、科技馆、博物馆、古文化遗产还原与保护、模拟训练、游戏、娱乐、通信、医疗、教育、艺术、体育、分子化学、科学计算可视化等领域。虚拟仿真资源的教育领域应用主要体现在医学教育、电类实验教学、机械工程实验教学、现代通信网实验教学、市政环境实验教学等领域（图 3-6）。

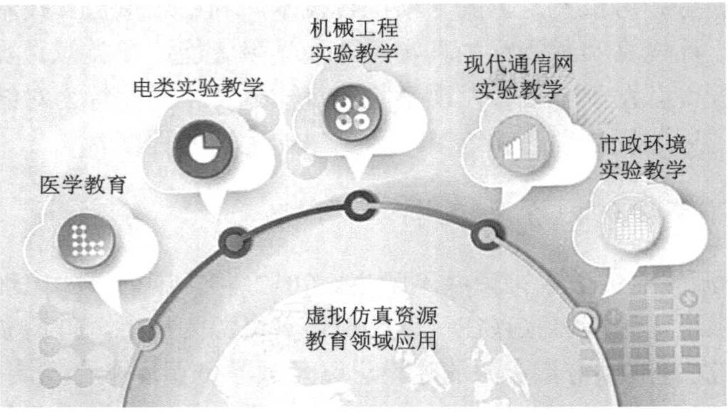

图 3-6　虚拟仿真资源在教育领域的应用

（1）应用于医学教育

虚拟仿真资源在医学教育的应用，主要体现在口腔解剖生理学、口腔种植学、口腔修复学等学科教学，以及口腔疾病基本操作训练方面。在口腔解剖生理学教学中，应用虚拟仿真三维成像技术建立虚拟解剖实验室，应用 VR 技术实现在计算机上重建逼真的实物图像、器官组织内部的结构等各种虚拟解剖模型，建立虚拟口腔解剖标本的数据库。在口腔种植学、口腔修复学等学科教学中，利用虚拟仿真技术实现口腔种植设计方案和修复设计方案的虚拟三维图像模拟，并通过计算机软件对设计方案进行力学系统和生物学合理性的分析和评估，实现在口腔医学教学过程中对治疗方案和手术过程进行虚拟图像模拟和治疗效果评估的教学功能。在口腔疾病基本操作训练方面，利用虚拟仿真三维成像技术和高仿真机器人实现临床诊疗过程的高仿真模拟和学生实际动手操作能力的训练。这些虚拟仿真资源操作过程无风险、可重复、灵活度高，高度仿真性、操作性强，实验成本低。③

① 孙爱娟. 职教领域虚拟仿真教学资源建设与应用探析[J]. 中国电化教育，2012，（11）：156-158.

② 艾伦·贾纳斯泽乌斯基. 教育技术：定义与评析[M]. 北京：北京大学出版社，2010.

③ 周学东，张凌琳，叶玲，等. 虚拟仿真技术在口腔医学教育领域的应用[J]. 实验技术与管理，2014，31（5）：4-6.

（2）应用于电类实验教学

虚拟仿真资源的电类实验教学典型应用为：Multisim10 在电路与电子技术课程中的应用、Proteus 在单片机原理课程中的应用、LabVIEW 在信号与系统课程中的应用。Multisim10 是 NI（美国国家仪器公司）开发的专业电子仿真软件，该款软件操作简易、元器件丰富、虚拟仪器齐全，不仅提供了万用表、示波器等常用仪器仪表，还提供了虚拟网络分析仪、频谱分析仪等复杂仪器。Proteus 是英国 Labcenter 公司开发的电路分析与实物仿真软件，是目前最好的模拟单片机及其外围器件的工具，可以仿真 51 系列、AVR、PIC 等常用的 MCU 及其外围电路。LabVIEW 是由 NI 公司推出的功能强大的图形化编程语言 G 的虚拟仪器开发环境，使用这种语言编程，主要是使用程序流程图，利用它可以方便地建立自己的虚拟仪器，其图形化的界面使编程及使用过程生动有趣①。

图 3-7 是 LabVIEW 设计的信号与系统课程中时域卷积的虚拟演示实验，通过前面板可以动态演示相关信号的卷积情况，显示区进行卷积的信号，可以在右下角的函数选项板更改输入信号的类型。通过虚拟仿真资源，其实验效果与真实实验基本一样，用户可以独自完成实验，逐一解决实验过程中遇到的问题，有助于知识的掌握和技能的提高。

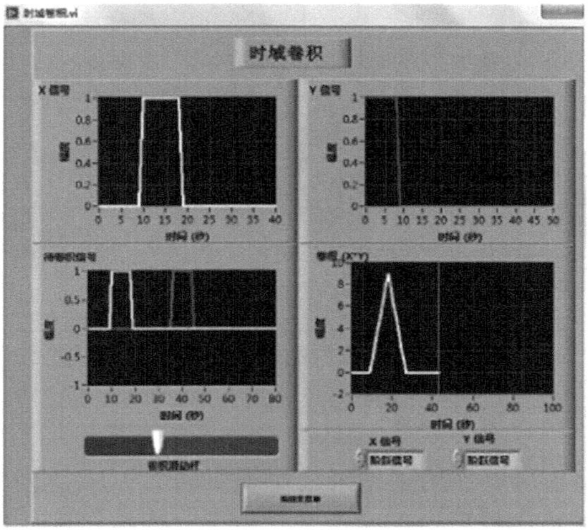

图 3-7　LabVIEW 卷积的前面板

（3）应用于机械工程实验教学

机械工程实验教学的典型应用主要体现为数控加工仿真实验和减速器装配实验。数控加工仿真实验，实验室利用 CAXA 软件在“鼠标的数控加工”实验中进行虚拟仿真教学，模拟数控机床的实际操作步骤，让每个学习者都能体验到机床的加工环境和真实的加工过程，即首先建立鼠标的实体模型，然后设定加工刀具、定义毛坯、确定加工路线，最后进行仿真加工并生成代码和工艺清单②（图 3-8）。

① 程思宁，耿强，姜文波，等. 虚拟仿真技术在电类实验教学中的应用与实践[J]. 实验技术与管理，2013，(7)：94-97.

② 蔡卫国. 虚拟仿真技术在机械工程实验教学中的应用[J]. 实验技术与管理，2011，28（8）： 76-78.

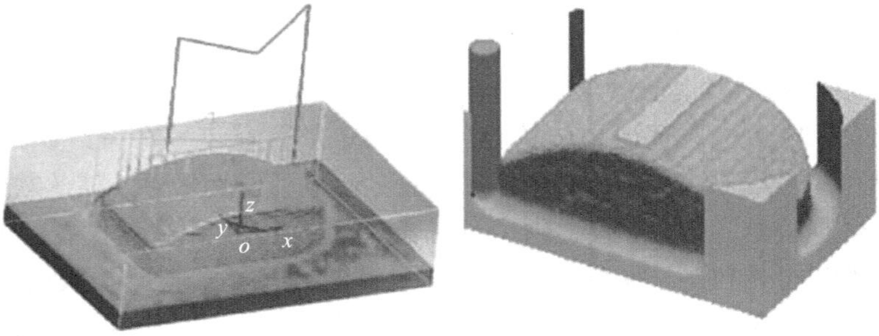

图 3-8 鼠标精加工的轨迹形成及加工仿真过程

减速器装配实验，实验室采用了基于 Inventor、ADAMS 与 ANSYS 形成的软件分析平台，设计了摆线针轮减速器的虚拟仿真实验。首先应用 Inventor 软件对减速器进行实体建模，根据减速器的传动原理进行虚拟装配；然后应用 ADAMS 软件进行动力学仿真，依据实际工况对其施加准确的约束、载荷及激励，进行仿真和优化修形；最后应用 ANSYS 软件对减速器的固有频率进行有限元分析。图 3-9 为利用 Inventor 软件建立的减速器模型的爆炸图，以及利用 ANSYS 软件建立的减速器第四阶振型图。

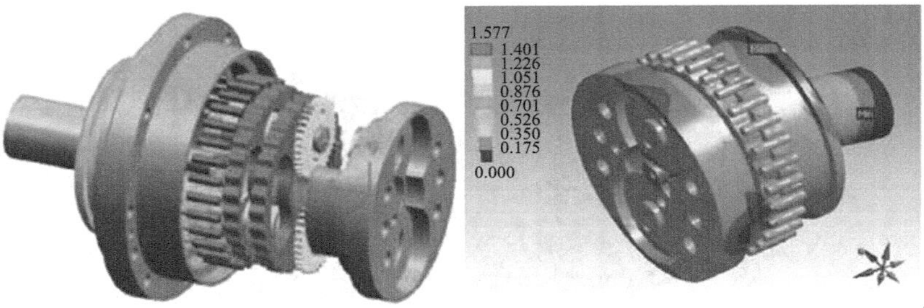

图 3-9 减速器模型的爆炸图及第四阶振型

（4）应用于现代通信网实验教学

程控交换虚拟仿真实验，使用了中兴公司提供的 ZXJ10 虚拟仿真教学软件。这套软件包括“虚拟机房”和“虚拟后台”两个教学软件，虚拟机房、单板连线的仿真实验界面如图 3-10 所示。该软件模拟了程控交换设备的硬件和后台服务器界面，改变了传统实验教学以验证性实验为主的教学模式，加深了对程控交换理论知识的理解；使用“虚拟后台”软件，能进行配置业务和信令跟踪等实验。通过进行虚拟仿真实验，能够完全复现通信设备网管的配置过程，掌握通信网数据配置、程控交换系统的设计等知识和技能。使用该仿真软件，能更好地检查实验过程中存在的问题；通过对故障点的定位和排除，增加了工程处理经验。①

TD-SCDMA 虚拟仿真实验，TD-SCDMA RNS 实验仿真教学软件通过与工程现场高度一致的虚拟三维场景和流程，构成了完整的操作平台，掌握 TD-SCDMA 无线侧开局调测的流程，完成数据配置—调试—移动电话测试的完整过程。模拟室外 RRU 和虚拟

① 陈丽霞，范士勇，刘鑫. 虚拟仿真技术在现代通信网实验教学中的应用[J]. 实验技术与管理，2015，32（4）：133-135.

机房仿真结果（图 3-10）。“虚拟后台”软件能够完成数据配置、虚拟电话、信令跟踪。学生在使用该软件的过程中，可以深入了解现网设备中机房的布置及硬件构成，遵循工程项目开发流程进行实验，培养工程实践能力。虚实互补的实验模式促进了学生的学习积极性，提高了学习效果和效率，使学生能快速掌握主流通信设备的安装及开通，并积累一定的工程实践经验。

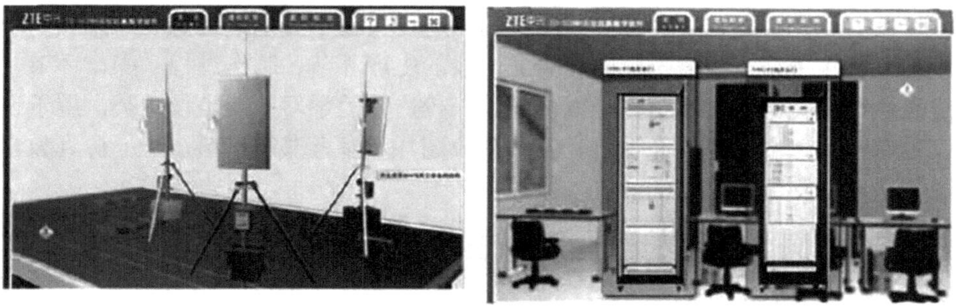

模拟室外 RRU 示意图　　TD-SCDMA 虚拟机房示意图

图 3-10　TD-SCDMA 虚拟仿真实验

（5）应用于市政环境实验教学

虚拟仿真实验教学的定位是传统实验教学的补充，同时注意和课堂教学、传统实验教学内容之间的衔接。市政环境实验教学主要体现在环境监测、水环境规划与污染应急、微尺度水系统数字化与管网优化等方面。其中环境监测虚拟仿真实验教学平台，重点面向环境监测、仪器分析、环境分析化学、环境影响评价、固体废弃物处理与资源化、环境生态学等专业课程；该平台针对水、气、土、渣、生物、噪声等环境要素以及放射性监测中的实验项目，建立数值仿真实验教学模型库、开发仿真平台软件、演示实验过程、监测设备构造、介绍监测方法的原理和优缺点。最终结合真实环境监测数据，利用分析软件和环境评价程序对监测的最终结果进行对比分析，使学生直观、完整地了解环境监测的完整流程。①

水环境规划与污染应急虚拟仿真实验教学平台，统一集成数据库、知识库、模型库与方法库，结合模拟仿真教学软件，实现地表水水体的水质常规管理和应急管理。基于在科研过程中积累的真实河流水量和水质监测数据，建立实际的水质模型，使学生了解建模的精髓、优缺点等。学生可通过配置、连接、调节和使用虚拟水质监测站点、网络、应急指挥装置、污染处置装置设备进行污染物预警和应急处置实验。该平台将水环境规划管理的基础理论（水利水质模型偏微分方程、解析解、数值解、水质过程动力学过程）和实际水质监测数据、案例相结合，增强了课程的工程应用背景，即让学生对水环境中典型污染物的归趋、参数估计方法、环境规划和管理过程有深入的了解，同时又为使用 WASPQUAL2K 等大型建模软件解决实际问题提供基础。

此外，虚拟仿真资源还广泛应用于城市资源化工艺、建筑环境与能源系统测试、计算机应用实践、船舶桥梁改造、军事训练、制订作战方案、战法研究、武器装备的研制与开发等方面。在此不一一列举。

① 郭亮，梁宏，刘京，等. 基于虚拟仿真技术的市政环境类实验教学[J]. 实验室研究与探索，2015，34（7）：107-110.

3. 虚拟仿真资源的类型

虚拟仿真资源包括仿真模型、仿真数据、仿真平台及仿真软件。目前，我国虚拟仿真资源的开发正处于急速发展期，对虚拟仿真资源的分类主要涉及以下两种方法。

第一种方法将虚拟仿真资源分为四类：一是教材知识类，依据教材及教学大纲，系统化构建仿真资源，将抽象的知识形象化、立体化；二是现有实验类，将现有实验虚拟仿真，以拓展真实实验，摆脱地点限制，随时随地实验学习；三是企业一线类，由市场决定生产、资源围绕一线服务，即将企业一线的生产环节、制作过程、操作环节（难理解、难表达、意义大）虚拟仿真，以便学生在校内体验学习；四是设想类，属于设想或规划，没有实物参考，可依靠讲解、网络搜集图片、参考书籍资料，进行仿真教学资源开发，便于学习交流。

第二种方法是按照不同的应用技术、依托平台、使用方式及学科属性划分[①]：这里借鉴胡今鸿的观点，按应用技术分为沉浸式实验（VR 技术）、计算机虚拟实验（多媒体）、分布式协同实验（网络）、个性化自主实验（教育游戏软件）、远程交互实验（遥控技术）等资源；按平台特征可分为虚拟仿真实验室、移动实验室、网络实验室等资源；按使用方式可分为软件共享、仪器共享和远程控制三种资源。[②]

4. 虚拟仿真资源的特征

用虚拟仿真技术开发的资源具有沉浸性、交互性、构想性等特征，同时可以将知识点附加到三维模型上，三维结构可任意旋转、缩放、互动拆装，实现三维可视化。具体体现如下。

一是沉浸性，指使用者完全融入计算机创建的虚拟环境中，真正实现人与虚拟环境的“融合”。理想的虚拟环境达到了让用户真假难辨的程度，如电力安全培训的虚拟操作过程，将安全事故的沉浸式体验突出、强化，从而带来视觉、听觉、触觉、嗅觉上的感观刺激。

二是交互性，指虚拟现实系统能够提供方便、丰富、自然的人机交互手段。用户可以用手直接抓取模拟环境中虚拟的物体，并有抓握的感觉，被抓的物体也能伴随人的动作一起移动，如 kinect 体感游戏。kinect 是一种 3D 体感摄影机，只需要手势或声音就能进行游戏操作，使人机互动的理念更彻底。

三是构想性，指针对某一特定的领域，解决使用者的应用需要及丰富的想象力，使人沉浸在虚拟环境中产生联想和构建，延伸出新的理念和想法，进而产生认识上的飞跃。

5. 虚拟仿真资源设计的指导理论

（1）具身认知理论

具身认知理论认为，环境是认知过程必不可少的部分，人的认知是身体、环境、活动三者协同作用的结果。基于此，虚拟仿真资源设计应将技术置于整个人类实践的情境中考察，探索如何将技术用于扩展人类的认知系统并付诸实施，在此过程中，技术从“可见”走到“隐形”；同时需要将虚拟学习空间和现实世界有机结合起来，提供供学习者

① 王萍. 移动增强现实型学习资源研究[J]. 电化教育研究，2013，34（12）：60-67.

② 王卫国，胡今鸿，刘宏. 国外高校虚拟仿真实验教学现状与发展[J]. 实验室研究与探索，2015，34（5）：214-219.

实践参与的、个性化的、高互动的学习环境，即学习者在技术支持下创造属于自己的学习环境，使学习在一个合作共变的过程中得以发生。在该过程中，技术及其支持下的学习环境不再是外在于学习者的系统，而是内化为学习者认知系统的一部分。

（2）情境认知理论

情境认知由实践共同体的边缘者逐渐到积极主动接触实践共同体文化的核心，并在实践共同体协助下完成知识的意义组建。情境认知理论强调教学设计的理论应与实践相结合，强调在真实的情境下学习并完成知识的构建。知识通过情境获取，影响着虚拟仿真资源的教学系统和学习环境的设计与开发。因此，运用虚拟现实技术构建虚拟教学情境，应从学习者的认知心理出发，掌握学习者已具备的知识和对情境的理解，使新旧知识顺利衔接，使学习者形成自己的认知结构，提高认知能力；并将学习资源通过超级链接的形式添加到场景中，充分发挥学习者的自学能力。

（3）建构主义理论

建构主义理论认为，理想的学习环境包括情境、协作、交流和意义建构四个部分，情境创设是教学设计中最重要的环节。VR 技术的沉浸性、交互性和构想性，使学习者能沉浸其中，形成具有交互效能多维化的信息环境，把新旧知识联系起来，达到知识建构的目的。借助 VR 技术构建逼真的虚拟环境，能够解决学习中的情境化及交互性的问题，激发学生的求知欲，加深其对知识的理解。虚拟仿真资源情境的创设多种多样，可以借助语言描述、图画展示、视频、多媒体设备创设。例如，物理、化学、生物实验中，使用虚拟仿真资源提供了一种身临其境的环境；历史、地理等学科教学中，则可以模拟历史人物及自然现象。

6. 虚拟仿真资源的设计理念

为了创造有价值的虚拟仿真资源，使之在创新型人才培养、虚拟仿真实验教学中心建设中发挥重要作用，应建立资源融合、多方协同的合作模式，构建出技术先进、功能多样、近似真实、高效管理的虚拟环境。因此，虚拟仿真资源必须理性设计，应遵循三大理念，即共研共建（牵手行业顶尖公司、共研虚拟仿真资源）、虚实融合（虚拟资源远程控制、虚实结合、开放融合）、拓展共享（重视实验教学、拓展应用领域）。这三种理念共同指导着高质量虚拟仿真资源的设计与开发（图 3-11）。

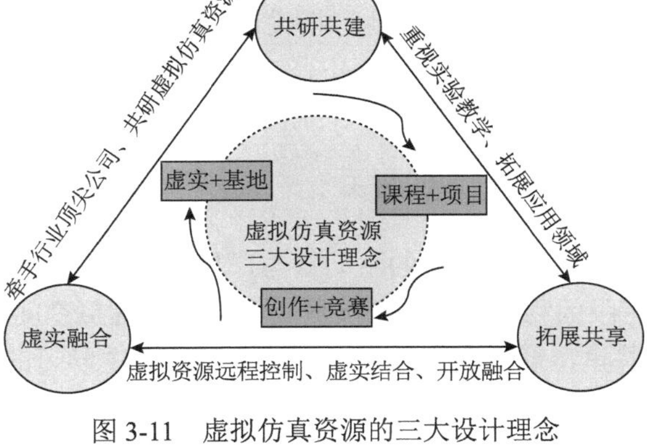

图 3-11　虚拟仿真资源的三大设计理念

（1）共研共建——牵手行业顶尖公司、共研虚拟仿真资源

虚拟仿真资源在设计过程中，应坚持开放共享，突出实验资源的“高精尖”“现代化”“职业化”，与国内顶尖公司共同研发虚拟仿真实验软件，结合实体实验教学资源，与国内外多家大型产业基地合作，形成“一体两翼多平台”的实验教学体系，借助虚拟场景制作仿真实训软件、借助软件模拟实验制作过程，让学习者参与各类仿真设计和场景设计。唯如此，才能使开发的资源具有不可替代性和可移植性，延伸实验的空间和实践，提升学习者的学习兴趣和设计能力，提高实验的效果和效率。

（2）虚实融合——虚拟资源远程控制、虚实结合、开放融合

虚拟仿真资源可以把实验成本高、安全无法保障的实验项目，通过虚拟仿真实验完成教学；大型昂贵的实体实验一般在共建的产业实践基地完成；基础性的实验、一般性技能训练，则通过中心实体实验进行实训。部分虚拟仿真实验资源，可以通过相应网站的开放共享实验课程实施远程操作，达到与实验室操作同样的实训效果。同样，学习者可以借助课程资源共享平台或微信公众号等与实践指导教师交流，实时地得到指导。虚拟仿真资源容易远程操作，其建设应遵循“能实不虚、虚实结合”的原则，促进其可持续发展和良性循环。

（3）拓展共享——重视实验教学、拓展应用领域

虚拟仿真资源设计应以单元集成、自主研究和开发、校企合作开发、虚拟仿真技术研究成果转化、典型工程项目转化为主；强调实践教学的重要作用，结合实验教学实际，关注虚拟仿真再现工作，并将其设计为虚拟实验资源。同时，注重校企合作、资源共享，通过校企合作共同开发实验软件，形成“产学研”一体化的实践教学体系；采用科研成果和校企合作开发，使资源具备良好的科学性、前沿性、实用性，保证资源的先进性、创新性。因此，虚拟仿真资源设计应体现实验资源整合、教学科研结合、校企联合的“三合”理念，使资源真正共享、全面共享成为可能，进而推动资源的开放及推广应用。

此外，虚拟仿真资源设计也体现在 3 个“1+1”模式上，即“课程+项目、创作+竞赛、虚实+基地”。其中“课程+项目”指精心设计实验资源，结合研究课题和教学创新实践，全面提高实验的针对性和技能的实用性，开发出针对性强的资源。“创作+竞赛”指实验资源在技能实训的同时强调整体创作训练，鼓励学习者利用各类专业竞赛带动科研创作与实践技能的提升。“虚实+基地”指设计的实验实训资源，强调理论与实践融合、校内与校外兼容、校企兼容、专业互补等，同时通过校外创新实践基地进行全方位的实体体验，达到“虚实相应、协调互补、全面提高”的实训效果。

7. 虚拟仿真资源的设计框架和内容

新一代虚拟仿真技术注重学习者的主动参与，使虚拟仿真资源发展实现“理、虚、实”一体化，即将“有限的物理空间”拓展成为“无限的虚拟空间”，实现多地、多校、多专业的资源整合和共享，形成虚实结合、师生互动、自主学习的虚拟环境。目前，将仿真平台和各种教学资源融为一体，实现教学内容立体化、教学过程和管理现代化，并

通过平台实现在线教学管理、学习指导、成绩考核等任务，已得到广泛应用。例如，数字电路虚拟实验室教学资源以 Multisim10 仿真软件为核心，将资源分为课前学习资源、实验课教学资源和课后学习资源三部分。

虚拟仿真资源设计应充分考虑信息特点，采用面向对象设计方法，遵循模块化设计理念，各资源模块应划分清晰、相互独立，具备高内聚、低耦合的特点。为此，基于对虚拟仿真资源的认识及实践经验，笔者构建了虚拟仿真资源的通用设计框架（图 3-12），该框架包括四层，分别是理论指导层、模块要素层、资源样态层和资源管理层。

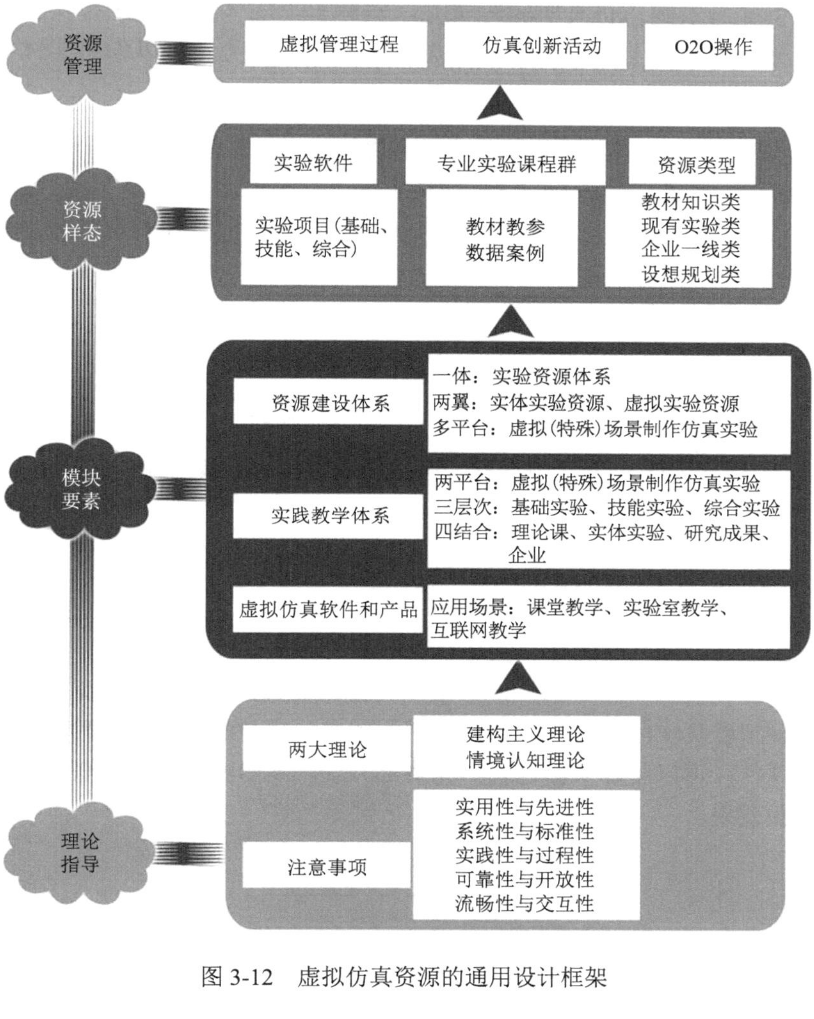

图 3-12　虚拟仿真资源的通用设计框架

虚拟仿真资源设计在建构主义理论和情境认知理论指导下，由实现虚拟仿真教学系统所需的多类资源组成，主要包括仿真软件和产品、教学素材资源、相关平台和实践教学体系。其中教学素材资源是资源库建设的核心任务，网络平台是资源库运行的关键要素，实践教学体系提供了支撑架构。教学素材资源主要提供虚拟实验、课件、图片、视频和动画等素材，为学习者提供设备、操作练习及实验案例等资源，如虚拟实验开发、教学课件、教学动画及教学录像等；同时设计出满足实验教学、互联网教学、课堂教学的仿真软件和产品，开发出不同形态的资源。此外，虚拟仿真资源还应加强管理，如O2O操作、仿真创新活动等。总体来说，虚拟仿真资源设计主要体现在以下三个模块。

（1）一体两翼多平台的资源建设体系

虚拟仿真资源设计应以“虚实结合、资源共享、开放融合”的理念，构建一体两翼多平台的资源建设体系。“一体”指实验资源体系，“两翼”指实体实验资源和虚拟实验资源。实体实验资源即传统的实验平台资源，虚拟实验资源包括虚拟场景制作仿真实验、特殊场景制作仿真实验等资源。实际上，实体实验为虚拟实验提供内容资源和实训目标，虚拟实验具有高效、便捷、低成本等优势，可以作为实体实验的重要支撑（图3-13）。

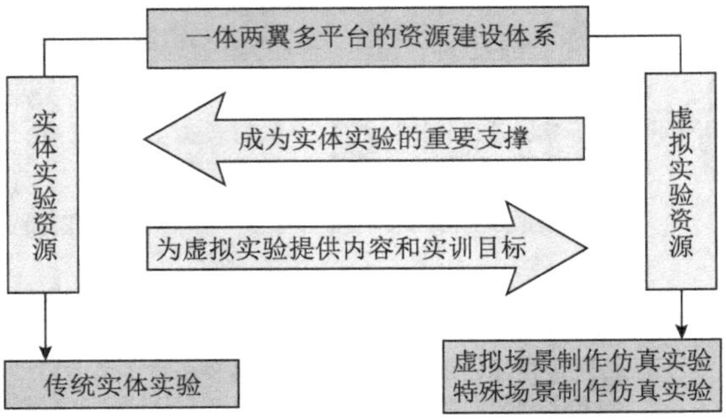

图3-13　一体两翼多平台的虚拟仿真资源建设体系

（2）“多维度”的虚拟仿真实践教学体系

虚拟仿真资源设计应着眼于社会需求和未来发展，紧密联系实体实验和理论教学，构成“虚拟、实体、理论”三位一体的课程体系，将虚拟实验分为基础实验、技能实验、综合实验三个层面，强调与理论、实体实验、研究成果、企业的结合，打造“产学研”一体化的资源建设模式（图3-14），如常规实验、实验仿真（教学、培训）、科研服务实验项目，虚拟仿真实验项目演示，实验课程和实验项目的多媒体课件演示。通过观看实验视频或课件，可以了解实验过程，完成部分虚拟实验操作，提高学习的主动性，获得更好的实验效果。

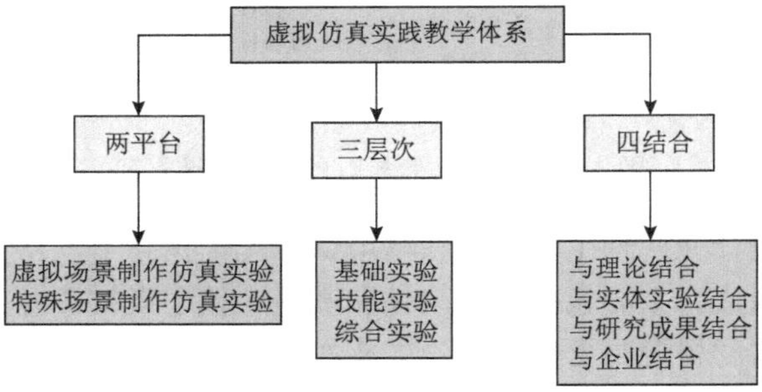

图3-14　“多维度”的虚拟仿真实践教学体系

（3）“多向度”的虚拟仿真软件和产品

虚拟仿真资源的实践教学应用主要体现为：课堂教学（多媒体教室+互联网）、实验室教学（局域网络版）和互联网教学（在线教学平台，如计算机、iPad、手机等）。但目前高校的虚拟仿真资源多存在知识点掌握度不够、规范操作意识薄弱、实践能力差等问题，虚拟仿真资源设计需要遵循“虚实结合、相互补充、能实不虚”的原则，需要开发面向不同学习者的虚拟仿真软件，需要和企业合作开发虚拟仿真产品。如目前比较有代表性的仿真教学软件，包括NOBOOK虚拟实验室系列仿真软件、Vcm仿真实验、仿真软件Multisim等，这些软件有助于理论和实践的融合，提高行业综合实力。

总之，虚拟仿真资源设计，应注重过程设计、重视资源呈现的样态（视频、动画、虚拟场景等），利用制作软件预演、修正与完善，从而制作出最佳的资源。目前有虚拟仿真资源以软件的形式呈现在网络学习平台，如江苏大学为“农业机械学”课程设计了“农业机械多功能虚拟仿真实训系统”（图3-15），通过全程农业机械的介绍增加学生对机械工程问题的初步认知与学习，解决了缺乏农业生产的全程农业机械设备等一系列问题；开发农业生产全程机械的多功能虚拟仿真实验或训练软件，可以增强学习者的动手操作能力，激发其学习兴趣，提升其学习体验。因此，智慧型课程虚拟仿真资源的设计应遵循三大理念，即共研共建（牵手行业顶尖公司、共研虚拟仿真资源）、虚实融合（虚拟资源远程控制、虚实结合、开放融合）、拓展共享（重视实验教学、拓展应用领域）。①

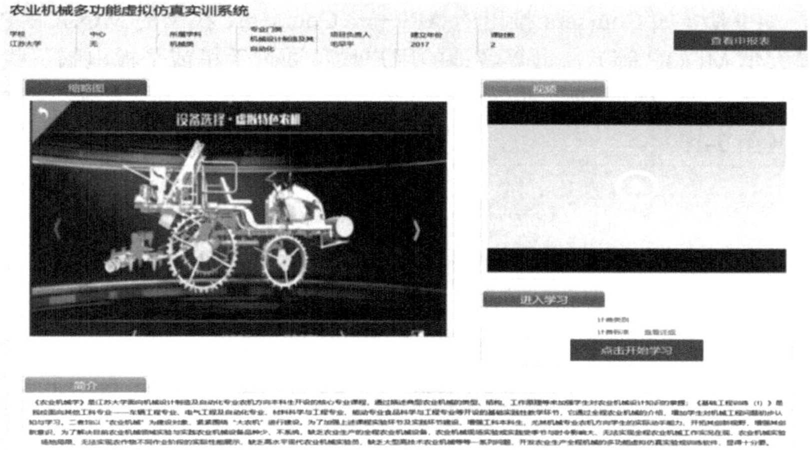

图3-15　虚拟仿真资源案例——“农业机械学”中的自主学习课件资料

当下，物联网、云计算、大数据等技术的快速发展以及在教育领域的逐步渗透，正在改变教育的运作模式。虚拟仿真实验教学是深化教育教学思想、内容、方法、手段，推动院校内涵建设的重要突破口。随着技术的发展，利用信息技术和虚拟仿真实验开发软件，建设和整合信息化资源，通过计算机网络向校内外和社会共享虚拟仿真实验教学资源，已有效地提升了实验教学质量。虚拟仿真教学资源设计是智慧型课程建设的重要组成部分，是实现教育信息化的重要抓手，未来其重要性会更加凸显。

① 王娟，陈瑶. 资源建设新形态：虚拟仿真资源的内涵与设计框架[J]. 中国电化教育，2016，（12）：91-96.

3.2.4 移动学习资源

随着移动技术的发展和广泛应用，智慧型课程学习资源也实现了从电脑端转移到移动端，学生可以自由选择学习时间和地点。英国伯明翰大学的 Sharples 教授在 2000 年指出，由于移动学习的可移动性和情境性等特点，移动学习将成为一种全新的数字化学习技术和形式。①移动学习具有随时随地发生、碎片化学习的基本特征，移动学习者具有较强的自主学习特性，移动学习设备具有界面大小有限、便于携带、简单交互的特征，因此移动学习资源的设计应关注移动学习、移动学习者及学习设备的特征。目前，移动学习资源主要以教育类 APP 的形式呈现，这种简单的学习资源生成与获取方式促进了知识的传播与共享，体现了智慧型课程中随时随地学习的特性。

资源共享的前提是学习资源的生成，包括视频资源、音频资源、动画等多媒体资源的生成。视频教学资源的制作可以在电脑上完成，也可以通过 APP 生成。Knowmia 是一款运行于智能移动终端的、支持教学视频资源制作的工具。通过 Knowmia，教师可以随时随地按照自己的教学设计，录制教学视频并分发给学生。此外，Tellagami、30Thands、ABCya Animate、Do Ink Animate and Draw 等多款 APP 均支持语音、动画等学习资源的生成，学生可以借助这些工具生成自己的故事，并通过视频进行发布。②

除面向课堂进行学习资源的获取与管理的平台之外（如 Google Classroom、Blackboard 等），MOOC 平台是提供优质学习资源管理与获取的典范。各大 MOOC 网站都推出了 APP 版（如 Coursera 推出的 APP——Coursera、我国的 MOOC APP——学堂在线、中国大学 MOOC 等）。世界各地的用户均可通过手机或平板电脑下载相应 APP，参加 MOOC 学习，实现随时随地学习，如网易云课堂 APP，真正实现了随时随地的泛在学习模式（图 3-16）。

图 3-16 移动学习资源案例——“网易云课堂”APP 版中的学习资料

① 罗洁. 信息技术带动学习变革——从课堂学习到虚拟学习、移动学习再到泛在学习[J]. 中国电化教育，2014，（1）：15-21，34.

② 马玉慧，赵乐，李南南，等. 新型移动学习资源——教育 APP 发展模式探究[J]. 中国电化教育，2016，（4）：64-70.

3.3 学习资源设计

学习资源是影响学习者学习效果的关键因素。对于在线学习者而言，学习资源直接关系到学习者对所学知识的兴趣及其学习效果。[①]智慧型课程学习资源设计从基于理念的、间接的设计向基于直接的设计方法转变。这种设计方法可以激发反思、学术性的实践，提高共享和参与性。通过学习环境的搭建，增加技术，促进学习的灵活性，使教育和技能的提供能以更加开放的、可变的且易获取的方式被充分利用，使学习机会能在更加无缝的环境下获取，这些无缝的环境可以链接到课堂、家庭、社区、野外和工作场所。[②]

借鉴在线开放课程学习资源设计的原则，结合新兴技术与智慧教育理念，从学习资源的总体设计和各类型资源的特色设计两个方面，对智慧型课程学习资源设计进行归纳和定位。学习资源总体设计原则涉及个性化设计、情境认知设计、动机激发设计、协作学习以及目标制定五个要素。各类型资源特色设计原则则根据不同类型学习资源的特点出发，进行分析和流程设计。

3.3.1 设计原则

从学习资源总体设计的角度，针对智慧型课程对学习资源的要求，对智慧型课程学习过程和学习对象进行重点分析，主要从学习内容设计和学习过程控制两个方面开展。

1. 学习内容设计

（1）个性化设计

在设计智慧型课程学习资源时，要考虑学习者的个体差异性、个人的学习风格和学习习惯，使用个性化设计；应将同一学习内容设计为文字、图片、音频、视频等呈现形式，以满足不同个体的学习需求，从而最大限度地提高学习积极性。

（2）情境认知设计

学习应在与现实情境相类似的情境中发生，解决学生在现实生活中遇到的实际问题。学习内容要选择真实性任务，不能对其做过于简单化处理，以免其远离真实的问题情境，内容的选择要尽量贴近学习者的真实生活经历，以便其对知识移情性的理解。智慧型课程可以创设一些实际情境，增加学习者的学习兴趣和探索欲望。

（3）动机激发设计

动机分为内部动机和外部动机。外部动机指由外部力量和外部环境（即诱因）激发而来的动机，包括如父母的鼓励、教师的表扬、竞争的奖励等。内部动机是发自学习者

① 王建中，李硕，姚韦韦. 大规模开放在线课程教学的成功之道管窥——以 Coursera“混合学习：对学生的个性化教育”为例[J]. 现代教育技术，2014，12：26-32.

② 齐巍. 基于“7Cs”学习设计框架的课程学习资源设计[J]. 广播电视大学学报（哲学社会科学版），2017（2）：120-125.

内心的动力，是来自对知识的渴求、对学习内容的兴趣。内部动机是持久的，也是我们所提倡的。首先，学习资源要具有实用性，能够引起学习者的兴趣，以保持其学习动机的持续；其次，适当引入竞争机制，在各单元中加入测试内容，学习者参加测试后系统给出评价，同时给出其他参加测试人员的成绩，由此引入学习者之间的竞争，通过竞争激发学习者的学习动机。

2. 学习过程控制设计

学习者在学习过程中具有一定的自主性，可以在学习过程中根据需要进行适当的选择，而学习过程控制也有一定的自主性，可以通过系统的内部调节改善系统性能。因此，在学习资源设计过程中要调控学习者的学习状态，促进其学习积极性的发挥。

（1）协作学习

协作学习是通过小组或团队的形式组织学生进行学习。小组成员的协同工作是实现班级学习目标的有机组成部分。小组协作活动中的个体（学生）可以将其在学习过程中探索、发现的信息和学习材料与小组中其他成员共享，甚至可以同其他组或全班同学共享。在线学习者具有学习自主性强、个体生活经验对学习活动具有较大影响、学习任务与其社会角色和责任密切相关及适合采取以问题中心或任务中心为主的学习特点，可以采取论坛讨论和伙伴交流等形式的协作方式。

（2）目标制定

目标包括长期目标和短期目标。制定合适的学习目标，首先，要对学习内容及其难易程度进行分析，对较重要的知识点要细化；对仅需要了解或已经掌握的知识点，可在计划中合理减少其所用的时间，在学习的过程中略读和快速浏览即可；其次，学习者要了解自己的特长、爱好和学习弊端，综合分析自己的学习风格、学习习惯和学习方法，选择自己擅长的学习方式和方法，科学规划自己的学习计划和进度；再次，制定的目标要科学合理、难易得当，目标要有一定的挑战性，但不能好高骛远；最后，制定的目标要明确具体、规划合理，不仅要制定长期目标和终极目标，还要制定出切实可行的短期目标、时间计划和过程计划，减少学习者在学习过程中的迷茫感，提高学习的有效性。

3.3.2 分类设计

上述介绍了学习资源设计的总体要求，下面根据学习资源的特点进行详细的设计介绍。

首先，文字与视音频学习资源具有较大的共性特点，可以结合在一起使用。智慧型课程中学习资源设计要能根据学习内容、学习者的认知特征安排学习进度，保证学习者能结合自身特点，获取适宜的资源。[①]在设计文字及视音频学习资源时应遵循以下原则，

① 盛艳，张伟平. 新课改视野下的支架式教学：师生角色调适问题探讨[J]. 教学与管理，2012，（22）：21-23.

具体设计流程如图 3-17 所示。

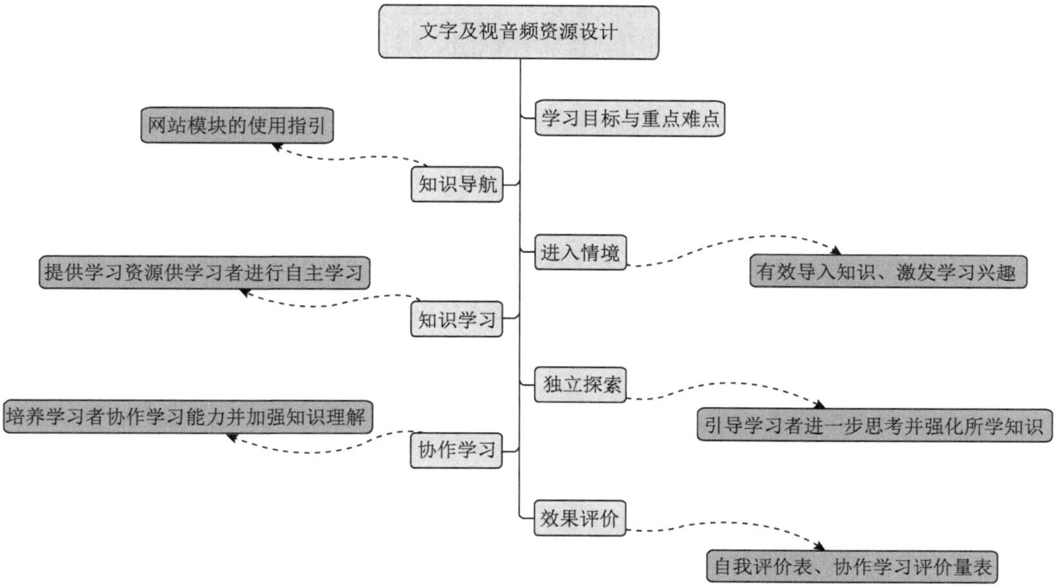

图 3-17 文字及视音频类型学习资源框架设计

资源使用的指导语：当学习者对在线资源进行选择或评判时，这些“适时”的指导语将能减少他们的困惑，推动其学习顺利进行。

资源导航图：用可视化的方式描述资源的内容和结构。

资源使用的引导性问题：启发学生多角度思考资源的应用价值，以及创造性应用资源的可能性。

资源应用范例：为学习者应用资源解决问题提供参照性的实例。

提供优选资源的获取方式：在进行探究类学习活动时，学习者需要对大量学习资源进行搜索探究，通过提供优选资源的获取方式来提高获取资源的效率。

提供评价学习资源的模板和图形组织器：在学习者对学习资源进行自主选择时，提供相应的分析模板或概念图组织器，帮助学习者明确方向或简化评价任务，提高获取与处理学习资源的效率。

提供获取学习资源的便捷工具：使学习者高效地发现和获取需要的学习资源，从而将更多的时间和精力放在资源分析和问题解决上。①

其次，虚拟仿真学习资源的设计。智慧型课程中虚拟仿真资源是根据用户需求开发的，包括系统和设备的三维模型、相关视频和动画、操作流程、典型案例等。目前，国内对虚拟仿真资源设计的具体流程还处于探索阶段，既有的研究多是对虚拟仿真实验教学中心的设计和研发。为实现优质资源的充分共享、满足专业建设和现实发展的需求，在借鉴职教领域虚拟仿真教学资源建设的基础上，笔者提出了虚拟仿真资源设

① 聂瑞华. 基于支架理论的在线学习资源开发研究[J]. 电化教育研究，2014，35（11）：46-50，58.

计的通用流程，包括确定资源类型、细化设计脚本、编写设计说明书、设计实施与开发四个环节（图 3-18）。虚拟仿真资源设计，应注重过程设计、重视资源呈现的样态（视频、动画、虚拟场景等），利用制作软件预演、修正与完善，从而开发出最佳的虚拟仿真教学资源。

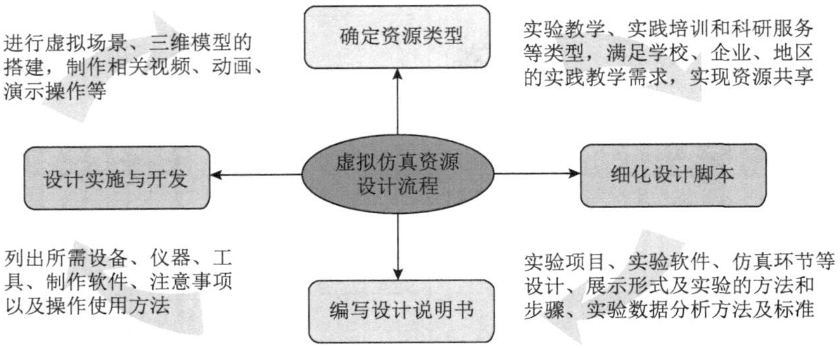

图 3-18 虚拟仿真资源的通用设计流程

确定资源类型。传统的实验设备和技术条件有限，集成度低，完成的实验功能单一，因此虚拟仿真资源设计首先要明确资源的类型，提供资源设计指导书、设备图片、示意图或视频（展现或说明设备的结构、原理、使用过程）等必要的说明材料。例如，虚拟仿真资源平台应具有丰富的网络实验教学资源，包括基础实验、实践培训、实验项目介绍、部分虚拟仿真实验项目的演示视频、课程和实验项目的多媒体课件等。一般而言，虚拟仿真资源主要包括实验教学类、实践培训类和科研服务类等资源，这几类资源应满足学校、企业、地区的虚拟仿真实践教学需求，实现校内外、本地区及更广范围内的资源共享。

细化设计脚本。脚本应包括虚拟仿真资源涉及的实验项目、实验软件、仿真环节等设计、展示形式、实验的方法和步骤、实验数据分析方法及标准等。其中，“教”的环节主要涉及教学流程、实验完整事项等文字、视频或语音的介绍；“学”的环节需要展示相关内容，如观看实验步骤、了解实验仪器结构及操作方式等；“练”的环节主要是进行实验练习、模拟演示、实训操作等；“考”的环节主要描述实验数据的分析、处理方法，得出实验结果，对使用者的演示、操练过程进行评价等。

编写设计说明书。虚拟仿真资源设计需要依托虚拟现实技术、360 度全景展示技术、网络通信技术和人机交互技术等现代技术手段，为科学研究提供实验支撑和数据支持的目的。虚拟仿真资源设计需要编写“设计说明书”，列出制作软件、注意事项以及操作使用方法（如相应设备、仪器、仪表、工具等的图片或录像）。例如，江苏师范大学轨道交通信息与控制虚拟仿真实验，功能设计完备、说明充分，有效地解决了传统实验和实训质量考核难的问题。

设计实施与开发。虚拟仿真资源是多种教学资源的融合，需要构建技术先进、功能多样、贴近实际的虚拟环境，为学习创造有利条件，使资源建设促进教与学模式的变迁。因此，在脚本设计基础上需要对虚拟仿真资源进行虚拟场景、三维模型的搭建，制作相关视频、动画、演示操作等。此外，虚拟仿真资源设计还需考虑操作场景模型，按照虚拟教学训练平台要求设计仿真资源包，视频和动画制作要依据制作脚本整理、制作、输出素材。[①]虚拟仿真资源具体设计流程图如图3-19所示。

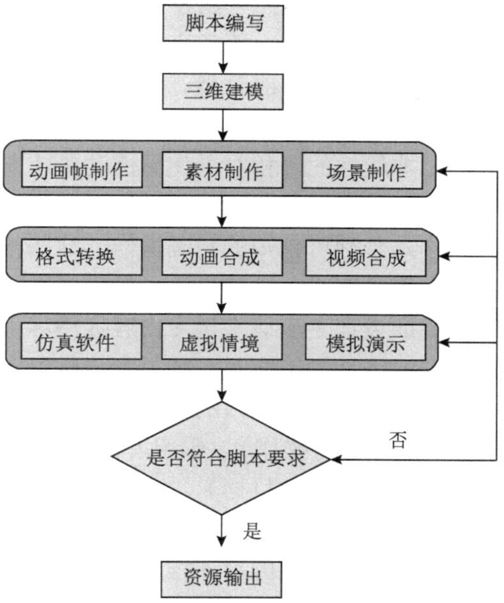

图3-19 虚拟仿真资源设计流程图

最后，移动学习资源设计。智慧型课程中移动学习资源的设计，一方面应选择合适的学习内容，设计结构良好的学习对象，降低学习者的内部认知负荷；另一方面，应该根据移动学习和移动设备的特点，有针对性地进行界面设计和交互设计，降低学习者的外部认知负荷。具体设计要求包括以下几项。

学习内容的选择。要考虑什么样的学习内容适用于移动学习，这个问题并没有标准的答案。从认知负荷的角度看，移动学习的特点是外部认知负荷较高，因此学习资源的建设根据学习者的群体特性，选择那些内部认知负荷较低（结构简单、难度较低）的学习内容，这样才能保证较好的学习效果。

学习对象设计。确定了学习内容之后，下一步的工作应该是根据学习内容设计学习对象。学习对象是模块化的、自包含的、“具有教育单元意义”的数字化学习资源，具有可重复使用、可定制化的特点。在设计移动学习资源的学习对象时，应尽量使用小粒度（单个学习对象的大小）的设计策略。这种设计一方面使学习对象中知识内容的组成成分和相互作用关系减少，内部认知负荷较低；另一方面，单次学习的时间较短，学习者无论能力高低，都能比较容易地控制学习进度和分配认知资源，也能减少外界环境对学习造成干扰的可能性。

界面设计和交互设计。界面设计和交互设计要遵循人机交互的基本原理和多媒体学

① 王娟，陈瑶. 资源建设新形态：虚拟仿真资源的内涵与设计框架[J]. 中国电化教育，2016，（12）：91-96.

习资源设计的基本原则。界面设计的主要工作是根据学习资源的特点，选择合适的信息呈现方法。交互设计的主要工作是为学习者和学习资源之间的交互提供一套简捷高效的操作方法。这两种设计实际上是相辅相成的。针对移动学习的特点应注意以下几点：①分页显示，文本信息应尽量使用分页显示（给出页码），避免使用滚动条或上下滑动的显示方式。以学习为目的的信息获取和一般意义的信息获取在导航方式上差别较大，学习者在学习过程中为了实现对学习内容的分类、归纳、关联、识记，常常会对一些特定文本的空间位置创建心理表征，并通过这些空间位置在不同文本片段之间进行导航，这种导航方式往往是跳跃的、非线性的。相对于使用滚动条或滑动的显示方式，信息分页显示时学习者对某个特定文本的空间位置（具体页码）和相对位置（某一页中具体位置）更加敏感，并且翻页操作是一种可预知的精确操作，这些都有利于学习者快速地完成导航操作；②弹出式菜单和手势定义，小屏幕设备的可视区域越大，用户在信息检索时的性能和满意度就越高。界面设计上应该为学习内容提供尽可能大的可视空间，显示尽可能少的可视控件（如按钮）；③简单交互，学习者与学习资源的交互应该尽量使用简单的交互操作，减少学习者为交互操作投入的认知资源。学习者与正在使用的学习对象之间应尽量使用一步交互（一次手势操作）。学习者在学习资源的不同部分间导航时，使用两步交互（进入导航页面，选择导航目标）。①

在技术与教育全面融合的新时期，技术正催生教育理念、教学模式、学习行为、认知方式等方面的变革。作为一个不断发展的新课程形态，智慧型课程中教学内容设计与学习资源设计应借鉴在线开放课程等的优势，不断创新发展以适应时代对教育的要求。因此，随着技术的革新和应用领域的拓展，智慧型课程的教学内容设计与学习资源设计必将受到更多研究者的重视，最终实现公平的终身学习。

3.3.3 典型案例

为全面推进实验教学体系改革，着力提高学生的创新能力，南京工业大学生物与制药工程虚拟仿真实验教学中心推出了一系列具有自主知识产权的虚拟仿真实验教学资源。

1. 生物化学虚拟仿真实验

生物化学虚拟仿真实验是学校生物工程类多个专业重要的基础实验课，为提高实验室和实验设备的利用效率，实验室的建设和运行遵循了集成化建设、集约化开放运行的理念，见图 3-20。但由于实验参与学生较多，课程所有实验项目同时开放，如何提升学生实验项目的预习效果和提高实验操作水平成为必须解决的问题。为此，实验中心教师采用先进的视频制作技术，完整拍摄生物化学实验所有实验项目的数字化教材，提供给学生进行实验的预习和实验的操作指导，确保了实验的高效开设。

① 司国东，宋鸿陟，赵玉. 认知负荷理论基础上的移动学习资源设计策略研究[J]. 中国远程教育，2013，（9）：88-92.

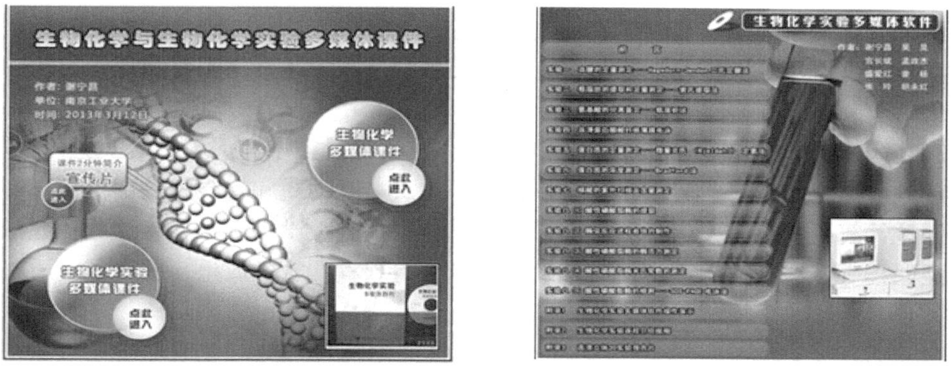

图 3-20 生物化学虚拟仿真实验

2. 分子生物学虚拟仿真实验

分子生物学虚拟仿真实验是现代生物技术的核心课程，已经成为生物工程类专业普遍开设的实验课程。但该实验存在两大问题：一是实验周期长，如基因的克隆、载体的构建、目的基因转化、目的基因检测与表达、功能蛋白检测等，整个实验过程需要 1—2 个月，甚至更长时间，这种实验在实体实验室难以大规模开设；二是实验的开设成本高，且经常使用一些毒性较大的实验试剂。为了让学生在分子生物学实验中摆脱以往的抽象枯燥且具有一定危险性的实验环境，中心引进了基于计算机仿真技术的网络化虚拟实验教学系统，包括以计算机仿真技术为核心的生物仿真引擎、处理因素数据库、虚拟环境界面和网络化硬件平台等部分。在计算机系统中建立的虚拟实验环境使实验者可以像在真实的环境中一样运用各种虚拟实验器械和设备，对“微生物个体”进行虚拟操作，完成预定实验（图 3-21）。

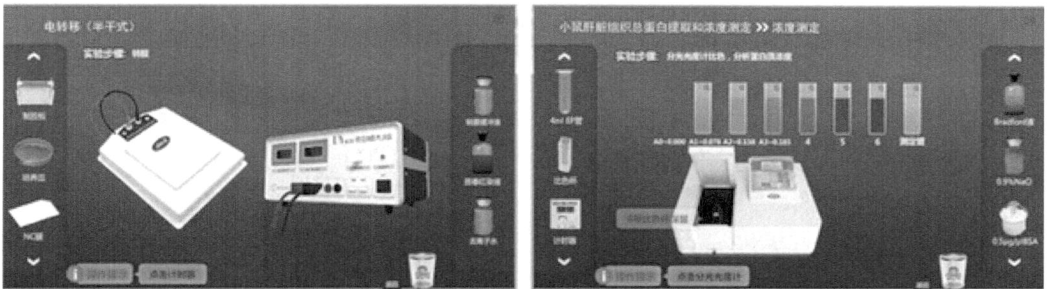

图 3-21 部分分子生物学虚拟仿真实验

3. 生物代谢仪器分析虚拟仿真实验

南京工业大学生物与制药工程虚拟仿真实验教学中心针对生物催化转化过程体系引进了仪器分析仿真实验软件，利用该仿真软件教师可以在课堂上进行仪器介绍与实验演示，使理论与实践密切结合，实现“实验室”走进课堂，“仪器”搬上讲台，现场解剖仪器，动态显示微观原理，变“快”为“慢”，变“慢”为“快”，变“静”为“动”，既活跃了课堂气氛，强化了教学效果，又可使每个学生在课后立刻进入“虚拟实验室”，了解、熟悉仪器及其操作，加深对讲课内容的理解，大大激发学生对课程学习的兴趣和热情。

总之，随着计算机技术和网络技术的发展，利用信息技术和虚拟仿真实验开发软件，不断建设和整合信息化实验教学资源，构建开放式、互动式和智能式的虚拟仿真实验平台，通过计算机网络向校内外和社会共享虚拟仿真实验教学资源，并将这些资源应用到智慧型课程等在线开放课程中，有效地提升了实验课程的教学质量，促进了优质资源的传播共享。

【思考与练习】

1. 查阅有关学习内容和学习资源的资料，深刻理解智慧型课程的教学内容及学习资源的内涵。

2. 收集移动学习资源的发展资料，总结它们在在线开放课程发展过程中的作用。

3. 查找在线开放课程的案例，评价其中的教学内容和学习资源的应用情况。

4. 阐述智慧型课程教学内容和学习资源设计的关键点是什么？不同类型的智慧型课程学习资源应该如何设计？

第4章　智慧型课程学习支持服务设计

【学习目标】

1. 理解智慧型课程学习支持服务的含义和关键要素。
2. 掌握智慧型课程学习支持服务的设计原则和设计理念。
3. 阐述智慧型课程学习支持服务可用技术关键在哪些方面。
4. 阐释智慧型课程学习支持服务的系统架构包括哪些方面。

【内容结构】

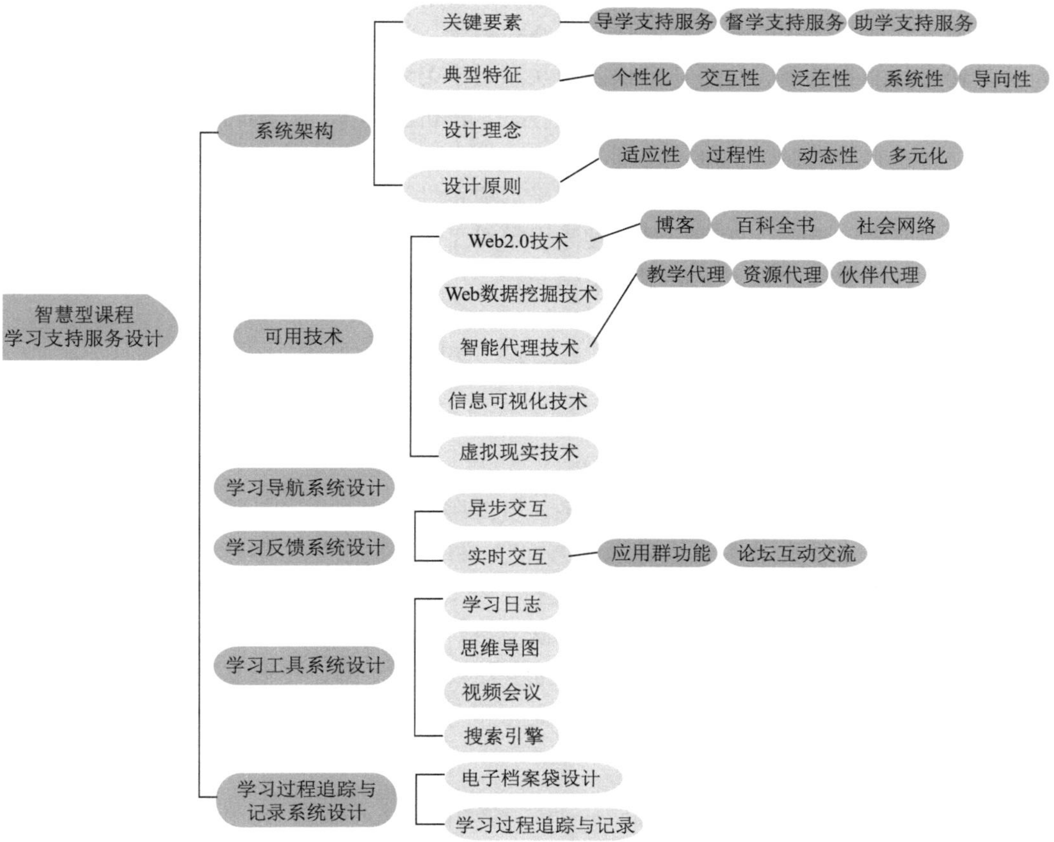

学习支持服务（learning support service）来源于国外的远程教育领域，最早由英国开放大学的大卫·西沃特（David Sewart）教授于1978年提出，他认为开放与远程教育

学习支持是一种服务产业，以满足服务产业大多数人的利益为普遍原则。目前，远程教育院校、高校的网络学院和成人教学部都建立了学习支持服务体系，为学习者提供高质量、有效的学习支持服务。随着信息技术的不断进步和网络教育的日益发展，人类的认知水平、学习方式已发生了巨大的改变，学习支持服务的内涵也不断扩展和深化。

近年来，诸多学者对远程学习支持服务进行了梳理和分类。丁兴富于 2001 年提出，学生学习支持服务是远程教育院校及其代表者等为远程学生提供的以师生或生生之间的人际面授和基于技术媒体的双向通行交流为主的各种信息的、资源的、人员的和设施的支持服务的总和，其目的在于指导、帮助和促进学生的自主学习、提高远程学习的质量和效果。[①]学习支持服务系统是为支持学习者的学习活动而构建的、目的明确的系统，是由相互联系、相互制约的若干要素构成的，可以营造有利于学习者个性化自主学习的环境和氛围，使教育者和学习者及时获取和反馈教学信息，在学习方法、学习环节等方面提供有效的帮助和服务，实现教与学的实时或非实时的交互与协作。

在线开放课程的学习支持服务系统是向学习者提供支持其认知过程、增强其学习能力、促进其持续学习的有机整体。学习支持服务体系是否完善、高效和到位，直接影响在线开放课程教育教学的质量和学生的满意度。目前，部分在线开放课程的学习支持服务系统难以开展在线答疑、翻转课堂、混合式教学，没有很好地体现以学习者为中心、为学习者服务的教学理念与服务意识，无法满足学习者个性化的学习需求。在学习评价支持方面，以总结性评价为主，评价方法静态、评价主体单一，学习者常常不能及时得到反馈，缺乏有效的评价机制；在师生交互支持方面，互动交流平台多流于形式，学习者在学习过程中容易感到孤独无助，不利于形成良性发展的学习共同体；在辅助工具支持方面，缺乏学习笔记、学程记录、搜索引擎等工具的支持，部分课程的导航系统不完善。因此，在线课程的学习支持服务亟待完善。

4.1 系统架构

4.1.1 关键要素

丁兴富将学习支持服务分为信息服务、资源服务、人员服务、设施服务、实践性教学环节服务、作业测验和考试服务六个方面[②]；谢洵等根据学生学习支持服务活动的目的，认为学习支持包括管理支持、教学支持、学习技能支持、技术支持和同伴支持[③]；黄荣怀等从课程支持、技术支持、学习方法支持、情感支持和实践性教学环节支持五方面论述了混合式学习的学习支持[④]；还有的学者从人员支持、资源支持、环境支持、活动支持和管理支持五方面探讨了课程学习支持服务。

① 丁兴富. 我国远程教育的萌芽、创建和起步——中国远程教育的历史发展和分期（1）[J]. 现代远距离教育，2001，（1）：6-10.

② 丁兴富. 论远程教育中的学生学习支助服务（上）[J]. 中国电化教育，2002，（3）：56-59.

③ 谢洵，郑勤华，陈丽. “学习支持服务”第三方质量监测研究[J]. 中国远程教育，2016，（7）：28-37.

④ 黄荣怀，马丁，郑兰琴，等. 基于混合式学习的课程设计理论[J]. 电化教育研究，2009，（1）：9-15.

智慧型课程的学习支持服务需要智慧学习环境提供支撑。智慧学习环境是将新一代信息技术全面融入学习环境中的高级形态，是数字化学习环境的高端形态。①智慧教育环境的学习支持服务对学习者及其学习情境进行感知，提供多维度、个性化、可视化的学习支持。因此，智慧型课程学习支持服务应以信息技术为手段、以支持网络学习的开展为目的，建构一个以学习支持为中心的多子系统紧密联系、能支持不同基础和不同需求的学习支持服务系统，以达到优化组合、协调运作，发挥出更大的系统整体功能和效益；同时，应根据学习者的特征与需求，提供相关资源以及支持服务的内容，支持服务的手段或形式主要是通过通信媒体进行的同步或异步、真实或虚拟的对话交流。②

在线教学的学习支持服务是为帮助学习者进行有效学习而设计的，主要包括学习过程追踪和记录系统、学习反馈系统、学习工具系统和学习导航系统等。学习过程追踪和记录系统是基于电子档案袋技术，记录学习者的基本信息、学习目标和学习过程，收集学生的电子作品。学习反馈系统是通过监控学习过程，根据教学决策主动为学习者提供帮助、建议、提示和演示，包括即时反馈和非即时反馈，如E-mail、讨论组、网站留言系统、即时聊天工具等。学习工具系统是学习过程中帮助学习者收集、查找、处理、存储、发布信息和思考的工具，这些工具可以直接从网络学习支持平台中调用，包括书签、计算器、小词典、在线笔记本、个人空间、搜索引擎等。③学习导航系统让学习者知晓自己在课程中的位置，获知需要学习的内容，包括全站性导航、区域性导航、内嵌式导航、辅助式导航等。

学习支持服务的目的在于指导、帮助和促进学生的自主学习，直接决定了学习者的学习体验和学习效果。学习支持服务是在学习发生前、学习过程中以及学习完成后，为促进学生的有效学习和充分发展而提供的所有服务的总和。学习者是学习支持服务系统的核心。教师是实施学习支持服务的组织者和提供者，由教师负责各类学习支持服务，这里的教师包括教学、辅导教师，管理人员，技术人员，咨询人员等。教师需要建设、丰富、组织、管理学习资源，如信息的、设备的、资源的、环境的等有形和无形的资源。

智慧型课程的学习支持服务系统是向学习者提供支持其认知过程、增强其学习能力、促进其持续学习的有机整体；其学习支持服务可以分为导学、督学、助学三个方面。其中，“导学”是引导学习者了解和适应学习环境，指导学习者学习课程内容并参与学习活动；“督学”是追踪记录学习者的学习过程和学习计划执行情况，提供及时的反馈信息；“助学”是帮助学习者在具体课程学习中顺利完成学习任务，达到预定的学习目标。“导学、督学、助学”既相对独立，又相互关联、相辅相成，共同影响着在线学习环境和学习者的自主学习，主要包括师生交互系统（如论坛、留言板、电子邮件等）、学习工具系统（如公告栏、搜索引擎、学程记录、学习过程追踪和记录、常用工具等）等模块。④

---

① 黄荣怀，杨俊锋，胡永斌. 从数字学习环境到智慧学习环境——学习环境的变革与趋势[J]. 开放教育研究，2012，（1）：75-84.

② 焦广兰. 对远程教育学习支持服务系统的研究[D]. 山东师范大学硕士学位论文，2004.

③ 杨开城. 以学习活动为中心的教学设计理论——教学设计理论的新探[M]. 北京：电子工业出版社，2005.

④ 赵宏，孙洪涛，郑勤华. 中国 MOOCs 学习支持状况调查[J]. 现代远距离教育，2017，（3）：10-18.

1. 导学支持服务

“导学”是使在线学习者具有自主化学习的意识，并使其根据自身的知识结构、学习兴趣、学习时间选择合适的自主化学习方式。课程导学为学习者建立清晰的学习导航，使学习者在学习课程前全面了解课程的知识结构与内容、教学资源与教学安排。教师指导在线学习者选择课程学习，教会他们制订学习计划、拟定学习方案等，如网络答疑辅导活动、引导和指导学生自主学习活动。目前导学服务多采用视频讲解的方式，将课程、单元、学习的重点难点、学习方法、常见问题、学习活动安排等提前告知学生，如美国的Coursera、澳大利亚的open2study，中国大学MOOC等。

“导学”是基础，是立体式、全方位的教学支持服务体系。智慧型课程的导学内容包括课程内检索、通知公告、教学计划与安排、考核标准、帮助中心/常见问题、课程大纲、课程信息、日历、课程地图、学习方案、学习策略、预备知识和信息等，这些导学服务起到航标的作用。①如课程首页的“系统学习区”，以知识点为单位，按照最佳学习顺序组织学习材料、安排活动以及呈现视频、文字资源等；同时，在各层次导学中详细介绍学习材料、活动所针对的问题、适合的情境；不同学习支持方式入口处有简要的介绍，这些措施提高了学习支持服务的结构化程度，降低了学生选择的困扰。

2. 督学支持服务

“督学”是强化自主学习时间管理的有效方法，为学习者学习过程提供支持和帮助；它有利于学习者根据学习内容合理安排学习进度，形成自主学习节奏，养成良好的在线自主学习习惯。“督学”对学习者自主学习过程进行监控和评价，倾向于对学习者学习动力的调控。“督学”贯穿于“导学”和“助学”两个阶段。一方面教师通过督学监控学生学习进程，督促学生按时完成学习任务；另一方面，通过督学调控学生学习动力，维持其有效学习行为，提高学习效果。如平时作业与练习、教学活动或考试作业前通过QQ群、微信群、电子邮件等方式，对学生进行提醒、督促，提高活动参与率。

目前，督学服务的“学习进度”和“信息提醒”是采用较多的学习支持方式，在线开放课程采用最多的督学服务是“问题反馈”，这种方式的交互水平较低。智慧型课程督学应提供学习监控的支持和体验，如追踪检测、情感体验、视觉体验，应引入智能导师系统对学习者的学习过程进行追踪记录和实时反馈，把握学习者的学习进度以及知识掌握情况，同时根据学习者是否点击浏览相关课程内容链接、停留时长和提交的作品进行形成性评价。

3. 助学支持服务

“助学”为学习者提供课程内容的学习方法和学习资源，支持随时随地进行有效的自主学习，即为学习者自主学习过程提供帮助，倾向于解决学习者在学习中遇到的困难

---

① 孙龙国. 远程网络课程“导学+助学+促学”学习支持服务体系的构建及应用[J]. 河南科技学院学报，2011，（6）：28-30.

和疑问。助学在自主化学习过程中起着主导作用，学习者对助学的各项支持服务具有选择性。助学强调师生、生生相互交流沟通过程中“有求必应”的及时性和有效性，包括师生交互、人机交互、生生交互等。师生互动助学是在线教学中最关键的环节。

智慧型课程的导学、督学和助学三类服务，包括课程介绍、学习指南、常见问题、信息提醒、线上讨论等内容。教师对学习者的线上、线下指导也是智慧型课程学习的核心组成部分，师生可以在课程论坛中进行实时和非实时的在线交互，同时教师应提供一定的面授辅导。智慧型课程的助学支持可以采用梯度教学法，帮助学习者将教、学、练融为一体，尤其是“教学理念与课程设计”应强调课程导学、重视助学与督学，采用“导学+助学+督学”相结合的学习支持服务体系。例如，教师在了解学习者学习进度的情况下，对其薄弱环节进行针对性辅导，对疑难问题进行深入剖析，并实时通过作业或考试测评的方式评价学习者的学习效率，通过 E-mail、网上论坛等手段与学习者保持同步或异步沟通，有意识地对学习者的自主学习能力给以指导。智慧型课程学习支持服务的系统架构如图 4-1 所示。

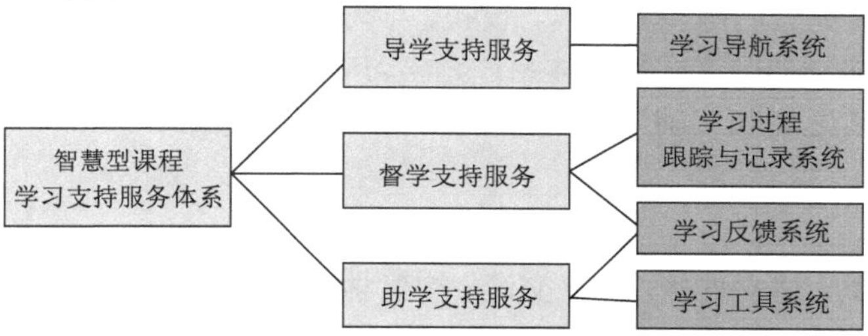

图 4-1　智慧型课程的学习支持服务体系

智慧型课程的学习支持服务融合智慧学习理念、强调“以学为中心”，通过在线话题讨论、师生答疑、作业提交等多种应用型功能，实现学生与平台、学生与教师、学生之间的无障碍交流；同时构建高效的移动微课堂，实现多渠道移动学习；注重对学习者的智慧分析、学习目标的智慧制定、学习资源的智慧推送、学习过程的智慧管理、学习活动的智慧设计、学习效果的智慧评价等，促进学习者学习效果的提升，发展其智慧。①

4.1.2　典型特征

为全面反映学习者的学习情况，开展个性化学习，智慧型课程应具有“强交互、碎片化、浅阅读”的特征，更关注高阶认知的目标，利用智慧学习环境中丰富的社交关系，对学习资源、学习者和学习过程进行更加深入的研究和组织，以达成更高的学习目标。②与传统学习相比，智慧型课程学习的最大优势是突破时间、空间和地域的限制，可以实现“anyone、anytime、anywhere、anystyle”（4A）自由的学习。③智慧型课程学习支持服务具有个性化、交互性、泛在性、系统性、导向性等特征。

---

① 邢晓春，黄玉桂. 远程学习支持服务的内涵及组成要素分析[J]. 山东广播电视大学学报，2010，（2）：8-10.
② 郑娅峰，包昊罡，李艳燕. 智慧学习环境下的社会化学习支持服务[J]. 现代教育技术，2016，（9）：25-31.
③ 张见. 成人远程学习支持服务体系的构建[J]. 中国成人教育，2016，（21）：16-19.

1. 个性化

个性化是“互联网+”时代在线学习的主要特征。[①]智慧型课程学习支持服务能满足学习者个性化的学习需求，提供专门的、有针对性的学习支持，体现“以人为本的理念”和“以学习者为中心”的原则，明确学习支持服务的目标，借助多种信息技术，开展全方位的个性化教学、管理等设计。例如，导学环节让初学者形成对课程的初步认识，在课程首页提供课程视频介绍、课程大纲、运行方式、协调服务等信息，并为学习者提供同步的实时指导。

2. 交互性

智慧型课程的学习支持服务应发挥网络的交互性优势，在师生、生生分离的状态下构建交互性强、协作性好的虚拟学习环境，促进生生之间、师生之间、人机之间的双向通信交互，实现学习中的合作。智慧型课程的学习支持服务应更加注重体验学习、交互与分享学习，需要充分利用多种技术、设备、学习资源及平台，为学习者提供多元服务；需要构建灵活、多样的交互式教学体系，为学习者提供智能化的同步和异步的交流和互动，如鼓励参与者之间相互辅导、相互支持、分享学习经验等。

3. 泛在性

通过聚合工具，建立连接，分享交流，构建学习网络是智慧型课程学习支持的重点。智慧型课程的学习支持需要优化学习资源，改进学习平台与学习者之间的连接，让学习者利用智能手机终端或手持工具随时随地的学习与交互。同时，社交网络也是学习支持的重要内容。智慧型课程的社交网络服务通常有微信、论坛、网页分享工具、虚拟社区等。智慧型课程的学习具有泛在、自主与自在的特征，其便捷性、选择性与即时性更明显。

4. 系统性

以学习者为中心的智慧型课程学习支持服务是一个系统工程，涉及人员、信息、资源和设施等多个方面，需要教师、管理人员和技术人员的全面配合；需要优化组织内要素，如线上线下学习一体化设计、网络资源一体化设计、教辅人员职责一体化设计等。同时，注重培养学习者的动态学习能力、利用社交网媒培养自主学习技能等，如确定学习目标、自我展示、参与交流互动、构建学习网络、管理课程资源、知识创造和分享、提出问题和解决问题等。这些要素共同作用、相互联系，形成有机整体，共同实现支持服务的目标。

5. 导向性

以满足学习者需求为导向，在学习支持服务的各个部分贯穿“以学习者为中心”的

① 董兆伟，李培学，李文娟. “互联网+”时代的新型学习支持服务体系构建研究[J]. 远程教育杂志，2015，（6）：93-98.

原则，智慧型课程的学习支持服务必须在理念上和实践上对学习者进行积极的引导，打破学习者固有思维定式和行为模式的束缚，促进其学习方式的变革，最大限度地实现学习者的价值增值。如充分考虑学生的个别差异以及学生群体的总体差异，为学习者量身定做学习计划、方案，提供学习资源，设计学习过程，实现在需求满足基础上的超越。

4.1.3 设计理念

截至目前，共有爱课程中国大学 MOOC、学堂在线、智慧树、华文慕课等 9 家国内课程平台为入选的国家精品在线开放课程提供支持和服务。智慧型课程的学习支持服务也应在相应平台支持下，构建更加科学的运行服务体系、精准的大数据支撑体系、全方位的网络安全保障体系和多类应用服务体系，并与其他课程平台广泛合作，实现在线课程、学习数据及相关资源的开放共享。智慧型课程学习支持设计需要遵循“人人皆学”“时时能学” “处处可学”的理念。

1. 准确定位、支持建设、服务应用

（1）有效的技术支撑

平台建设是智慧型课程建设的基础，不仅要在技术上具有先进性和前瞻性，更要具备完善、高效的课程制作、内容编辑和用户服务等，为课程建设和应用提供有效的支撑。

（2）完善的运营服务

平台要在课程建设过程中主动参与内容建设，做好课程资源整合和内容呈现的最优化方案，为学习者提供个性化的运营服务。在平台功能迭代、服务模式创新、课程开放应用上，持续进行研究和提升。

（3）大数据应用支持

平台提供大数据储备和数据分析支持，为高校教师提供教学和学习行为数据，为学习者提供学分记录、存储和转换的技术支持，为不同学校间课程共享与学分互认提供环境支持和技术保障，同时为行政部门、高校和学习者提供数据分析、咨询等服务。

（4）网络安全保障

承担课程服务和数据安全保障的主体责任，严格遵守国家制定的网络与信息安全管理规范，建立全方位的安全保障体系，实施对课程内容的有效监管，防范和及时制止网络有害信息的传播。

（5）知识产权维护

高度重视知识产权保障，与高校、课程团队签订知识产权保障协议，明确各方权利和义务，切实保障各方权益，不断完善和提升在线开放课程知识产权保护。

2. 融合创新、助推教改、推进公平

（1）服务教学

课程平台要持续关注学科、专业和科技发展，加强与课程建设团队和应用高校的合作，根据高校需求的变化及时提供课程、资源和教学活动定制、整体解决方案，做好课程的运行、服务、宣传推广，不断提升技术水平，助推课程改革、教与学方式改革。

（2）融合共享

各课程平台间要保持开放包容的心态，协同发展，打通学习接口，探寻和实现课程资源及教学基本信息、统计数据等深度共享的有效途径，营造开放合作的网络教学与学习空间。根据平台定位和目标受众，发挥自身优势，形成合力，推进应用。

（3）特色明显

课程平台不仅要通过多种模式推广智慧型课程，实现自身发展诉求，更要赋有学校和地方特色，保障公益性，让优质课程资源惠及更多的学习者，促进教育公平，弘扬社会主义核心价值观。

3. 服务模式多样、技术手段先进

智慧型课程的学习支持服务模式日益丰富，如线上、线下相结合，主办校、学习中心相配合，实时和非实时服务相补充，形成了全方位、立体的学习支持服务模式。同时，课程平台功能的完善、即时通信工具的发展以及软硬件设施的更新，技术手段日益丰富，学习效率和效果大大提升，更好地满足了学习者的需求。

4.1.4 设计原则

1. 适应性原则

智慧型课程学习支持服务系统，服务项目的设置要切合远程学习者的实际需求，支持服务方式的选用要符合学习者的实际情况，如符合学习者的年龄、性别、个性、学习经历、学习动机、经济情况等，从而向学习者提供个性化的服务。系统服务的支持方式、策略必须是弹性、灵活、开放的，无论在内容还是功能上都应充分考虑教学的需求，使学生、教师能方便及时地获取所需信息，可利用性高。

2. 过程性原则

智慧型课程教学首先应对学习者的学习研究过程给予密切关注，积极跟踪、及时把握学习状况，以便发现学习活动中的问题。其次，过程性是重视体验学习知识、感受知识、发生发展过程的整个程序，是知识建构技能内化的必然要求。再次，过程性体现了教师对认识建构过程的科学模拟，以创设相应的情境，使知识的呈现顺序符合知识的发生发展规律。最后，过程性体现了学习者在整个学习过程中的动态合作情况。

3. 动态性原则

支持服务系统是一个动态、开放的系统，要及时更新学习资源，调整服务策略与方式，使学习者得到及时有效的帮助。学习支持服务系统的设计是一个“缺失—供给—平衡一缺失—供给……”不断循环的动态过程。随着技术的发展和学习需求的增加，智慧型课程学习支持服务系统的功能和内容应不断地完善和更新，以适应网络学习变化的新诉求。

4. 多元化原则

智慧型课程的学习支持服务系统既要提供相对简单的实用资源，如文字教材、学习辅导等，也要提供高级、精致的资源，如多媒体课件、电子教案、案例等网上资源，以便学习者通过在线教学环境自主学习、自主领悟、自主反思、自主巩固，将自主学习形式贯穿于整个学习过程。

4.2 可用技术

目前，多数在线开放课程难以实现提供自动推荐学习方法、主动推送学习内容、诊断学习问题、评价学习成绩等功能的自适应性学习支持服务系统，难以为学习者提供精细的、网状的、动态的、开放的学习环境，难以满足学习者个性化的学习需求。因此，智慧型课程需要应用新技术改善学习者的学习状况。

4.2.1 Web2.0 技术

Web2.0 技术包括博客（BLOG）、RSS、百科全书（Wiki）、社会网络（SNS）、标签（Tag）。国外开放课程越来越多地融入了 Web2.0 技术，如 MIT 通过制作视频音频资源、项目电子报、课程总列表等 RSS 种子，为访问者提供信息推动服务。[①]智慧型课程可以将 Wiki 嵌入课程学习交流平台，以便学习者针对相关主题展开讨论，进行共同创作，提高发散性思维能力和创造能力；同时增加 RSS 定制功能，可以在客户端借助聚合工具软件，在不打开课程网站的情况下及时获取自己所关注的最新学习内容；把 Tag 融合在课程学习资源中，学习者可以用来描述和检索相关学习资源。此外，还应实现即时反馈的选择测试、与同伴和教师交流、在线日志、提醒与警告等功能，鼓励学习者将课程资料下载到手机、iPad 学习。[②]

4.2.2 Web 数据挖掘技术

Web 数据挖掘技术可以用来修正网络学习环境，促进学习者的自主学习和协作学

① 仇云龙. 试论 MIT 开放课件项目实施经验对我国精品课程建设的启示[J]. 中国中医药现代远程教育，2008，6（10）：67-68.

② 王建华. 国家精品课程学习支持服务系统的现状调查与对策研究[D]. 南京邮电大学硕士学位论文，2013.

习。在线开放课程的服务器日志记录了学习者的大量访问信息(如IP地址、访问日期等),后台数据库也积累了其注册信息、在线测试成绩等数据，但这些具有潜在应用价值的信息和数据没有被充分利用。因此，智慧型课程可利用Web数据挖掘技术对学习者与网站的交互数据进行挖掘和分析，为课程的建设者和管理者改进站点结构以及为教师提高教学质量提供决策建议，也可使学习者了解自己的学习数据，激发其积极性和创造力。

例如，对智慧型课程某位学习者进行Web日志记录跟踪后，将其访问模式存入服务器的学生数据库，据此向其提供个性化的学习界面和动态提供浏览建议。此外，可利用关联分析发现某些知识点之间的相关性，动态重构符合学习者兴趣的超链接，使课程的导航系统更具适应性，把学习者需要的信息以更快、更有效的方式展现。例如，学习“微机原理与接口技术”课程的学习者可能会浏览“数据结构”的网页，便会在“微机原理与接口技术”的网页下动态产生“数据结构”的超链接，方便学习者学习。

4.2.3 智能代理技术

智能代理是人工智能研究领域的新成果，它可以在用户没有提出要求的情况下，以主动服务的方式自动代替用户进行各种复杂工作（如信息查询、筛选及管理），并能推测用户的意图，自主制订、调整和执行工作计划。[①]智能代理技术使学习支持服务系统更具个性化和智能化。智能代理可以在智慧型课程的教学代理、资源代理和伙伴代理等方面发挥作用。

教学代理是一位虚拟教师，它能从学习者特征数据库中获取他们的学习记录，有针对性地辅导学习者，并给出学习建议，做到因材施教；它能代替教师检查学生的作业完成、在线测试情况；能监督学习者的学习状态，并对其学习过程进行调控；在学习者进行讨论的时候，教学代理能自动记录、统计讨论的内容，并对其中较普遍的问题进行汇总。教师可通过查看教学代理，对教学过程进行相关的指导和监控。

资源代理具有自动推荐学习资料和信息的功能。资源代理能够根据学习者的学习兴趣、学习状态等信息，推荐合适的学习材料；资源代理还能根据学习者的特征与意愿，智能地生成课程框架和内容。

伙伴代理是学习者的学习伙伴和学习助手，它帮助学习者完成学习任务，培养其协作学习能力。在学习者遇到困难与问题时，伙伴代理通过查询知识库智能地给出解决策略，协助学习者更好地进行自主学习；伙伴代理可以帮助学习者检查自己所提问题的回答情况；伙伴代理可以帮助学习者处理日常事务，如提醒提交作业、复习、备考等。伙伴代理减少了学习者在线学习课程的孤独感，有利于激发学习者的学习热情、保持其学习动机。

4.2.4 信息可视化技术

信息可视化技术能图形化处理复杂、多维的学习者行为数据，使教师多侧面地了解

---

① 黎军. 网络教育概论[M]. 北京：清华大学出版社，2011.

学习者的学习过程、课程特征等，进而监控其在线学习、调整教学策略。信息可视化技术在智慧型课程中应用如下：一是可视化学习者特征，如呈现不同学习者对知识的掌握水平；二是可视化群体特征，如呈现小组讨论情况；三是通过概念图、语义网络、认知地图等方法可视化表示课程的学习内容，如以树状图的方式实现知识点缩放、折叠；四是可视化学习导航，将学习者访问的页面动态生成图形化的浏览历史地图，避免迷航现象，促进其认知结构的发展。

4.2.5　虚拟现实技术

虚拟现实技术指采用以计算机技术为核心的现代高科技生成逼真的视、听、触觉等一体化的虚拟环境，用户借助必要的设备以自然的方式与虚拟世界中的物体进行交互，相互影响，从而产生身临其境的感受和体验；具有沉浸性、交互性、构想性等特征，能让学习者直观、有效地掌握知识技能。MIT 的部分课程提供了虚拟现实模块，如遗传学提供了大量虚拟现实画面，为学习者学习抽象晦涩的理论知识提供了直观感性材料。智慧型课程教学可使用虚拟现实技术，增强实践性教学环节，并在物联网环境感知基础上实现人、机、物的互联与深度融合，实现现实世界与虚拟世界相互协同和交互。①

4.3　学习导航系统设计

目前，多数在线开放课程注重导航建设，但对于内嵌性和社会性导航的设计较欠缺。如部分课程网站组织是线性的，不是层次状或网状的，学习单元之间的切换只能靠前进、后退或从头开始实现，不便于跳跃性学习；学习者只能靠记忆确定学习位置，不能记录学习者的学习路径、学习心得，学习者一旦中断学习进程，只能重新开始；没有便捷的检索方式帮助学习者查找学习课程，缺少学习帮助系统，学习者只能根据自己的知识进行操作。因此，部分在线开放课程的导航系统未能给学习者带来便利，支持其认知过程，甚至严重影响了学习效率，智慧型课程的导航设计应提供更强大的功能，方便网站内的学习与检索。

4.3.1　设计原则

学习导航是一种帮助学习者顺利达到学习材料各节点的技术，其目的是提高信息通达的便捷性，并对学习者的学习过程进行有效的引导，防止迷航和超载。良好的页面设计是激发学习者学习兴趣的重要因素，可减轻学习者的认知负荷，突出课程主体内容，提高艺术感染力。智慧型课程可采用学习路径和内隐链接导航，如导航条、学习路径导航图、显示当前位置、主页的链接等；教学内容需设计主要的导航线，并对非主干线上次要节点的链接进行限制，以降低迷航的可能性和导航系统的复杂程度，以便帮助学习者更快更好地学习。导航系统的设计要清晰明确、符合学生认知心理，具体如下。

① 曹育红，袁南辉，毛俊程. 职业技能传承智慧学习环境的支撑技术[J]. 中国电化教育，2016，（3）：87-91.

第一，导航应根据各知识点之间的内在联系进行设计，避免信息资源杂乱无章，应及时提供对话框、错误提示等信息，如每章节的热身活动；第二，导航设计要考虑导航内容对学习者形成认知负荷的程度，避免降低学习者的学习兴趣与积极性，要有一定的容错保障，对可能的错误提出建议或警告；第三，导航系统应具备查询、检索功能，要提供搜索引擎工具，使学习者能快速查找所需学习资源，提高学习效率；第四，导航风格应符合美学规律和原则，界面结构简洁、规范统一，所用的文字或按钮要简单明确、直观清晰、一目了然，避免产生迷惑感，如字号、颜色、信息表现方式等。这里可以借鉴华东师范大学的“异常心理学”国家精品资源共享课（图 4-2）。

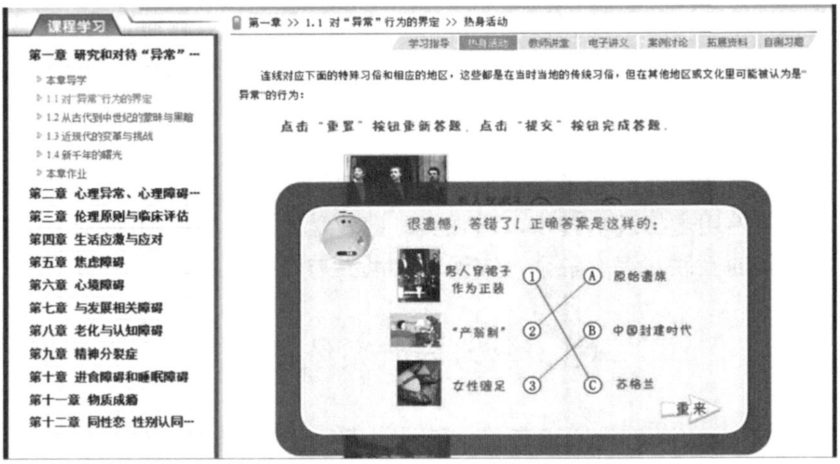

图 4-2 国家精品资源共享课“异常心理学”页面

“异常心理学”课程页面整体风格统一，文字精练准确，构图合理、美观大方、画面清晰，色彩搭配和谐，信息量适度，符合学习者的认知习惯，具有及时反馈功能和容错保障（图 4-3）。

图 4-3 国家精品资源共享课“异常心理学”页面

4.3.2　主要内容

良好的导航支持可以帮助学习者了解学习该内容所需要的知识水平、自己的知识层次、学习进度和学习方法；支持学习单元之间的查询、检索功能，系统可以记录学习者的学习路径、学习心得，支持跳跃性学习，有利于形成学习者的认知结构，使缺少网络知识的学习者能根据提示轻松操作学习系统。导航设计应根据知识点的内在联系分析导致迷航的原因，并据此给出帮助信息，应使用户无须花大工夫就能熟悉和掌握。因此，智慧型课程的导航设计要依据学习者的认知灵活性，提供多种辅助工具支持，应根据不同学科的特点设计导航系统的组织形式和结构，并根据课程学习系统的使用程度与推广程度，在易迷航的地方设计帮助说明，以增强学习者的定位意识，提高学习效率。智慧型课程的导航主要包括以下内容。

1. 课程概述

课程概述主要包含课程说明、课程大纲、预备知识、授课教师、课程评价、课程详情、参考资料等方面的详细信息。学习者打开课程时会看到课程基本介绍的页面，了解这门课程的相关知识；通过观看课程宣传片，学习者可了解学习该课程后可以获得的知识；通过查看课程大纲，知晓参加本次学习需要掌握的章节内容，方便学习者安排学习时间，以及在学习此门课程之前应具备的先修知识。在观看课程视频之前，可以看到课程的学习页面，即在该页面中开启此课程学习。

例如，“学堂在线”的课程页面设计简单清晰，符合中国学习者的学习习惯，从导航栏中可以清晰地看到课程简介、教师简介、课件、课程信息、课程章节、讨论区、Wiki、课程进度、教学大纲以及常见问题。如学堂在线“资治通鉴”课程，学习者点击课件即可开始学习，学习画面在整个页面的中间部分呈现，配有两种字幕呈现形式（图 4-4）。

图 4-4　学堂在线“资治通鉴”课程导航页面

2. 课程视频

教学内容界面中呈现的是课程视频目录，可以以周的形式呈现。每一周下面有子目录，学习者点击子目录标题即可进入课程视频的学习。课程视频界面中显示的是课程主讲老师的授课头像和课程影像，教师讲授的内容与呈现的内容保持一致。这样的呈现方式让师生有面对面的感觉，可以让学习体验更好，更有利于学习者的学习。课程视频下面的进度条可以设置小的测试，以检测学习者对授课内容的掌握和理解，也可以控制教师的语速，采用增快与减慢的进度，以匹配学习者的学习风格。

3. 交流讨论

交流讨论区主要是课程论坛。目前爱课程、网易公开课等在线课程学习页面都设有讨论区，在讨论区中学习者可以与学习同伴、教师进行及时的沟通交流，并将自己的看法、问题发布在讨论区中，与来自不同地方的同伴进行互动。此外，讨论区和 Wiki 协同编辑区域方便学习者交流沟通，也可将个人疑问发布在讨论区，其他同伴根据自己的理解给予回应。如“资治通鉴”课程的作业几乎以选择题为主，学习者在完成某章节的学习后，完成该章节中的习题，选择题有两次提交机会，并可通过学习进度查看所学内容的完成率。

作为在线开放课程创新发展的智慧型课程，其导航设计主要包括课程概述、视频内容与交流讨论几个模块。课程学习材料的安排，以周为学习单位推进课程学习，所有的教学资源也应依照课程大纲进行纵向发布，以便为学习者提供清晰的学习导航，方便学习者查找每单元涉及的学习材料、问题讨论、课后练习等；在论坛中可设计与学习内容相关的话题，生生之间进行讨论，以提高他们学习的参与感，同时课程也应指导学习者与课程内容有效互动、参与讨论、在线答疑和评价。

总之，智慧型课程的学习导航包括课程内容导航、学习功能模块导航、学习进度导航等，其导航设计应以学习者为中心，以超媒体的形式组织信息，注意学习者的学习风格，考虑学习者的认知技能和空间定位能力。其中，课程内容导航需要对课程内容的理解及查找进行引导，在学习者首次进入课程时，需要提供课程的总体内容结构介绍，也可以使用内外部链接导航，帮助学习者建立页面内容或页面之间相关知识点的联系；学习功能模块导航需要支持和帮助学习者利用各种辅助工具完成学习，可以运用知识结构图使学习者快速找到需要的学习内容，为学习者在多页的学习内容之间进行跳转提供便利；学习进度导航需要帮助学习者明确已学习及下一步要学习的内容，当资源较多时可以帮助学习者快速找到需要的内容，如课程学习建议、学习历史轨迹导航、智能学习伙伴导航等，这里可以采用学习内容直接引导、学习内容排序、学习内容标记、学习内容隐藏等技术。

4.4 学习反馈系统设计

有效的教学交互是教学发生的必要条件，也是激发和维持学生学习动机的条件。学习反馈、人机交互之间存在同步交互和异步交互两种。师生交互使用最频繁的是网站留言系统和讨论组，其次是站内信、E-mail 和即时聊天工具。目前 MOOC 交互效果不理想，整体水平偏低且严重不平衡，甚至有的 MOOC 没有开设课程讨论区，没有提供师生交流的平台和渠道。①因此，智慧型课程应提供有效的学习支持、充分的互动，其学习反馈系统应包括 E-mail、讨论组、网络留言系统、短信平台、即时聊天工具等。

从“助学”角度看，智慧型课程的互动交流主要体现为基于内容的交互、基于学习过程的交互和基于引导者的交互等，包括线下师生之间的面对面交互和线上学生、教师以课程为中介的交互活动。智慧型课程应完善人际交互，促进学习者自我反思，完善课程论坛等即时聊天工具的功能，设立讨论区，组建学习共同体；发挥教师引导作用，在交流讨论中如讨论偏离主题，及时将学习者带回主题，提出有深度的问题推动讨论，营造讨论氛围，促进学习者思考和反思。

4.4.1　异步交互

异步交互是教与学在不同时间段完成，如作业、E-mail、非实时 BBS（专业讨论区、课程讨论区和公共讨论区留言及回复）等。目前，多数在线开放课程使用非即时反馈系统，学习者在提出问题时往往需要一段时间的等待，反馈较慢，学习者容易产生孤独感和无助感。智慧型课程应配备主持教师、主讲教师和责任教师，对学习者在学习过程中出现的学业问题进行解答和辅导，避免问题堆积。为避免让学习者等待过久，规定教师回复时间，确保学习支持服务到位。②

智慧型课程交互需要建立有效的交流协作环境，需要教师根据教学安排设计课程指南，发布教学信息提醒，采取一定的策略引导学习者在线讨论，维持互动的活跃氛围，保持学习者的学习认知和迁移效果。在讨论前教师要精心设计出培养学习者高阶认知能力的讨论主题。在讨论过程中，教师可以提出富有挑战性的观点，鼓励学习者研讨和检验；教师应适时为学习者提供脚手架，帮助他们逐步实现知识建构的目标；教师要规范讨论的时间，时间过长会导致学习者上网时间不集中，不能形成热烈的氛围，时间过短又不能确保讨论的深度；教师应建立网络规则，对学习者的讨论行为做出明确的规定，如不能讨论与主题无关的话题；教师应适时总结一些值得讨论的观点。

智慧型课程通过发挥社会化交流工具的作用，为学习者答疑解惑并构建学习共同体，形成一种持续性发展的网络学习文化。③如华东师范大学的国家精品资源共享课“异常心理学”，增加了互动交流模块，以符合学习者学习的需求；学习者在学习过程中可以点击“互动交流”模块中的“在线答疑”，向助教提出问题，也可以点击“案例讨论”进入论坛，围绕某个内容进行讨论，或点击“课程讨论”展开互动交流（图 4-5）。

① 孙洪涛，郑勤华，陈丽. 中国 MOOCs 教学交互状况调查研究[J]. 开放教育研究，2016，（1）：72-79.

② 张娟. 网络课程学习支持服务功能的现状问题与改进建议[J]. 中小学电教，2016，（9）：9-11.

③ 张成龙，李丽娇. 论基于 MOOC 的混合式教学中的学习支持服务[J]. 中国远程教育，2017，（2）：66-71.

图 4-5　国家精品资源共享课“异常心理学”的答疑系统

“异常心理学”课程通过主题讨论、BBS、电子邮件等多种沟通渠道，使师生之间、生生之间、学生和教学管理人员之间、学生和学习支持服务人员之间建立了相互了解、相互信任的关系。生生之间可以在网络中聊各种话题，组织各种活动，建立协作伙伴关系，还可以获得他人关于某些疑问的回答和意见。通过提问、留言、讨论、回帖等形式，提高学习者学习的积极性和热情，弥补了在线教育学习氛围不浓的缺陷。

4.4.2　实时交互

实时交互是师生在同一时间段共同完成同一教学过程。主要形式有面授辅导，面对面教学讨论，面对面的思想、情感沟通，支持和信息交流与通告等；实时的一对一或一对多可视的远程教学和交流；基于网络的音频教学和交流；实时的专业讨论区、课程讨论区和公共讨论区开展的教学、研讨、答疑和交流，以及通过 QQ 或聊天室等方式开展的以文本形式为主的交流。目前，MOOC 不太重视即时聊天工具的建设，有些课程设置了多种交互媒体，但实际使用率不高；多数课程的自带讨论区功能比较弱，教师对有效引导学习者建立讨论组，共同讨论话题的力度不够；多数学习者都是一种旁观者的心态。因此，智慧型课程应提供在线实时通信功能，实现传输文件、文字聊天、语音通信和视频通信等。

1. 应用群功能

智慧型课程可以应用 QQ 群、微信群进行交互学习、补充课堂教学，让学习者进行分组讨论，开展资源共享和教学评价等活动。群提供了文件共享内容，教师可以将课件、复习资料、课后复习题、作业要求、考试安排等内容上传到群共享或空间中，学习者可以通过群共享或空间查询和下载所需的文件，师生也可以上传一些其他软件或分享一些学习经验供其他学习者使用。教师可以通过群进行知识的补充，可以组织学习者重新学习，可以通过群视频进行现场讲解，同时配套 PPT 演示帮助学习者更好地理解内容，学习者可以适时提问，这增加了课堂的活力，使时空分离下的课堂更像传统的面授课堂。

群可以实现分组讨论和教师课后辅导工作，教师可以通过讨论组将学习者分成小组，进行小组讨论，并在规定时间内给出讨论结果；对部分学生共有的问题，教师可以以讨论组的方式进行交流和辅导。此外，群还可以进行教学评价，评价发起者可以通过群自带的投票功能或空间的投票活动，调查学生对教学内容、教学效果、教学方法的满意度，以便教师直观地获知学习者对课堂的评价，从而更好地调整教学方法、教学内容和课程进度。

2. 论坛互动交流

目前，多数在线开放课程的师生互动交流平台设置比较齐全，但总体利用率不高；部分课程可用的交互平台存在着人气不足、严重灌水等现象。多数学习者没有形成利用互动交流平台协作学习的意识，互动交流平台流于形式，学习者难以形成良性发展的学习共同体。因此，智慧型课程的论坛互动应提供技术支持，解决学习者在学习过程中遇到的学习困难和问题；论坛互动应为学习者提供情感支持，拉近师生之间的距离，使在线学习者更有归属感和集体感。互动可以使参与者变为助学者，对论坛中提出的问题，任何成员都可以解答。论坛互动交流可以营造虚拟现实的教学环境，为学习者的认知发展提供帮助。

如中国大学 MOOC 平台的“面向核心素养的信息化教学设计”课程，该课程重视讨论功能，根据学生在讨论区发表的有效帖子数量给予评分，且讨论成绩占课程总成绩的 25%。目前该课程的讨论区包括老师答疑区、课堂交流区、综合讨论区、测验作业讨论区四个模块。老师答疑区发表作业、测试、课件内容，希望得到教师的回答；课堂交流区呈现课件中作为教学内容的讨论；综合讨论区发表与大家分享的经验、想法，以及课程、学习、工作、生活等一般性话题；测验作业讨论区针对课程作业的疑问和困惑（图 4-6）。

图 4-6　“面向核心素养的信息化教学设计”课程讨论区

智慧型课程学习反馈系统可设置自动答疑功能，对学习者提出的问题给予解答，这需要丰富并不断完善的知识库支持。自动答疑系统是一个动态的问题及答案的知识库，学习者通过输入关键词在系统已有问题和答案知识库中查找相关材料，新的问题将被添加到知识库中。对于没有找到答案的问题，系统会自动转发给教师请求帮助解答。

4.5 学习工具系统设计

学习工具指在学习过程中帮助学习者收集、查找、处理、存储、发布信息和思考的工具。目前，在线开放课程使用频率较高的学习工具有搜索引擎、站内交流系统、个人空间、站内通讯录、书签、计算器、小词典、在线笔记本等。智慧型课程不仅应提供免费的学习资源，还应开发一系列简易实用的学习工具；学习者通过对课程内容进行意义建构，深化理解，进而掌握知识。智慧型课程应为学习搭建脚手架，根据不同学科教学特点提供多种学习辅助工具，如思维导图、专业词汇、在线调查、学习日志、播客和视频会议工具等，支持学生学习、提高其专业知识技能，使其更好地利用资源开展自主学习和协作学习。①

4.5.1 学习日志

学习日志指从学习者登录网站到退出网站这一时间内，对学习者的学习情况进行监控，通常包括学习时间记录和学习内容记录。教师可以通过网络管理掌握学习者的学习情况，该工具为学习者开拓了自主学习的空间。学习者可以通过撰写学习日志，定期或不定期地记录学习过程，进行自我反思；也可为学习日志贴上标签，便于其他用户快速获取日志的主要内容。学习日志所有的数据都保存在课程在线学习平台中。日志内容可以反映出学习者的元认知能力以及在课程学习中得到的提升情况，如学习者在学习过程中对自身原有认知、学习方法、学习过程、学习效果等进行的自我反思和评价，进而促进学习者成长为自主学习者。

智慧型课程可以使用简易实用的学习工具，使学习者深化理解课程内容、意义，建构自身的知识体系。这里可借鉴 OpenLearn 平台，该平台为学习者提供了学程记录工具——学习日志，学习者可以记录自己的学习过程和心得，便于自我评价和反思。作为课程作业内容的一部分，每次课堂学习结束后，学习者要通过书写在线学习日志的方式记录自己学习的真实感受和体会。任课教师对日志数量、日志的篇幅和所用语言没有特别规定，任课教师、助教以及选课学生可以在线阅读和回复任何日志或帖子（图 4-7）。②

① 王建华. 国家精品课程学习支持服务系统的现状调查与对策研究[D]. 南京邮电大学硕士学位论文，2013.

② 余燕云. 开放学习的典范——英国开放大学 OpenLearn 评析[J]. 现代教育技术，2011，（3）：10-14.

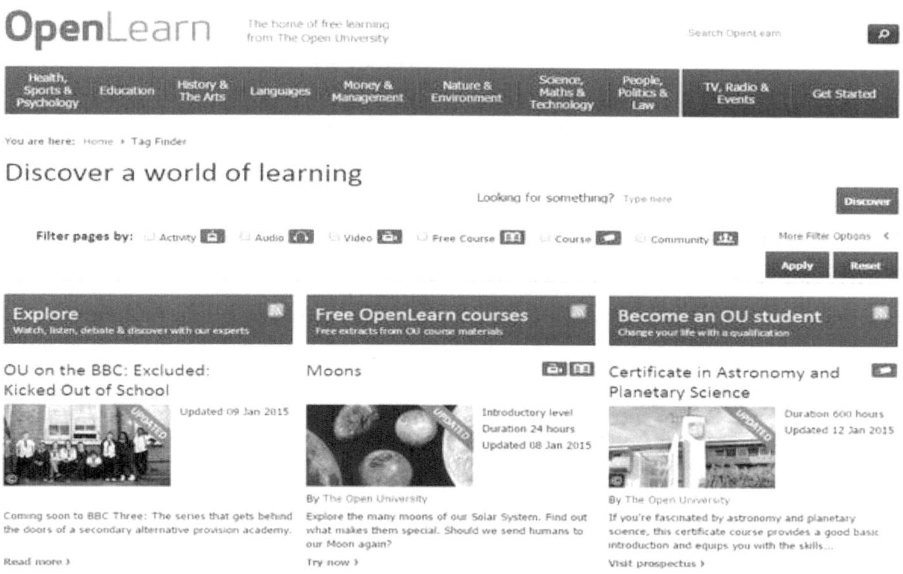

图 4-7　OpenLearn 官网

学习者在学习过程中，可以将基本知识点、案例，对知识理解或者讨论中遇到的各种疑难问题等及时地记录到在线学习日志中，逐渐形成电子笔记，促进学习者养成在线学习“反思”的习惯，以便复习巩固。教师可以查看学习者的在线日志，作为对学习者学习的评价依据之一。

4.5.2　思维导图

智慧型课程可以借助思维导图软件，帮助学习者进行可视化学习，如利用 Compendium 和 Cohere 工具。Compendium 是离线工具，学习者在学习过程中可以借助它将某个问题的概念、观点、论据、网址和文件等多种资源用图标和连线组织起来，形成知识地图，既可作为个人的学习反思，也能与他人分享后作为在线工具，不仅可以自动生成导图、围绕某一主题将相关知识进行关联，还能将具有相同兴趣的学习者进行关联，学习者可以回应或者挑战他人的观点，也能在他人观点的基础上进行知识扩展。Cohere 作为在线工具，同样不仅可以自动生成导图、围绕某一主题将相关知识进行关联，还能将具有相同兴趣的学习者进行关联，学习者可以回应或者挑战他人的观点，也能在他人观点的基础上进行知识扩展。目前，OpenLearn 平台提供了这两款思维导图软件。

4.5.3　视频会议

FlashMeeting（FM）是一款视频会议工具，可创建社区并举行各种活动，如虚拟课堂、网络广播（如课堂实录等）以及视频会议，最多允许 25 位用户同时参与同一会议。注册用户通过简单的程序便可预定会议；在视频会议过程中，会议参与者可以举手、排队等待发言。

此外，FM 还提供了文本聊天、投票、发送表情以及白板功能；也能将会议过程完整地录制下来，通过标识记录每位参与者各个时段的发言情况，供教育工作者或研究人员对参与者的交互情况进行后期分析。

智慧型课程可以引入视频会议工具，并提供相应使用指南，帮助学习者快速掌握该工具的使用方法及技巧，这种学习支持服务有助于培养学习者独立学习的能力。如 OpenLearn 平台提供的学习俱乐部，既支持异步交流，也支持同步交流，学习者不仅可以发起讨论，还可以通过视频会议工具组织在线活动。OpenLearn 关注学习者的个性化学习问题，为每个学习者设置了个人学习空间，学习者可以自定义学习空间，如编辑功能模块或者添加自己感兴趣的学习单元；自动记录学习者的学习经历，包括学过的学习单元、已发布的学习日志等，这可以作为学习者进行自我反思的依据，也可以为教师评价提供参考借鉴。

4.5.4 搜索引擎

智慧型课程应为广大学习者提供信息检索和查找等工具，方便学习者通过关键词搜索所需要的学习资料。例如，“异常心理学”国家精品资源共享课，课程学习平台在每个界面中为学习者提供了检索系统和搜索功能，检索系统有助于学习者快速地找到所需资源，有助于检索本课程的学习内容和知识库（词汇库、试题库等），提高学习效率（图 4-8）。

图 4-8　OpenLearn 官网国家精品资源共享课“异常心理学”的学习工具

又如 Coursera 大学公开课，可以通过互联网搜索各大院校公布的课程资源，方便学习者获取需要的信息（图 4-9）。

图 4-9　Coursera 中文版

4.6　学习过程追踪与记录系统设计

学习监控是指为了保证学习的成功，提高学习效果和质量，达到学习目标，对学生的学习活动进行的计划、检查、评价、反馈、控制和调节的一系列过程。目前，多数 MOOC 课程不记录学习者的基本信息，也不追踪和记录学习情况。学习者希望在线开放课程能提供实时、完善的学习监控管理功能，记录学习者的学习进度、学习时间等信息。常见的学习追踪记录系统包括记录学习的进度、学习测验成绩分析，记录在线学习时间、记事本、个人学习空间，记录登录次数、学程记录（书签、学习日历）等。

智慧型课程平台应重视学情分析，对学习者的学习情况进行全程追踪，为学习者制订恰当的学习规划、反馈学习报告，学习者可以查看自己的学习情况，调整学习步调。教师可以通过后台数据分析，对学习者在学习过程中的表现进行客观判断，并以此为依据为学习者提供个别化的帮助和指导，做出相应的教学决策。课程平台可以根据学习者的学习完成情况，推送相关课程和提供个性化的综合训练，促进知识的巩固和复习。智慧型课程应在学习者退出学习时插入书签，帮助学习者记录当前的学习位置和时间，方便学习者随时标识和查找学习节点，以便进行下次学习。智慧型课程的学习过程追踪与记录主要包括电子档案袋技术、学习过程追踪与记录。

4.6.1　电子档案袋设计

电子档案袋是信息化教学中出现的新事物，它可以详细记录学习者的整个学习过程，也可以将教师、同学对其学习过程的评价和学习者的自评记录下来，反映学习者的成长情况。电子档案袋提供了学习者学习过程的证据，为实施过程性评价提供了依据。

运用电子档案袋实现过程性评价有利于培养学习者客观地发现问题、分析问题和解决问题的能力，对提高学习者的信息素养帮助较大。运用电子档案袋评价属于开放性评价，评价方式比较多元，可以采取对学习过程中的行为表现进行个人自评、小组互评、教师评定、特长认定等形式。评价主体可以是学习者本人、同学或者教师。

电子档案袋是形成性评价的主要实现方式，它可以记录与追踪学生的学习行为、学习过程和学习状态，把电子档案袋技术运用到智慧型课程在线学习系统中，可以加强对学习者学习过程和学习效果的监控与评价，促进学生个体的全面发展。过程性学习评价是保证在线学习质量的关键环节。智慧型课程教学中应提供科学的学习过程管理，采用“电子档案袋”方式，记录学生的学习过程，开展有效的过程性评价。智慧型课程的电子档案袋是对学生成长及学习过程的一种追踪，强调学习者对学习的自我评价、自我反思和自我管理，有助于学习者清楚地掌握学习进度和学习情况，适时地调整学习计划，促进反思性学习。

1. 电子档案袋的设计需求

基于电子档案袋的智慧型课程，不仅要给学习者提供各种自主学习的功能，如观看视频、讲义、测试、提问等，还要获取学习者的相关学习信息以建立电子档案袋，包括记录学习者的学习轨迹（如网页浏览记录、视频观看时间）、学习效果（如测试分数、主要疑问、错题集）和学习状态（如学习目标、学习总结、学习进度、作业进度、综合排名）等，方便学习者回顾、分析学习过程并进行总结与反思，从而调整学习计划，提高学习效率。

智慧型课程应给教师提供对各种学习资源进行管理的基本功能，如建立课程、上传及维护教学视频、讲义、习题等，以及追踪学习者学习轨迹、学习行为和学习状态的功能，以便掌握当前教学内容是否适合学习者、学习者学习态度和学习效果等信息，作为指导、评价学习者的依据及调整课程教学进度、内容及难度的参考。此外，平台还需要提供相应的数据维护功能，如对师生基本信息的管理、用户权限管理、系统设置管理、数据备份管理等功能。①

2. 学生电子档案袋的设计

智慧型课程学生电子档案袋主要是记录学生的学习轨迹、学习效果和学习状态等内容。学生可以利用这些信息了解自己的学习进度、学习成绩、排名、教师评价等信息，进而调整自己的学习方法、状态；教师可以利用这些信息了解个别或整体学生的学习效果、存在问题，进而对学生进行有针对性的指导和答疑。

（1）学习轨迹

主要记录学生学习课程的相关知识点、学习时间的长度、下载资源记录和网页浏览等信息，并将数据存入数据库中。

---

① 郝鹏，林华. 基于电子档案袋在线学习系统的设计与实现[J]. 信息通信，2017，（2）：159-161.

（2）学习效果

包括在线测试及评分、建立及分析错题集和提问模块。系统可自动生成章、节、单元的测试，学生测试后可自动评分，并将错题记入错题集，学生就疑难问题向老师提问或解答其他人提出的问题。这些信息都将存入数据库，作为评价学习效果的依据。

（3）学习状态

主要记录学生的学习进度、习题完成程度及质量、测试排名、综合排名、自我评价等信息。

3. 教师学习评价的设计

学习评价模块提供给教师使用，包括查看学生的学习轨迹、学习效果、学习状态及学习评价等功能。

（1）查看学生学习轨迹

可以查看学生的学习内容及进度、学习时间、下载资源记录和网页浏览等信息。

（2）查看学生学习效果

可以查看学生的测试成绩、成绩排名、完成测试的时间、主要错题和疑难问题等信息。

（3）查看学生学习状态

可以查看学生的学习进度、习题完成程度、综合排名、回答问题等信息。

（4）学习评价

可以根据以上信息对学生的学习质量做出评价，对学生的学习问题做出解答，对学生的学习方法和学习态度给出指导和建议。

智慧型课程的电子档案袋需要设计师生用户表、课程数据实体、课程章节表、课程知识点表、学生选课表、教师授课表、学习资源表、题库表、试卷表、测试成绩表、错题集表、学习路径表、资源下载表、学生评价表等数据表。例如，辽宁师范大学的“摄影技术与艺术”在线课程，该课程基于电子档案袋多元发展评价平台，分为注册登录模块、前台展示模块和后台管理模块三个主要组成部分，所有关于电子档案袋的操作都通过网页形式提交、后台输入以及前台显示输入条目的过程实现；后台数据库内容的添加、更新、删除等操作是以学生的姓名、学号实现关联和查询等（图4-10）。[①]

图4-11显示，师生均可以用各自身份登录查看自己及他人的作品完成情况，以便更好地安排自己的学习进度；教师查看后可以及时了解所有学生的学习进度，以便及时进行督促和指导；学生查看后可以及时了解同伴的学习进度，以调整自己的学习进度，加快学习步伐等。

① 吴永兴. 基于网络课程的“电子档案袋”学生多元发展评价平台构建[D]. 辽宁师范大学硕士学位论文，2011.

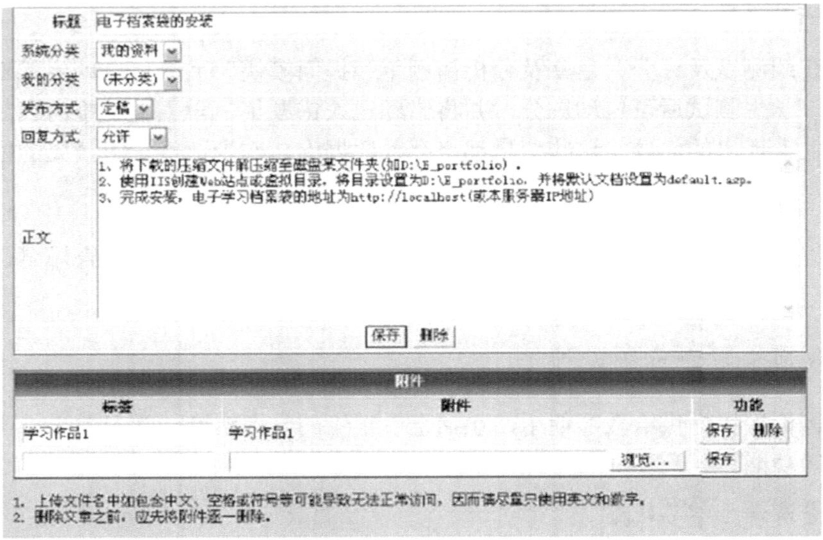

图 4-10　学习、反思日志创建与作品上传

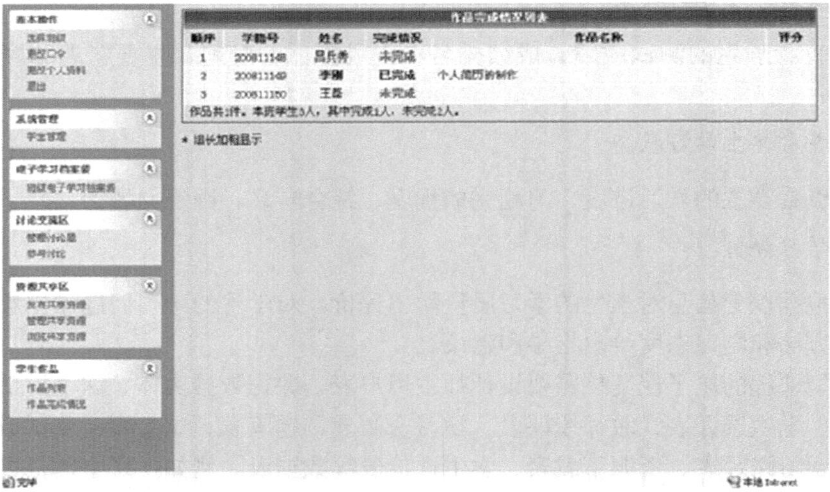

图 4-11　教师查看学生作品完成情况

教师评价和学生评价是电子档案袋评价的重要组成部分，通常通过评语和等级实现。一般采用发表留言的形式，学生可以通过查询班级和姓名找到与自己有关的作品或者学期的评语；学生也可以针对教师和同伴给出的评价进行回复；教师、同伴对学生的评价并不只针对作品、学习日志，也可以是学生的学习体会、发展规划等反思内容。因此，把“档案袋评价法”引入智慧型课程的评价体系，将过程性评价和总结性评价相结合，可以增加对学生情感、态度的关注度，便于对在线教学质量进行有效的监控和管理。

4.6.2　学习过程追踪与记录

学习过程追踪与记录是为了保证学习的成功、提高学习效果和质量，对学生的学习活动进行的计划、检查、评价、反馈、控制和调节的一系列过程，主要用于对学习者学习过程进行管理、监控、评价，以便学习者高效地完成在线学习。学习过程追踪过程数据的类型包括学习者个人基本信息、简单基本教学交互信息、学习评价阶段信息、学习者当前状态信息。学习过程追踪与记录提供的功能包括学习者通过学习过程记录了解自己的学习时间、学习内容、学习交互情况，并将个人详细学习信息与整体学习信息反馈给学习者；同时与其他学习者进行比较，对整体学习情况进行监控与反馈。具体如下。

对学习者学习时间进行记录。从学习者登录学习页面起，系统便开始记录其在每个页面的学习时间并存入数据库，在学习者退出课程时累计记录该学习者本次学习课程的学习时数，计算学习者累计学习的总学时数，为系统对学习者进行定期的评价总结提供依据。

对学习者浏览内容的追踪、记录。学习者进入学习页面后，所有被访问过的页面都会被记录进数据库，并可以随时查看。

对学习者交互情况的记录。学习者的交互情况主要包括在论坛发表主题、回复主题，对核心问题进行讨论；提交相关案例；对课程相关内容进行有意义的反馈等。

查看整体学习信息。学习者可以查看包括个人的总体学习信息、详细学习信息与所有学习者的整体学习信息。个人的总体学习信息主要涉及学习内容、学习交互和在线时间。在详细学习信息中，学习者可以清楚地看到自己学习了哪些内容，参与了哪些互动。在整体学习信息中根据学习内容、学习交互、在线时间的总得分对所有学习者的学习情况进行排名，学习者可以对这三个方面分别进行排序，以便了解自己的差距，可以有针对性地改进。

目前，在线开放课程中存在学习者学习计划性不强、动力不足，学习过程中缺乏竞争机制等问题，有必要引入学习过程追踪与记录系统。

1. 教学交互过程追踪记录

教学交互系统提供了自我监控功能，在学习者学习过程中，通过一个浮动窗口可以显示学习者当前的状态信息，包括已学内容、课程考试时间、学习工具的链接等。这里的交互指学习者通过计算机输入时产生的可记录、可识别的信息，记录学习者与各种学习内容之间每次交互的详细信息。

教学交互过程追踪记录的实现涉及学科专家和教学设计人员，需要从脚本出发分析教学目标，确定每个目标完成的判断条件和涉及的教学交互；需要记录学习者在某个学习模块或学习单元中的完成情况，并对学习者提供个别化的学习导航和指导。其中，学习阶段评价信息记录的实现，可以以学习者基本教学交互的记录作为数据来源，以教学设计人员根据教学目标制定的指标为评价依据。当然，学习者可以对某阶段的学习进行自评，系统对自评数据进行记录。

智慧型课程的交互系统应详细记录学习者参与交互的具体过程与相关信息，并根据后台设定各类学习交互活动的权值，分配记录学习者在这些活动中取得的分值，提供给系统，以便系统对所有学习者的整体学习情况进行总结，如学习时间、学习者当前位置，学习者的总分等基本状态信息的追踪和记录。在学习过程中，智慧型课程网站会自动记录学习者登录的次数、学习的时长，以帮助学习者更好的学习；同时课程应设置相应的学习活动，保证学习者在学习过程的每一环节都有参与的机会和相应的评测与反馈，增强对学习者学习过程的监管和指引。例如，国家精品资源共享课“异常心理学”，可以记录学习者的学习时长、学习次数、论坛帖子数等（图 4-12）。

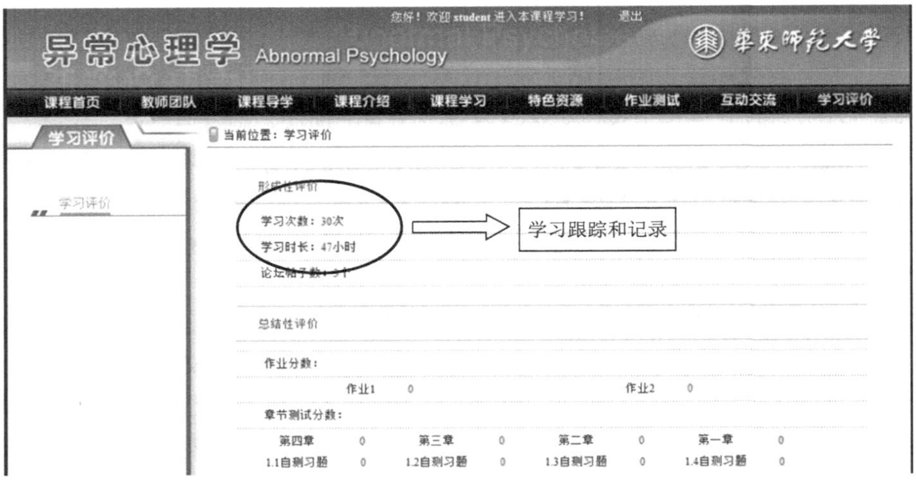

图 4-12　国家精品资源共享课“异常心理学”的学习过程追踪和记录

2. 反馈系统及其实现

智慧型课程学习过程追踪与过程数据的应用需要有效的反馈系统设计，要求反馈信息是确定的、积极的、正面的、及时的，能纠正学习者的操作，能解释学习者的操作，能适时地为学习者提供帮助和指导。同时，应提供有效的反馈系统设计，如反馈信息的层次性，正确告知答案的反馈、对答案进行解释的反馈、诊断错误原因的反馈、对问题进行启发的反馈等。反馈信息的形式包括语言信息、图片信息和声音信息等。智慧型课程的反馈系统可以从自动答疑系统、在线测试系统、作业提交系统等几个方面进行设计。

（1）设计自动答疑系统

自动答疑系统可以进行实时和非实时的答疑。学习者在提问时输入问题和问题的关键词，提交之后系统根据关键词到基本问题库和已提问问题库中进行检索，找到与这个关键词匹配的问题，系统将会把问题和答案显示在问题区和答案区。

（2）设计在线测试系统

在线测试系统提供了一个学习者自我测试的平台，它可以根据学习者的要求给出不同类型的题目，并对学习者的测试结果进行评价，这为学习者的自测提供了便利的平台。学习者测试完成后，测试结果系统将自动保存，教师可以进行查看，以便实现有效的监控。

（3）作业提交系统的设计与实现

教师在后台管理模块布置作业，布置的作业将在学习者界面显现，学习者完成作业后提交；教师根据作业的完成情况和质量给以评价；评价结果将保存在作业提交系统中，并发送到电子学档中。即学习者根据要求选择自己所需测试的章节、题型和题量，系统根据学习者的要求给出试卷，学习者完成后提交，系统对答案进行评价。

【思考与练习】

1. 谈谈你对在线教育学习支持服务的理解。
2. 智慧型课程学习支持服务有什么作用？可以应用哪些技术？
3. 智慧型课程学习支持服务设计的目的和遵循的原则是什么？
4. 智慧型课程学习支持服务设计主要体现在哪些层面？如何体现其智慧性？
5. 调查中国大学 MOOC 平台的学习支持服务应用情况，写出调查研究报告。

第 5 章　智慧型课程教学活动设计

【学习目标】

1. 了解智慧型课程教学活动的内涵和意义。
2. 掌握智慧型课程教学活动的类型。
3. 分析智慧型课程教学活动的交互设计。
4. 掌握智慧型课程教学活动设计的实现。

【内容结构】

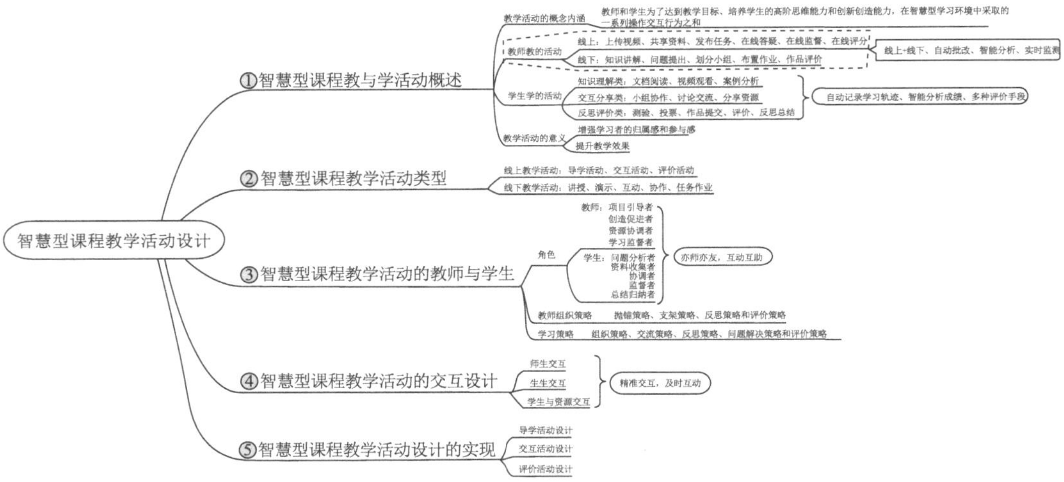

教学活动是连接师生、生生、学生与资源、学生与平台的纽带，适当的教学活动能激发学生学习兴趣、维持学习动机、促进深度学习，培养其思考问题和解决问题的能力。教学活动是课程设计的核心。智慧型课程遵循“转识成智”的核心理念，聚焦培养智慧、培养多元智能、培养学习者解决实际问题的能力，促进知识的内化和运用。智慧型课程设计应通过具体情境、学习任务及学习活动的设计，让学生一步步完成任务，并在这个过程中实现知识的了解、掌握、内化和运用。智慧型课程是在线开放课程发展的高阶形态，因此其教学活动设计应借鉴在线开放课程教学活动的设计标准。

2015 年 4 月，《教育部关于加强高等学校在线开放课程建设应用与管理的意见》鼓励高校建设在线开放课程。随后，各高校积极响应国家号召，制订建设标准和方案，推进在线开放课程的建设。江苏省发布《“十三五”江苏省高等学校在线开放课程建设实施方案》，明确提出在线开放课程的教学活动设计要求：要重视学习任务与活动设计，积极开展案例式、混合式、探究式等多种教学模式的学习，通过网页嵌入在线测试、即时网上辅导答题、线上线下讨论、网上作业提交和批改、网上社区讨论等，促进师生之间、生生之间进行资源共享、问题交流和协作学习。建立多元化学习评价体系，探索线上和线下融合，过程性评价与终结性评价相结合的多元化考核评价模式，促进学生自主性学习、过程性学习和体验式学习。课程成绩由过程性考核和终结性考核综合评定。福建省也提出要重视学习任务与活动设计，体现以学生为主体、以教师为主导的教育理念，综合运用多种方式、多种手段开展学习活动，活动形式包括但不限于在线异步讨论、笔记、信息提醒、测验、教师答疑、作业、同伴互评、线下讨论、问卷、实时讨论、维基和一对一辅导。

2017 年，《教育部办公厅关于开展 2017 年国家精品在线开放课程认定工作的通知》，对课程教学活动提出的要求是通过课程平台，教师为学习者提供测验、作业、考试、答疑、讨论等教学组织活动，及时开展在线指导与测评。各项教学活动完整、有效、按计划实施，学习者在线学习响应度高，师生互动充分，能有效促进师生之间、生生之间进行资源共享、互动交流和自主式与协作式学习。智慧型课程教学活动的设计，应注重任务的设计，开展多种教学模式，采用多种活动形式，激发学生兴趣，促进其主动学习。

5.1 智慧型课程教与学活动概述

5.1.1 教学活动的概念内涵

教学活动是教学过程中必不可少的环节，目前对教学活动没有统一的界定。日本的佐藤正夫认为，教学活动是教的活动与学的活动的有机统一。[①]武法提认为，教学活动指课程实施时师生之间和生生之间进行的人际的答疑、评价或讨论等活动。[②]夏家发等认为，教学活动是师生为了达到教学目的而采取的行为系统，包括教学活动设计行为、教学活动实施行为和教学活动反思行为。[③]郭文革提出，教学活动是教师按照教学目标设计的、学生参与的学习活动。教学活动是落实“做中学”教学理念，实现“以学生为中心”的教学模式转型的重要环节。[④]

综上发现，教学活动的主体是教师与学生，二者缺一不可，通过两者之间的交互行为，构成了教与学的活动，教学活动是教师与学生为了达到教学目标而采取的一系列操作交互行为之和。智慧型课程具有课程目标的“知行创”统一、课程内容的时代社会性、

① [日]佐藤正夫. 教学论原理[M]. 钟启泉，译. 北京：人民教育出版社，1996.

② 武法提. 网络课程设计与开发[M]. 北京：高等教育出版社，2007.

③ 夏家发，彭近兰. 教学活动设计[M]. 上海：华中师范大学出版社，2010.

④ 郭文革. 高等教育质量控制的三个环节：教学大纲、教学活动和教学评价[J]. 中国高教研究，2016，（11）：58-64.

课程教学的激发拉伸性、课程形态的全维融合性、课程资源的立体生成性以及学习评价的全息发展性等特征。[①]同时，课程中的教师和学生不再仅仅是知识的传与受，而更多的是问题的解决、思维的碰撞和创新创造能力的培养。因此，本书将智慧型课程的教学活动定义为：教师和学生为了达到教学目标、培养学生的高阶思维能力和创新创造能力，在智慧型学习环境中采取的一系列操作、交互行为之和。

5.1.2 教师教的活动

传统教学中，教师是课程的施教者，是活动的组织者。就教的活动而言，教师展现的是对教学内容的认识与改造，并随时拓展新的认识与改造；在这一过程中教师需要对学生的学习情况及时反馈，发挥教学机制以便更好地改造学生。[②]因此，传统的课堂教学对教师提出了较大的考验，教师既要通过活动的设计组织开展教学，又要时刻注意学生的学习情况，不断调整活动，不但费时费力，还往往得不到良好的学习效果。在MOOC 课程中，教师教的活动完全在线上设计和开展，教师可以根据平台的数据，了解学生的学习情况，但课程采用了自主学习的方式进行，教师无法督促和把握学生的学习进度，不能及时调整教学内容，不能了解评价活动和任务的完成情况，导致学生容易产生厌学心理、学习积极性不高等问题。智慧型课程采用线上线下的教学方式，教师进行教学活动的设计，对学生的学习情况可以借助智慧学习平台进行数据的收集、管理和分析，实时得到学习效果的反馈和建议，让教师能够全身心地投入教学活动，提升教学活动的有效性。

根据智慧型课程融合发展的特点以及活动开展的形式，教师教的活动可以分为线上和线下两种（图 5-1）。线上活动包括上传视频、共享资料、发布任务、在线答疑、在线监管、在线评分；线下活动包括知识讲解、问题提出、划分小组、布置作业、作品评价等环节。

在智慧型课程中，教师采用线上、线下融合的教学形式开展教学，线上教学通过智慧学习平台开展。上传视频是教师将录制的教学视频或者知识点发布到智慧学习平台，供学生在课前预习新知。共享资料是发布与课程有关的 Word、PPT、PDF 等形式的文档资源，是对视频资源的补充和拓展。发布任务是教师根据教学目标设置学习任务，帮助学生更好地学习和掌握课程知识，教师可以发布个人或小组任务，让学生独立或合作完成任务。在线答疑是教师针对学生提出的问题进行解答和释疑，解除学生心中的疑惑，促进学生对知识的掌握。在线监管是智慧学习平台提供的学生管理功能，能够对学生的学习轨迹、学习时间和学习效果进行监测，了解学生的学习进度和掌握情况，及时调整教学内容。在线评分是对学生在线提交的作业进行评价，实时将结果和成绩反馈给学生。

---

① 陈琳，陈耀华，李康康，等. 智慧教育核心的智慧型课程开发[J]. 现代远程教育研究，2016，（1）：33-40.

② 李鹏. 对教学“主导主体说”的再认识——从教学活动的本质谈起[J]. 教育理论与实践，2012，（32）：14-16.

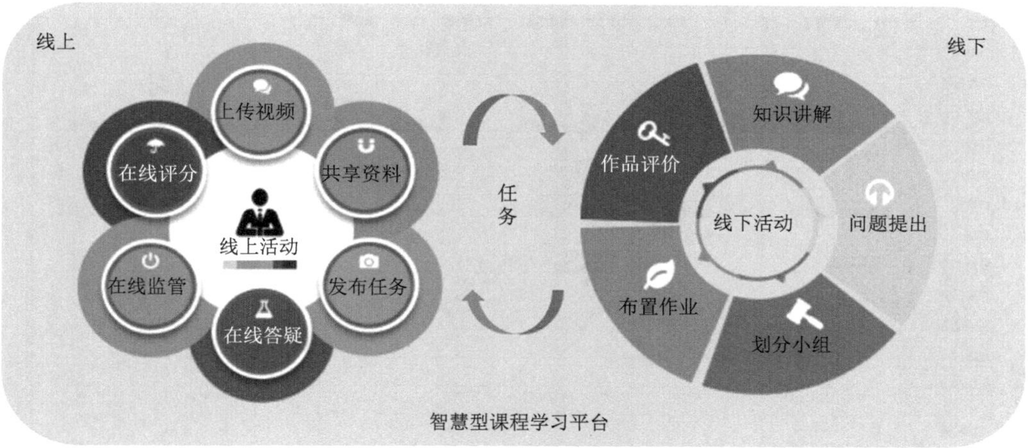

图 5-1　智慧型课程教师教的活动

线下活动在智慧研创室中开展，是对课前知识掌握情况的检测，并根据已经掌握的知识进行研究、创造性的活动，促进学生思维的发散和创造力的提升。知识讲解是教师通过讲授法，对课前知识进行简单的回顾和讲解，促进学生对知识的掌握。问题提出是教师在学生掌握知识的基础上，以问题为导向，考查学生知识的掌握情况并考查学生思考问题、解决问题的能力。划分小组是根据学生的学习风格、知识水平和个性特征，进行同质或者异质分组，培养学生的合作能力、沟通能力和表达能力。布置作业是对整节课程知识的考查，了解学生对知识的掌握情况，为下一次课程教学做准备。作品评价是教师通过制订评分标准，对学生提交的作业或作品进行打分或评价。

在教的活动体系中，不同类型教的活动间存在内在的联系，其中最重要的联系是：教师激发调动学生学习主体性的活动成为教师开展的其他一切教的活动的基础性、背景性和前提性的活动，即教师在教育过程中对学生开展各种教的活动，如指导、传授、辅导、评价、示范等。这需要建构学习主体，否则教师对学生的作用就是低效的，甚至可能是无意义和无价值的。①

智慧型课程教师教的活动分为线上和线下两种，线上的开展需要借助智慧型学习平台，不同的学习平台为教师提供了不同的教学活动，下文以 TronClass 为例，介绍智慧型学习平台为教师提供的线上活动。TronClass 为教师提供了丰富的教学活动，教师可以发布公告、课程信息、课件，分享影音教材、参考文件、线上连接、布置作业、测试、讨论，也可以开展分组学习，发放调查问卷，对学生进行点名、查看学生成绩、分析学习情况、进行教学反馈（图 5-2）。

① 陈佑清. 教学活动的条件——目的性活动结构[J]. 教育理论与实践，2002，（2）：46-50.

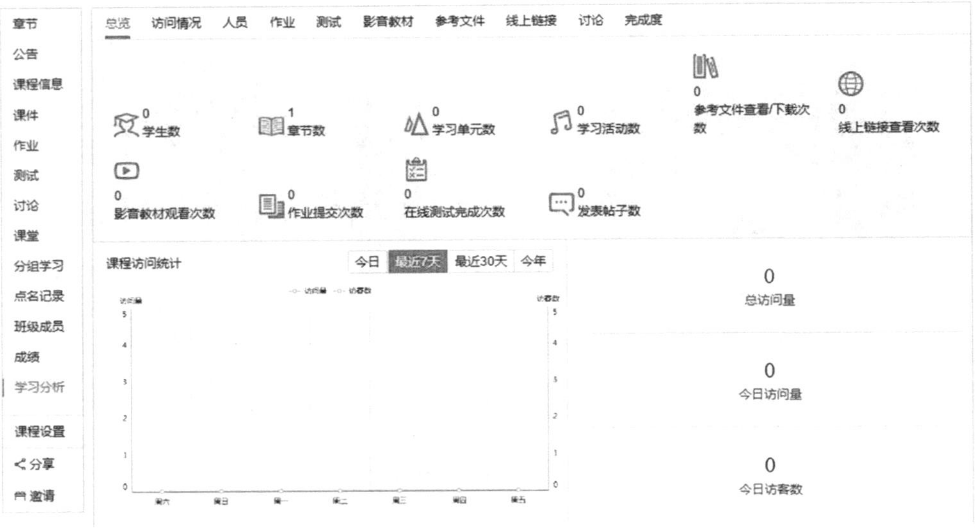

图 5-2　TronClass 学习分析界面

5.1.3　学生学的活动

智慧型课程是“主导—主体”的，既发挥教师的主导作用，又充分体现学生的认知主体作用。学生是学习的主体，通过学习活动的开展与实施，掌握知识与技能。祝智庭、顾小清等从知识建构的视角将在线学习活动分为理解类、创建类、分享类和评价类四种活动类型。麦克唐纳、吉布森和斯旺从教学交互的视角，将学习活动分为“提问与反馈”“促进学习者之间的交互”“促进学习者自我互动”三类。邦克、库尔从在线学习动机与激励视角进行分类，提出 TEC-VARIETY 模型，即动机与激励的十个原则：基调/氛围、鼓励、好奇心、变化性、自主性、相关性、交互性、参与性、紧张感和产出，并根据这十个原则的不同特征设计了 100 种学习活动。①

沃特金森（R. Watkins）按照学习活动的先后顺序和流向关系，从学习活动流向视角介绍了 75 种在线学习活动，如自我介绍、角色扮演、讨论、内容标注、在线测试、自我评价、同伴评价等，还给出学习活动设计的快速参考矩阵，帮助教师在设计开发网络课程的不同阶段选取适当的学习活动。②谢幼如根据教师教学方式将在线学习活动分为自主学习、协作学习和教师指导。陈琳等将具体课程学习活动分解为 11 个时序，即“课程导学”、“开放式大规模的微课学习”、“网上探索”（以自主学习为主，根据导学和微课中的研究创新要求进行）、“研创室汇报”、“研创室讨论激辩”、“研创室内形成新的创新方案”、“分头或协同研究”、“上传研创作品”、“师生点评作品，提出修改意见”、“完善作品”、“最终提交，或参加各类竞赛，或发表成果”。③刘名卓、

① Bonk C J，Khoo E. Adding some tec-variety 100+Activities for Motivating and Retaining Learners Online[M]. Indiana, USA: Open World Book Publishing，2014:1-769.

② Watkins R. 75 E-learning activities: making online learning interactive[J]. Personnel Psychology, 2005, 59(1): 269-271.

③ 陈琳，陈耀华，李康康，等. 智慧教育核心的智慧型课程开发[J]. 现代远程教育研究，2016，（1）：33-40.

王永玲在其他研究者的基础上，从多维分类角度出发，提出五类在线学习活动：学习指导类、理解创建类、交互分享类、反思评价类和学习支持类，并进一步细分出 17 个子类及各子类常见的活动类型，总计 80 多种活动类型（表 5-1）。①

表 5-1　在线学习活动的分类

代表人物	分类视角	在线教学活动的分类
祝智庭、顾小清	知识建构	理解类、创建类、分享类、评价类
麦克唐纳、吉布森、斯旺	教学交互	提问与反馈、促进学习者间的交互、促进学习者自我互动
邦克、库尔	学习动机与激励	提出 TEC-VARIETY 模型，即动机与激励的十个原则，并根据这十个原则的不同特征设计了 100 种学习活动
沃特金森	学习活动流向	介绍了 75 种在线学习活动，如自我介绍、角色扮演、讨论、内容标注、在线测试、自我评价、同伴评价等
谢幼如	教学方式	自主学习、协作学习、教师指导
陈琳等	课程视角	“课程导学”“开放式大规模的微课学习”“网上探索”“研创室汇报、研创室讨论激辩”“研创室内形成新的创新方案”“分头或协同研究”“上传研创作品”“师生点评作品，提出修改意见”“完善作品”“最终提交，或参加各类竞赛，或发表成果”
刘名卓、王永玲	多维分类	学习指导类、理解创建类、交互分享类、反思评价类、学习支持类

除了研究者对学习活动的研究之外，智慧型课程学习活动的开展离不开学习平台的支持。学习平台为学生的学习提供了多种支持工具，有利于学生更好地进行学习活动，完成学习任务。目前并没有统一的、专门的智慧型课程学习平台，但是可以借鉴在线开放课程的学习平台进行研究。研究从影响力和使用人数两方面考虑，选取了 6 个学习平台，通过下载、安装和使用平台，得出在线开放课程学习平台支持的学习活动的类型，如表 5-2 所示。

表 5-2　在线开放课程学习平台支持的学习活动

学习平台	文档阅读	视频观看	讨论交流	分享资源	测验	投票	作品提交	评价	反思总结
爱课程（中国大学 MOOC）	√	√	√	√	√		√	√	
学堂在线	√	√	√	√	√		√		
TronClass	√	√	√	√	√		√	√	√
雨课堂	√	√	√	√	√	√	√		√
课堂派	√	√	√	√	√		√		
蓝墨云班课	√	√	√	√	√	√	√	√	

通过对典型学习活动分类的梳理，以及对现有在线开放课程学习平台的调查，我们将智慧型课程学生学的活动，即学习活动分为知识理解类、交互分享类和反思评价类，如表 5-3 所示。

① 刘名卓，王永玲. MOOCs 学习活动分类研究与设计分析[J]. 开放教育研究，2016，22（4）：103-113.

表 5-3　智慧型课程学生学的活动

学习活动类型	学习活动形式
知识理解类	文档阅读
	视频观看
	案例分析
交互分享类	小组协作
	讨论交流（生生讨论、师生讨论）
	分享资源
反思评价类	测验
	投票
	作品提交
	评价（自我评价、互评）
	反思总结

知识理解类学习活动指学习者对课程中知识的学习，通过先前积累的经验去识记和理解新知识，主要包括课程文档阅读、视频观看和案例分析。交互分享类学习活动是实现师生、生生、学生与学习资源之间沟通的桥梁与纽带，学习者通过在线开放课程学习平台，与教师和其他学习者进行讨论、交流，分享自己的观点和资源，创造相互监督、相互促进的良好学习氛围，包括小组协作、讨论交流和分享资源，其中讨论交流又包括生生讨论和师生讨论。反思评价类学习活动是对学习过程的测评，包括测验、投票、作品提交、评价和反思总结，是检验和评价学习者学习效果的最终环节，有助于提高学习者的成就感和课程参与度，维持学习者对课程的学习兴趣。

中国大学 MOOC 平台上，陈琳教授的“现代教育技术”课程中（图 5-3），包含了文档阅读、视频观看、讨论交流、测验、评价等教学活动，丰富的教学活动让教师的教更加准确化、学生的学更加个性化，提高了教学活动的有效性和课程的教学效果。为了便于学习者阅读和记录，课程将学习内容以文档的形式呈现出来，通过阅读和下载的方式，与学习者进行知识的共享与交流，让学习者更加准确地掌握学习内容，提升知识储备。

图 5-3　“现代教育技术”课程

除了以文档的方式进行学习资源的共享，课程也采用视频的形式传播知识。这是因为个人的学习风格千差万别，有些人偏好文字阅读，有些人喜欢通过图片学习，有些人适合在声音与图画的共同作用下进行学习，因此在展示文档的基础上，教师通过视频传授知识，可以满足不同学习风格学习者的学习需求，促进学习者更好地开展学习（图 5-4）。

图 5-4　“现代教育技术”讨论交流与测验

学习是交流的过程，通过师生之间、生生之间的交流，教师才能更快、更好地了解学生，及时调整学习内容和学习进度；学习者才能更深层次的理解和掌握知识，促进自身高阶思维和思考问题能力的提升。每节的讨论区是用于回复学习者对本节知识点提出的问题，学习者可以通过点赞、发表评论和投票的方式互相进行评价，教师根据学习者的回复以及与其他学习者的互动情况，按照评价标准进行相应的打分。测验的目的是检测学习者对知识的掌握情况，主要是以客观题的形式测试，直接由平台给出得分。讨论交流不仅能促进师生、生生之间的沟通，活跃课程气氛，还能用于评价学生对知识的掌握情况，与客观测验相互补充，使教师对学生有更加全面的了解与评判。

5.1.4　教学活动的意义

无论是教的活动还是学的活动，目标都是一致的，都是为了学生能够获得知识、发展能力、增长智慧。只不过在实现目标的过程中，教师和学生扮演的角色不同。从教的角度看，教师是主体，学生是主要客体，教学内容是辅助式的具有中介性质的客体；从学的角度看，学生是主体，学习的内容是认识的主要客体。学生自身作为自我认识和改造对象的客体地位也在不断凸显，教师则成为占据主要指导地位的中介式客体，其目的是认识和改造主要客体。教和学是紧密联系、不可分割、互为依托的；同时，“教是为学服务”“教是为了不教”，自然要凸显学生的主体地位，但是又不能忽视教师的作用和角色。[①]因此，智慧型课程的教学活动具有两方面的意义。

① 李鹏. 对教学“主导主体说”的再认识——从教学活动的本质谈起[J]. 教育理论与实践，2012，（32）：14-16.

1. 增强学习者的归属感和参与感

智慧型课程将课程分为课前、课中和课后三个阶段，课前和课后的学习主要是在线进行，学习者以自学为主，师生隔离，这样很容易产生孤独感、疲倦情绪和学习动力不足，因此需要教师组织网上的教学活动，建立起有效交流和沟通的渠道。[①]单纯的视频、资料无法满足学习者的学习需求，也无法促进学习者思维的发展和智慧的生成，学习者只有在讨论与交流中才能进行思维的碰撞，产生新的想法，进而提升对知识和技能的掌握水平，因此智慧型课程教学中教师要利用一切机会，如同步或异步交流、讨论、答疑，对学习者的过程性评价等进行全方位的有效设计，把教与学的内在主动性激发出来。

2. 提升教学效果

教学活动是教学中不可缺少的环节，是促进学习者与教师沟通的桥梁。教师通过教的活动引导学习者学习，学习者通过学的活动进行知识的学习与掌握，教与学活动的结合，让学习者与教师进行知识的沟通、问题的解决和创新创造能力的发展，为学生更好地掌握知识奠定了基础。智慧型课程通过大数据技术，对学习者学习时间和学习轨迹进行监测，实时掌握学习者的学习动态；再通过学习分析技术，分析学习者在学习中存在的问题，并及时反馈给教师，让教师对教学内容和教学活动进行动态的调整。实时的反馈数据，让教学内容更加符合学习者的学习需求，适应学习者的能力水平，提升智慧型课程的教学效果。

5.2 智慧型课程教学活动类型

智慧型课程采用线上线下混合式教学方式，不再仅仅局限于线上课程的学习或线下课堂的交流，而是采用线上知识学习和测验+线下讨论交流和成果展示的混合式教学，将课程分为课前、课中和课后三个阶段（表 5-4），这样既充分利用了学习者的课前时间，激发了学习者的学习兴趣，又避免了学习者对线上课程学习的懈怠，促进了师生、生生之间的互动，提高了学习者的学习效果。因此，智慧型课程的教学活动需要从两个方面考虑：一是借助在线学习工具开展的线上教学活动；二是在课堂中开展的线下教学活动。

表 5-4 智慧型课程教学三阶段

课前	课中	课后
线上教学	课堂教学+线上教学	线下教学

5.2.1 线上教学活动

线上教学活动的开展是以在线学习平台或工具为载体，目前针对智慧型课程教学

① 武法提. 网络课程设计与开发[M]. 北京：高等教育出版社，2007.

活动类型，没有形成统一的意见。通过对文献和学习平台的研究，综合教师教的活动和学生学的活动，研究将智慧型课程的线上教学活动分为导学活动、交互活动和评价活动。

1. 导学活动

智慧型课程的导学活动指整门课程学习前的导学部分，类似于传统课堂教学中的导学案，主要介绍学什么、怎么学以及怎么评价等，关注课程的性质与任务、内容和基本要求、学习材料、学习方法、课时分配、重点难点、课程评估等，目的在于激发与保持学习者学习动机与兴趣，明确学习目标、学习任务及评价规则，并给学生以引导。①

2. 交互活动

交互活动分为师生交互、生生交互、学生与资源的互动和分享四类。在线学习中的“交互”按照交互对象不同包括学习者与教师、同伴和资源之间的交互；分享主要指观点、资源和成果的分享。交互是指在某种学习环境中，两个或两个以上个体间进行的双向交流，目的在于促进学习任务的完成或人际关系的构建。因此，交互对于教师和学习者来说，是一种接收信息反馈和学习活动自适应的方式。师生交互指学习者与教师的交互，包括讨论、答疑、提供帮助、学情反馈等；生生交互指学习者之间的交互，活动方式自由多样；学习者与资源交互指学习者与资源或学习内容之间的交互和相互作用，比如评论、游戏、实验等。分享类学习活动着重于学习群体之间实实在在的分享行为，比如分享作品成果、观点、资源等。

3. 评价活动

评价活动分为评价和总结反思两类。评价是为了判断学习者完成任务的程度以及达到目标的程度，具有激励和约束的双重作用；反思是学习者对所学内容的总结和反思，具有查漏补缺、知识管理、促进意义建构的作用。教学评价是依据教学目标对教学过程及结果进行价值判断并为教学决策服务的活动，是对教学活动现实或潜在价值做出判断的过程。评价类活动主要指评价标准、评价方式，以及具体实施的评价活动。总结反思类活动是对学习的再认识、再思考，本书重点关注总结或反思学习成效，组织学习者学习反馈或学习延展的学习活动。

5.2.2 线下教学活动

线下教学活动是教师与学习者在课堂中开展的活动，是教师和学习者基于一定的教学目标，为了完成教学任务而与教学环境产生的一系列操作交互行为之和。因此，笔者将智慧型课程的线下教学活动分为讲授、演示、互动、协作和任务作业五种类型（图 5-5）。②

① 刘名卓，王永玲. MOOCs 学习活动分类研究与设计分析[J]. 开放教育研究，2016，（4）：103-113.

② 王涛，李青. 国外高校网络公开课教学活动模式研究[J]. 中国远程教育：综合版，2012，（13）：24-29.

1. 讲授

讲授是教师借助口头言语呈现教材，阐明知识之间的联系，表达教师的观点以促进学习者对知识的理解的一种形式。这种形式耗时短、效率高，能够在较短的时间内向学习者传递大量的知识，因此，讲授是课堂教学中运用最普遍的一种教学活动。作为课堂主要教学活动，讲授往往用于介绍概念、公式、定义、背景等显性知识，帮助学习者在原有知识结构与新知识之间建立联系，达到获得新知识的目的。

2. 演示

演示是教师在授课时，利用教具或实物等进行示范性操作，阐述所传授的知识。演示的关键是学习者的参与，一个有效的演示应包括对演示目的的讨论、对演示现象的预测、利用理论帮助理解现象、对现象和预测进行比较。演示具有很强的直观性，能够帮助学习者建立具体的形象，使学习者获得生动而直观的感性知识，将理论知识和实物联系起来，加深对学习对象的印象，从而克服单纯理论讲授的不足。因此，演示在物理、化学等理论性较强的课程中具有较高的实用性。

3. 互动

学习者是学习的主体，为保证学习者的学习，互动是一项非常重要的教学活动。在一定情境下通过调节师生间的相互作用，形成和谐的师生互动、生生互动，能够充分调动学习者学习的主动性。通过互动，教师能够及时了解学习者的学习进程，帮助学习者解决疑惑，提高教学效果，并可以集中学习者的注意力。

4. 协作

协作学习是学习者以小组形式参与、为达到共同的学习目标、在一定的激励机制下最大化个人和他人习得成果，而合作互助的一切相关行为。课堂教学中常设计协作教学活动，它要求学习者组成小组一起从事学习活动，通过合作、竞争等完成教师分配的任务。通过这种教学活动有助于激发学习者的学习热情，促进学习者之间的思维碰撞，拓展知识，加深理解。

5. 任务作业

作业可分为课堂作业和课外作业两大类。课堂作业有书面作业、口头作业、实际操作练习等，其作用在于加深和加强学习者对教材的理解和巩固，使学习者进一步掌握相关的知识和技能，同时也帮助教师及时发现学习者知识或技能的缺陷，并做必要的纠正。课外作业是学习者在课外时间独立进行的学习活动，在教学活动总量中占有一定的比例。一般认为，它是课堂教学的延伸，有助于巩固或完善学习者在课内学到的知识和技能，培养学习者的独立学习能力和学习习惯。作业可以是与某一章节课程相关的内容，如编写一个程序、安装一个软件等；也可以是一门课程结束时的总结，如完成一篇论文等；还可以是拓展性的任务，如搜集资料、制作产品等。

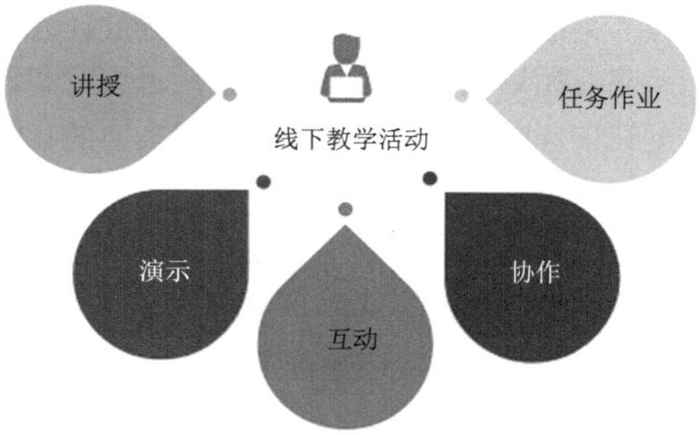

图 5-5　智慧型课程的线下教学活动

5.3　智慧型课程教学活动的教师与学生

在传统课程中，教师是课程的讲授者和指导者，学生是被动的接受者。这种教学方式扼杀了学习者的主观能动性与积极创造性，不利于学习者思维的发展和知识的创造。智慧型课程以学习者为中心，尊重学习者的学习习惯和兴趣，启发学习者的智慧，不再是“满堂灌”的课堂，而是开放、共享、互动的课堂。

5.3.1　教师角色

智慧型课程中学习目标、学习内容和学习方式都发生了巨大的改变，教师的角色也发生了变化。教师是项目引导者、创造促进者、资源协调者和学习监督者。

项目引导者：智慧型课程的学习为学习者创建真实的生活情境，引导学习者发现问题、创建项目、解决问题。与传统的教学不同，智慧型课程是以真实的生活情境来吸引学习者，激发学习者的学习兴趣。而真实情境的创设需要教师根据自身的经验以及教学目标来确定，教师是学习者的引导者，为学习者指明学习方向。

创造促进者：智慧型课程的学习是一个思想碰撞的过程，教师需要作为设计、开发、创造、修正等全过程良性开展的促进者。

资源协调者：学习者在进行资源、任务分配的过程中，难免会根据自我喜好进行选择，而教师需要根据学习者的认知水平、兴趣爱好、个人能力等实际情况，进行资源和任务的分配，保障学习者在学习过程中既能发挥各自的优势又能弥补自我的短处，使学习效果最优化。

学习监督者：教师需要对学习者的学习过程进行监督，及时发现学习者存在的问题，同时对学习活动的开展和学习成果进行评价和反馈，促进学习者的学习。

5.3.2　教学组织策略

教学组织策略是为达成教学目标、完成教学任务，在明确分析教学活动的基础上，对教学的形式和方法做出安排和调节的执行过程。教师在教学中要灵活组织教学策略，根据教学内容和学生特点，采取适合的组织策略，以达到最佳教学效果。在智慧型课程中教师能够借助的组织策略有抛锚策略、支架策略、反思策略和评价策略。

抛锚策略是教师在创设情境时，为学习者提供有感染力的真实问题情境，激励学习者的知识构建。支架策略是教师把初始问题进行分解，为学生搭建支架，并引导学习者逐渐攀升，教师则逐渐隐退，直至最后由学生独立完成问题的解决。反思策略是教师组织学习者不断反思学习方式、问题解决思路，引导学习者发现不足，并不断改进。评价策略是教师根据学习目标和学习要求，制订评价量表，对学习者的学习表现、学习方法、学习成果进行评价，师评、自评和他评相结合。

5.3.3 学生角色

在传统课堂教学中，学生是被动的接受者和适应者，这种教学方式使得学生的学习积极性、主动学习能力和思考创造力不断退化。知识的学习不应该是被动地接受，而应是主动地汲取。在智慧型课程学习中，学生是问题分析者、资料收集者、协调者、监督者和总结归纳者（图 5-6）。

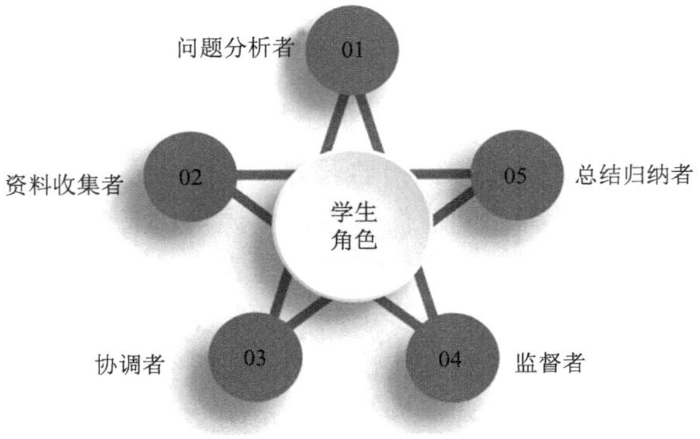

图 5-6 智慧型课程的学生角色

问题分析者：根据问题情境提供的基本信息，分析提炼问题情境中的信息，帮助学习共同体构建问题空间，将问题具体化、可操作化。

资料收集者：根据活动给出的资源，不断扩展寻找其他支持问题解决的资源，并采用多种工具对资料进行分析与总结。

协调者：学生是学习的主人，在学习过程中学生要根据共同体的特点和活动的进程，实时调整组员之间的关系，化解冲突，保证小组的协作效率。

监督者：不断核查协作讨论的质量及讨论方向，确保讨论围绕活动主题进行。

总结归纳者：在资料搜集基础上，学生需要对自己或小组收集的资料进行汇总、分析，制作出最终的问题解决方案或作业成果。

5.3.4 学习策略

学习者的学习不是盲目的、无组织的、无计划的，而是需要具备一定的学习策略，即学习者为了提高学习效果和学习效率，有目的、有意识地制订的有关学习过程的复杂方案。包括组织策略、交流策略、反思策略、问题解决策略和评价策略。组织策略是学生在活动中对知识的组织整理和对学习资源的组织加工；交流策略是学习者之间相互交流沟通的策略，如互相分享观点、头脑风暴法等；反思策略是对学习过程、学习方式的反思；问题解决策略是学习者为寻求问题的答案所运用策略的总称；评价策略是学习者对他人的表现、成果和自我的学习表现进行评价。

5.4 智慧型课程教学活动的交互设计

智慧型课程教学活动本身是学习者与教师之间的一系列交互操作行为，根据交互的对象，可以将智慧型课程教学活动的交互分为师生交互、生生交互、学生与资源交互三种。

5.4.1 师生交互

师生交互活动指发生在教师和学习者之间的交互。根据穆尔的定义，师生交互活动的目的是教师“刺激或者维持学习者对所学内容的学习兴趣，激励学习者学习，维持和增强学习者自我导向和自我激励的兴趣”。远程学习中的师生交互活动包括同步交互和异步交互两种，同步交互包括利用电话、视频会议、聊天软件进行交流，异步交互包括使用双向通信工具、邮件或者论坛等进行交流。具体的活动形式包括同步讲授、辅导、答疑、讨论、技术练习操作指导和作业反馈等形式。[①]

师生交互活动的目标是激发与维持学习者的动机，解决学习过程中遇到的问题和困难，确保他们能够积极地投入到学习过程中，并有信心克服学习过程中的难题，顺利完成学习。研究发现，与课程教师的交互以及积极的讨论对能否学好在线课程有非常重要的影响。师生交互活动要顺利开展，除了教师要做好需求分析，努力关注学习者，提前估计学习者可能存在的问题和需要的帮助以外，也要鼓励学习者积极表达自己的需求，以便教师发现问题并提供及时的帮助。因此，师生交互的活动包括课程设计和开发过程中的预设活动，还包括更重要的课程开展过程中的生成性活动。

不同的师生交互活动其活动步骤存在较大的差异，如网络学习社团的组建和维护不仅包括社团意识的建立、文化氛围的营造和凝聚力的培养与维持，还伴随着激励和冲突解决等过程。讨论交流活动则包括教师或者学习者抛出问题、引导与组织讨论、监控讨论过程并适时干预等步骤。为了确保师生交互的顺利开展，教师在活动步骤中应该明确活动参与的规则，激励学习者参与活动。同时，教师应提供让学习者在学习过程中主动

① 王志军，赵宏，陈丽. 基于远程学习教学交互层次塔的学习活动设计[J]. 中国远程教育，2017，（6）：39-47.

发问的机会，从而促进最适合的师生交互活动的开展。

在师生交互中，最有价值的部分是教师对学习者学习情况的过程性反馈。反馈在增强学习者学习体验的同时，更重要的是促进学习者知识和技能的提高，教师要及时并经常对学习者取得的进步进行反馈。教师对学习者一对一的反馈是最传统的反馈方式，随着技术的发展，反馈的形式也更加多样化，教师对学习者的反馈可以表现为教师通过预设的程序开展基于机器的自动化反馈，教师也可以基于博客、论坛、视频直播等形式进行集体反馈。根据等效交互原理，教师还可以用同伴互助的形式，将教师与学习者之间的反馈转化为学习者对学习者的反馈，在大规模教学中这种方式往往更高效。为了保持反馈的有效性并维持学习者持续的学习兴趣和动机，在设计反馈时要特别注意反馈的时机。如果反馈过早，不利于学习者进一步的深入思考；如果反馈过晚，难以获得学习者的关注，从而影响学习效果。

网络学习社团可以将诸多师生交互的形式整合到一起，便于教师开展一对多的交互，便于集中解决学习者的共性问题。因此，组建和维护网络学习社团是促进师生交互和保障网络学习效果的重要策略，教师在其中的作用非常关键。①例如，在讨论活动中，教师应该给学习者提供例子，拓展相关观点，并提供不同的视角，从而引导学习者思维的拓展。当然，教师还可以通过讨论区、答疑区、作业反馈区等平台进行师生交互。最理想的情境是将各种知识、工具整合到活动中，活动的任务有一定的复杂性和新颖性，学习者希望学好而且确实能够学好，尽管学习者对自己的水平不太确定，但是他们仍然坚持相信只要努力就能够取得成功。

5.4.2 生生交互

生生交互活动指发生在单个学习者之间或者是学习者所参与的小组和群体之间的交互。在基于音视频会议和基于网络课程的双向通信中，生生交互可以表现为同步的视频会议、聊天，或者是异步的论坛、社团中的讨论与邮件信息。在开放网络学习时代，生生交互的形式和支持的工具更加多样化。学习者可以自主选择感兴趣的主题、熟悉的工具与环境开展，交互活动。这种交互也不一定局限于某个班级或者某门课程的学习者，而是可以跨越班级、课程、年级甚至是学校的开放式的非正式交流。研究表明，在线学习中确保学习者的成功不只是教师的职责，课程设计中也必须通过提供学习者之间的交互和合作机会来确保学习者获得高质量的在线学习体验。只有学习者通过生生交互来真正合作或者协作开展学习，并帮助其他学习者进行学习的时候，这种交互的价值才能够被最大化地体现出来。②

生生交互学习活动的设计，应该充分发挥开放网络学习时代各种 Web 2.0 和社会媒体技术的优势，鼓励学习者超越课程和班级的局限，能够利用各种媒体和工具与更大范围的学习者开展深入的交流和互动。同时，生生交互学习活动的设计要以新的学习理念

---

① 王志军，陈丽. 联通主义学习中教学交互研究的价值与关键问题[J]. 现代远程教育研究，2015，（9）：23-28.

② 王志军，赵宏，陈丽. 基于远程学习教学交互层次塔的学习活动设计[J]. 中国远程教育，2017，（6）：39-47.

为指导，不仅要培养和发展学习者基于开放网络环境的合作和协作学习能力，更要主动培养学习者的高阶思维能力。

教师可以通过多种合作和协作学习的方式，让学习者开展生生交互活动。例如，基于资源的主题探究学习、基于问题的小组讨论学习、基于任务的协作学习、在线反思和同伴评价等。生生交互活动只有在每个参与者都愿意做出贡献和努力并且活动对参与者有促进作用时，才能够达到较好的效果。为了保障这类任务的顺利完成，需要促进学习者之间的相互依赖和互帮互助。例如，通过分组与同伴互助，让一个学习者积极地影响另一个学习者，使其获得成功的可能。通过培养学习者对自身的学习负责、帮助其他团队成员进行学习，突出个人的责任感。通过完成团队活动目标，促进交互活动的发生。同时，为了避免活动开展过程中总是只有部分优秀学习者参与而其他学习者“搭顺风车”的现象出现，生生交互活动的设计应该有明确具体的活动规则与评价规则，并让学习者在不同的活动中轮流扮演相关的角色。此外，为了避免生生交互处在较低水平的层次上，促进概念交互的顺利发生，教师应该提供明确的学习活动指导。

同时，生生交互活动反馈的设计建议采用同伴互评的方式。这种方式将学习者视为自主性较高的学习者，让其承担教师的职责，即对其他学习者的学习过程和结果进行评价。这不仅有助于学习者专业知识和能力的提升，而且能让学习者积极计划、监控和反思整个学习过程，提升其认知的深度，激发其深入学习的动力。同伴互评活动的开展，既可以遵从学习者自定的规则，也可以是教师提供相关规则。为了让评价尽量真实、客观，建议采用两人以上、有教师指导的同伴互评和反馈方式。

5.4.3 学生与资源交互

1. 结构化视频课堂

结构化视频在逻辑上以知识点为单位的片段方式存在，同时利用逻辑切片功能，学习者与教师可从原始视频中选取自定义片段，并对片段给予标题、关键词等描述。这些片段可检索、排序，甚至重组片段序列而形成新的视频课堂。因此，结构化视频一方面具备了形成按学习者自身需要的个性化视频课堂的可能；另一方面，教师与课程管理员可局部替换待更新的教学视频片段而无须重新摄制，同时通过重组片段也可按学习者类型提供不同的视频课堂，甚至向学习者推荐同伴的个性化视频课堂。

2. 过程化的反思性学习

反思是一种高阶学习能力，反思总是建立在学习者已有的心理活动或学习内容之上，是对已有学习内容探究性、批判性的继承与发展。对反思性学习的支持是网络学习的优势，弥补非面对面教学的缺陷，因而受到研究者的重视。结构化、片段化的教学视频将课堂内容以知识点为单位组织，学习者的反思从结果性扩展到过程性，有利于学习者学习活动在反思调控下开展，提高学习质量。

5.5 智慧型课程教学活动设计的实现

5.5.1 导学活动设计

在学习活动开始之初，我们需要对学生的整体情况进行了解和判断，包括学习者的先前知识水平、学习风格和学习需求。先前知识水平是学习者在开展课程学习之前，对学习内容的认识和了解程度，以及前期学习经验的掌握情况，对先前知识水平的调查，能把握学生的知识储备，为后期学习任务的选择和难易程度做好准备。学习风格是学生持续一贯的带有个性特征的学习方式和学习倾向。①学习方式指学习者为完成学习任务而采用的方法、技术；而学习倾向指学习者对学习活动的情绪、态度、动机、坚持性，以及对学习环境、学习内容的不同偏好。②因此，我们需要对学生的学习风格进行测量和判断，了解其学习方式和学习偏好，为其他学习活动的开展奠定基础。学习需求指学生对这门课程内容的内在要求，对知识学习方式、学习活动的组织以及学习结果评价的想法。根据学习者的学习需求组织学习活动，满足了学习者的内在需求，符合其学习方式，能够促进学习者的学习，激发其学习兴趣。

智慧型课程是集微课、MOOC、SPOC 等课程为一体的课程形态，在进行导学活动设计时，可以借鉴在线开放课程中优秀的导学活动，进行智慧型课程的导学活动设计。在中国大学 MOOC 中，我们根据选课人数、开课次数等选取了谢幼如的“智慧课堂教学”进行案例介绍。在开课之初，教师对课程的教学内容、教师团队、课程安排进行了介绍，同时采用问卷的形式调查学习者的学习动机、对课程的认识和理解，以讨论的形式让学生介绍自我，融入学习群体，增进学习者之间的交流（图 5-7—图 5-10）。

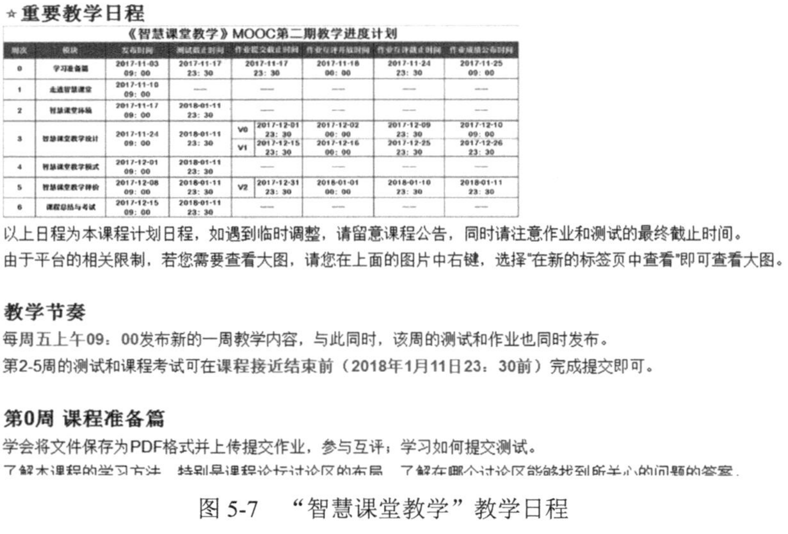

☆重要教学日程

《智慧课堂教学》MOOC第二期教学进度计划

周次	模块	发布时间	测试截止时间	作业提交截止时间	作业互评开始时间	作业互评截止时间	作业成绩公布时间
0	学习准备篇	2017-11-03 09：00	2017-11-17 23：30	2017-11-17 23：30	2017-11-18 00：00	2017-11-24 23：30	2017-11-25 09：00
1	走进智慧课堂	2017-11-10 09：00	—	—	—	—	—
2	智慧课堂环境	2017-11-17 09：00	2018-01-11 23：30	—	—	—	—
3	智慧课堂教学设计	2017-11-24 09：00	2018-01-11 23：30	V0 2017-12-01 23：30	2017-12-02 00：00	2017-12-09 23：30	2017-12-10 09：00
				V1 2017-12-15 23：30	2017-12-16 00：00	2017-12-25 23：30	2017-12-26 23：30
4	智慧课堂教学模式	2017-12-01 09：00	2018-01-11 23：30	—	—	—	—
5	智慧课堂教学评价	2017-12-08 09：00	2018-01-11 23：30	V2 2017-12-31 23：30	2018-01-01 00：00	2018-01-10 23：30	2018-01-11 23：30
6	课程总结与考试	2017-12-15 09：00	2018-01-11 23：30	—	—	—	—

以上日程为本课程计划日程，如遇到临时调整，请留意课程公告，同时请注意作业和测试的最终截止时间。
由于平台的相关限制，若您需要查看大图，请您在上面的图片中右键，选择"在新的标签页中查看"即可查看大图。

教学节奏

每周五上午09：00发布新的一周教学内容，与此同时，该周的测试和作业也同时发布。
第2-5周的测试和课程考试可在课程接近结束前（2018年1月11日23：30前）完成提交即可。

第0周 课程准备篇

学会将文件保存为PDF格式并上传提交作业，参与互评；学习如何提交测试。
了解本课程的学习方法，特别是课程论坛讨论区的布局，了解在哪个讨论区能够找到所关心的问题的答案。

图 5-7 “智慧课堂教学”教学日程

① 谭顶良. 学习风格论[M]. 南京：江苏教育出版社， 1995.
② 谢幼如. 教学设计原理与方法[M]. 北京：高等教育出版社， 2016.

图 5-8　“智慧课堂教学”自我介绍

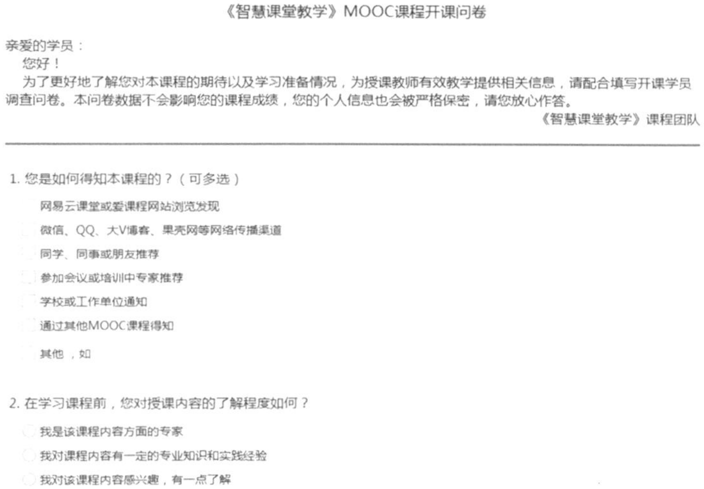

《智慧课堂教学》MOOC课程开课问卷

亲爱的学员：
　　您好！
　　为了更好地了解您对本课程的期待以及学习准备情况，为授课教师有效教学提供相关信息，请配合填写开课学员调查问卷。本问卷数据不会影响您的课程成绩，您的个人信息也会被严格保密，请您放心作答。
《智慧课堂教学》课程团队

1. 您是如何得知本课程的？（可多选）
- 网易云课堂或爱课程网站浏览发现
- 微信、QQ、大V博客、果壳网等网络传播渠道
- 同学、同事或朋友推荐
- 参加会议或培训中专家推荐
- 学校或工作单位通知
- 通过其他MOOC课程得知
- 其他 ，如

2. 在学习课程前，您对授课内容的了解程度如何？
- 我是该课程内容方面的专家
- 我对课程内容有一定的专业知识和实践经验
- 我对该课程内容感兴趣，有一点了解

图 5-9　“智慧课堂教学”问卷调查

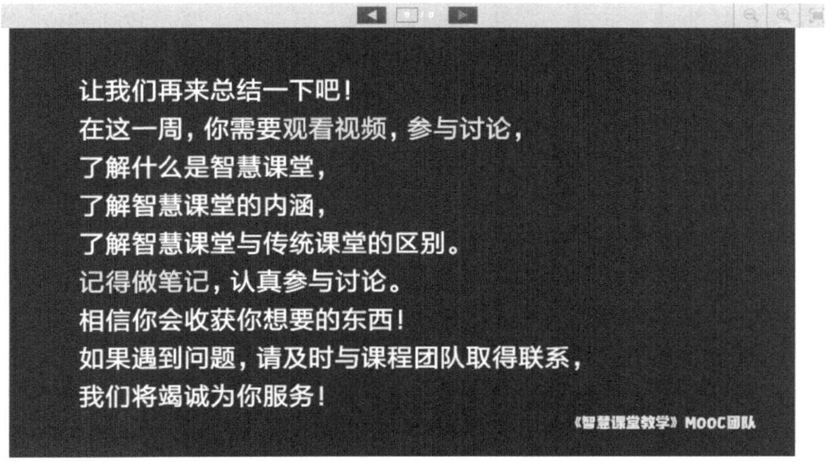

图 5-10　“智慧课堂教学”课程学习任务

在每周课程学习之初，教师会提供“本周学习导语”，以文档的形式让学生明确学习任务，如第一周是“走进智慧课堂”，在学习导语中教师希望学习者能够了解什么是智慧课堂、智慧课堂的内涵、智慧课堂与传统课堂的区别，明确学习目标，为学习指明方向。

5.5.2 交互活动设计

为保证在线学习的顺利开展，需要借助生生之间、师生之间以及学生与资源之间的交互，来激发和督促学习者学习。交互指在某种学习环境中，两个或两个以上个体间或个体与资源间进行的双向交流，目的在于促进学习任务的完成或人际关系的构建。因此，交互对于教师和学生来说，是一种接收信息反馈和学习活动自适应的方式。

通过交互分享活动的开展，学习者与学习共同体、教师之间的沟通与联系变得更加紧密，这样能够消除学习者的孤独感，增强其归属感，找到学习的伙伴和学习动力，同时也具有了相互督促的作用。交互分享活动因其主要在网上进行开展，避免了学习者的害羞与胆怯，让学习者能大胆地发表自己的想法与观点，促进学习者知识的掌握和能力的提升。

“爱课程”网通过在视频界面放置“向老师提问”按钮，实现学习者与资源的互动，而“华文慕课”网是通过“记笔记”的方式进行学习者与资源的互动。“爱课程”网设置了“老师答疑区”、“课堂交流区”和“综合讨论区”实现师生和生生之间的交互，促进学习者之间和师生之间的交流与沟通。学堂在线是通过发布帖子的形式进行交互讨论，同时设置了置顶功能突出展示教师发布的学习任务或话题讨论，便于学习者查找教师布置的任务。

5.5.3 评价活动设计

教学评价是依据教学目标对教学过程及结果进行价值判断并为教学决策服务的活动，是对教学活动现实或潜在价值做出判断的过程。评价活动主要指评价标准、评价方式，以及具体实施的评价活动。在线开放课程的学习评价主要是教师评价、学生互评和学生自评三种方式。

教师评价是根据学习者的学习参与情况以及学习成果的展示情况进行评价。学生互评是学习共同体之间根据一起进行协作探究、共同完成学习成果进行相互评价。学生自评是学习者根据自己在课程学习过程中的知识掌握情况、协作学习情况进行自我分析、自我评价。

评价活动是对学习者课程知识学习的总体评价，能够让其认识到自己的不足之处，促进学习者的进步。反思是学习者对所学内容的总结和反思，具有查漏补缺、知识管理、促进意义建构的作用。反思活动是对学习的再认识、再思考，是对自我学习态度、知识学习情况的总结和思考。学习者需要通过不断的反思和自我批评，了解自己有待提高的地方。通过不断的自我反思，让学生不断进步和发展。评价活动分为活动过程评价和活动效果评价。

1. 活动过程评价

学习活动的参与者（教师、学习者），都将作为学习活动过程评价的主体。在线学习活动过程中，教师作为监管者，记录学习者的学习行为、点评小组的合作情况、评价活动成果。从教师的角度，分析学习者登录平台次数及时间、平台公告及学习资源浏览情况，评价小组讨论次数、发言质量，记录学习过程中师生、生生的沟通情况。在线学习活动结束后，教师还要对学习者在本次在线学习活动过程中的表现进行总结。教师对活动过程的评价量表，如表 5-5 所示。

表 5-5　教师对活动过程的评价量表

评价内容	评价标准
小组讨论	积极参与小组讨论（10 分）
	在小组中分享学习经验（10 分）
	发言内容与课程学习相关（5 分）
作业上传	高质量完成作业，并按规定提交作品（10 分）
在线学习记录	在线学习时间、参与讨论或发帖的次数（5 分）

学习者依据评价量表完成小组互评和自我评价。组内互评时要做到公平公正，客观评价小组其他成员在活动过程中的讨论参与度、小组贡献等。学习者在每次活动结束后，应重视自我评价，反思自身在学习活动过程中的表现，并在下一次学习活动中调整状态，争取在每一次在线学习活动中，积极配合教师、同伴，提高学习积极性。学习任务完成后，学习者对学习过程的自评量表，如表 5-6 所示；小组成员对学习过程的互评量表，如表 5-7 所示。

表 5-6　学习者自评量表

评价对象	评价标准
学习者	积极参与活动过程，按时完成组内任务（10 分）
	利用平台资源，及时解决问题（5 分）
	重视小组讨论、师生互动过程（10 分）
	为小组其他成员提供学习帮助（5 分）

表 5-7　小组成员互评量表

评价对象	评价标准
小组成员	为小组其他成员提供学习帮助（10 分）
	积极参与活动过程，按时完成组内任务（10 分）
	虚心接受小组意见（5 分）
组长	协调组内关系，组织小组学习（5 分）

2. 活动效果评价

研究中智慧型课程的活动效果评价，主要通过访谈和问卷调查完成。在实验结束后，对学习者的线上、线下学习活动满意度和学习者的感知学习效果进行问卷调查。学习活动满意度和感知学习效果被很多研究者视为衡量学习成功的重要标准。有研究表明，学习满意度确实能够反映学习效果。

智慧型课程教学活动设计有助于激发学习者的学习动机、促进其深度学习，培养学习者分析问题、解决问题的能力。因此，随着教学方法、教学策略应用的深入，以及混合式教学的开展，未来在线开放课程的教学活动设计将越来越重要。

【思考与练习】

1. 谈谈你对教学活动和学习活动的理解。
2. 分析在线开放课程中教与学活动的区别。
3. 你认为智慧型课程教学活动有哪些类型？
4. 如何设计智慧型课程的线上、线下教学活动？其智慧性体现在哪些方面？
5. 智慧型课程的交互设计主要体现在哪些层面？谈谈你的理解。

第 6 章　智慧型课程评价设计

【学习目标】

1. 了解智慧型课程评价的目的和原则。
2. 掌握智慧型课程评价的不同类型。
3. 阐述智慧型课程评价体系的构建。

【内容结构】

2018 年，教育部高等教育司发布的《关于印发教育部高等教育司 2018 年工作要点的通知》中明确提出，“打造适应学生自主学习、自主管理、自主服务需求的智慧课堂、智慧实验室、智慧校园，推动形成支持学生随时可学、随处可学的泛在化学习新环境”，“发布世界首个信息技术与教育教学深度融合的在线开放课程国家标准，为世界慕课标准制定提供中国方案”。2015 年，教育部出台的《教育部关于加强高等学校在线开放课程建设应用与管理的意见》中指出，“鼓励高校制订在线开放课程教学质量认定标准，将通过本校认定的在线课程纳入培养方案和教学计划，并制订在线课程的教学效果评价办法和学生修读在线课程的学分认定办法”。课程质量是教育质量的生命线，科学规范、行之有效的评价是稳定和提高课程质量的必要保障，评价设计是课程设计与开发过程中必不可少的环节。

6.1　评 价 目 的

智慧型课程着力培养学习者高阶思维能力和创新创造能力，使学生更富有智慧地学习，教师更富有智慧地教学。[①]智慧型课程评价应充分运用大数据、学习分析等新兴技术，对学习过程、教师授课、课程实施等方面进行评价，开展智慧型课程评价的目的有以下几项。

6.1.1 有效开展课程教学

教学吸引力是教学的直接结果。“有吸引力”是教师维持学生持续学习教学行为的体现，它集中在对学生学习的意愿、动机和毅力等非智力因素的激发。“有吸引力”很好地解释了教学效率的产生。教学效果是教学结果的一部分，“有效果”在教学评价中一般用“教学质量”测评。其中，“质”是对教学结果与教学目标在性质上吻合程度的评价；“量”是教学结果与教学目标在“数量”上吻合程度的评估。“有效率”从时间维度对教学行为做出评估，是对教学行为完成教学目标在时间上的度量。通过教学效率可以考察各样的教学策略，如教学内容分配与顺序安排、教学的角度与路径等。“有效益”从价值维度对教学行为做出间接评估，可以直接反映教学行为本身，如教学行为要达到的目标、教学内容的数量选择、教学顺序的安排等。

“有效益”具体特点如下。首先，“效益”是评估教学是否有效的价值尺度，对有效教学具有指导意义。教学效益是有效教学的上位概念，它指导着教学的整个过程。其次，“有效益”存在于教学设计过程中，通过教学目标的制定体现出来，即教学设计在制定教学目标时要以课程的价值观为指导，并在具体项目的制订时体现课程的价值观。最后，教学的实际效益要通过效果与效率的分析实际体现出来。“有效益”存在于教学目标制定环节，也必然体现于教学的结果。因此，教学效益作为教育价值观的维度体现在教育理念、课程设置和教学设计与执行等多个方面。教学效益需要根据教学目标与教学效果、教学效率等教学结果的具体表现间接地推导出来。

6.1.2 益于学生全面发展

智慧型课程评价从过度注重学科知识成绩，转向全面发展的评价，着眼于人的全面发展，涉及学生思想品德、学业水平、身心健康、艺术素养、社会实践等方面。实施评价的初衷，在于逐步改变偏重认知，过多倚重学科知识，忽视对人的社会责任感、创新精神、实践能力、身心素质的观察和价值认定，导致教育异化的现象。智慧型课程评价是过程与结果相结合的评价，强调“关注成长过程、如实记录学生成长过程中的突出表现”，强调参加各种活动的“持续时间”，强调“对学生全面发展情况的观察、记录、分析”。这些要求与偏重结果、偏重定量的评价方法不同，增加了评价的过程性，纳入了质性的评价手段和方法。关注过程的评价更加符合人的成长规律，更加贴近学生的成长需要，对学生发展的引导和支持也更加有效。相较于只关注结果的评价，该评价显得更为丰富、真实和有价值。

智慧型课程评价指标体系关注点在“人”，关注人的个性和差异，可以采用以下

① 陈琳，陈耀华，郑旭东，等. 智慧教育中国引领[J]. 电化教育研究，2015，36（4）：23-27.

几种指向的评价：以学科内容为指向的评价，解读学生学习知识掌握水平，不管是常模参照还是水平参照，都需要组卷水平和技术的提高去贴近学生的水平，找到学生所处的真实位置；以学习特质为指向的评价，通过建立评价框架、提供设施和工具，开发各种技术发现学生的学习风格和需求，让他们在参与有差异的学习内容和不同的教学策略中，在与自身风格最接近的学习环境和最匹配的教师互动中收获最大化；以学习行为为指向的评价，具有过程性特征，是从学生学习轨迹和具体学习内容中，客观地记录、分析，进而更深入地了解每个学生，这是最真实、最个性化的，应用价值也最强。①

6.1.3 培养学生核心素养

核心素养亦称“21 世纪素养”，是适应信息时代和知识社会的需要，解决复杂问题和适应不可预测情境的高级能力与人性能力，其核心是创造性思维能力与复杂交往能力。智慧型课程注重培养学习者创造性思维及交流沟通能力，能在潜移默化中提升学习者的核心素养。

智慧型课程评价促进知识观的转变。首先，不再把知识当作“客观真理”或“固定事实”，使之成为探究的对象和使用的资源。智慧型课程注重知识的生成，鼓励学习者与助学者在教学过程中不断促进知识的更新换代。其次，将知识提升为观念。智慧型课程中知识的衰减和更新速度空前，但知识所体现的观念或思想却相对稳定，因此舍弃烦琐却无法穷尽的“知识点”，精选核心学科的“大观念”，并联系真实生活情境展开深度学习，是信息时代课程内容选择的最基本原则——“少而精”原则。再次，尊重学生的个人知识，即个体在与学科知识和生活世界互动时产生的思想或经验，这是发展学生素养的关键。学生的学科素养基于其学科思想，学生的跨学科素养基于其生活理解与体验。最后，转变知识学习方式，倡导深度学习与协作学习。“知识+实践=素养”。转变知识学习方式是素养发展的前提，让知识学习过程实现批判性思维与社会协作的连接。为此，智慧型课程倡导深度学习，让知识学习成为批判性思维和问题解决的过程；倡导协作学习，让知识学习成为交往与协作。

智慧型课程评价关注学习情境的创设。首先，素养的形成、发展与情境存在密不可分的关系。信息时代知识的情境性日益增强。核心素养的培养与发展，离不开情境学习。所谓情境学习，即通过学徒制与导师制，基于真实的、现实世界的任务而学习。②正是在真实的情境和真实的学习中，知识得以创造，素养获得发展。其次，素养超越情境。信息时代知识日益情境化，情境日趋复杂化，唯有将知识根植于情境才能找到知识学习的意义，促进素养发展。知识的迁移性孕育着素养的迁移性。这意味着促进素养发展的知识学习需要与多样化的情境相联系，使其迁移性获得最大化。再次，核心素养

① 尹后庆. 确立综合评价制度，关注学生全面发展[N]. 中国教育报，2016-10-12（005）.

② Dede C. Technological supports for acquiring 21st century skills[C]//E Baker, B McGaw, P Peterson. International Encyclopedia of Education (3rd Edition). Oxford, UK: Elsevier, 2010.

的形成与发展需关注虚拟环境及其对教育和人的发展的影响。21 世纪社会环境和学习情境的一大特点是虚拟环境和现实世界的互动与融合。借助信息技术不仅可以超越时间、空间、身份限制与人交往，还可以模拟和创造现实世界不可能存在的事物和现象，从而扩充和增强现实世界。智慧型课程可以借助虚拟现实技术和增强现实技术，助力学生核心素养的形成与发展。

智慧型课程评价促进学习者对基本技能的掌握。信息时代数字素养、批判性思维、创造性、交往、协作等“核心素养”日益成为“基本技能”。一些新兴的学科知识如信息科技也正在成为“基本知识”。美国 21 世纪技能联盟提出了“21 世纪学习框架”（Framework for 21st Century Learning），致力于为开创美好生活而学习的“新平衡学习”范式，该学习框架专门列出了“核心学科”。同时，经济合作与发展组织（简称经合组织，OECD）于 2015 年启动了“教育 2030：未来的教育与技能”项目，旨在开发一种新的学习框架，并关注阅读、数学、科学等学科素养。这里需要做出的改变“不是将常规认知技能（如基本算术运算）的学习从课程中剔除。恰恰相反，根本变化是不再把简单技能的熟练视为为工作和生活准备的终结目标，而是将这些常规技能用作掌握未来职场所珍视的复杂心智操作的基底”①。核心素养本质上是解决复杂问题的能力，这只能通过让学生置身真实问题情境，亲历复杂的问题解决过程而培养。

6.1.4 促进教师专业发展

当前，我国对教师专业发展内涵的界定，学界观点不一，具有代表性的观点有两个：一是教师在自己的专业领域开展的活动，主要根据自己专业智慧开展课堂教学、学校或是组织决策，以避免自己的专业品质受到非专业的外界干涉②；二是教师具有自我发展的意识与动力，能够自觉承担专业发展的责任，通过不断的学习和实践，把自己的教学能力推向更高层次的过程。③依据上述观点，有学者将高校教师专业发展定义为：高校教师根据自我价值追求和高校教学需要，积极主动地制定专业发展目标、研制专业发展规划、提升专业素养、开发自身潜能的创造性实践活动。④

智慧型课程对教师专业能力提出了更高要求，要求教师能依其专业能力执行专业任务或专业决定时，不受外力干预，能自由地处理有关事务，如在教学、教师组织决策等专业领域内，能依其专业能力，执行专业任务，提高专业水平。智慧型课程在赋予学生更多学习自主权的同时要求教师拥有更强的教学能力，如讲授自由权，教学地点、场所的选择权利；授课内容编辑权，依据学生特质、身心发展需要，增、删、减、补或自编教材；教科书选择权，教师依其专业与教科用书标准，选择适宜的教科书作为教学参考；教学设备选定权，配合教学方法、教学内容使用的各项设备与媒体；教学方法采用权，

① 张华. 论核心素养的内涵[J]. 全球教育展望，2016，45（4）：10-24.

② 钟启泉.“教师专业化”的误区及其批判[J]. 教育发展研究，2003，（Z1）：119-123.

③ 桂建生. 中小学教师专业发展的必然选择：自主发展和专业对话[J]. 当代教育论坛，2003，（12）：47-50.

④ 张典兵. 高校教师专业自主发展：结构与路径[J]. 现代教育科学，2012，（7）：62-64.

采用讲授法、讨论、调查、访问、角色扮演等多元教学方式等。①

6.2　评价类型

6.2.1　按评价对象分

智慧型课程评价包含了学生学习评价、教师教学评价和课程方案评价。②学生评价主要是对学生学习活动、学业成就的评价；教师评价是对教师教学活动的评价；课程方案评价是对课程结构、课程设置、课程组织安排等的评价，即课程评价不仅是狭义的学生学习的评价，或者对教师教学的评价，或者仅仅是对课程方案的评价，而是三者的整合。

1. 学生评价

传统的学生评价往往采用甄别的考试方法，把学生区分出优秀、良好或及格的等级差别，如果评价没有给学生定出等级来，则评价的工具存在问题。多元智能理论认为，学生的能力是多方面的，每个人都有自己的强项与弱项，学习评价主要是诊断出学生的强项与弱项，发挥强项的潜能，对弱项进行必要的训练。在学业成就评价中确立学生的主体地位最为重要的是学业成就的自我评价。同时，由于学业成就评价时评价客体指向了学生，因此评价方式、方法本身也反映了对学生主体地位的尊重与否。

（1）建立以学生自我评价为主的评价体系

学业评价，不是单方面的教师对学生的评价，同时要重视学生对自身学习过程的自我评价。只要他人评价存在，学生就不可能自由学习，从而使学习成为一种负担，而不是一种个体的需求。罗杰斯说，当学生以自我批判和自我评价为主要依据，把他人评价放在次要地位时，独立性、创造性和自主性就会发展；只有在外部压力降低时，学习才可能进入一种自由的状态。成功的教育要使学生有继续学习的愿望，因此保持学生继续学习的愿望对现代教育来说至关重要，学业评价不能扼杀学生的学习愿望。

（2）在评价方式上增加非规范性评价的比重

教育评价可以划分为规范性评价和非规范性评价两种形式。③规范性评价也称制度性评价，指教育评价主体依据一定的标准，按照较严格的程序，对教育评价客体是否符合此标准而做出价值判断的过程和结果。规范性评价具有评价标准的确定性、一致性、评价结果的权威性等特征。非规范性评价指非制度化的评价方式，档案袋评定、口头演说、展示、实验等多元化的学生评价方法都属于非规范性评价的范畴。由于规范性评价在甄别、选拔

① 蒋冬英. 高校教师专业自主发展的内涵、模式与推进策略[J]. 现代教育管理，2016，（10）：81-85.
② 钟启泉，崔允漷. 新课程的理念与创新——师范生读本[M]. 北京： 高等教育出版社，2003.
③ 林正范，贾群生. 学习与评价： 教育价值促进学习的合理性研究[M]. 杭州：浙江人民出版社，2004.

方面具有的权威性，在课程评价中学校、教师总是把它当作课程评价的主要方式，并由此容易忽视非规范性评价的作用。非规范性评价具有个体性、发展性、非结构性等特征，可以充分体现学生在课程评价中的自主性，因而在智慧型课程评价中应增加档案袋评定、口头演说、展示、实验等非规范性评价，这有助于学生主体地位的确立。

（3）在评价内容上尊重学生的思维自由和创新

在评价内容上，要注意评价的导向作用。在学生学习评价中，要重视理性评判态度的养成，要从养成学生的理性评判态度出发设计评价，而不能以过多的标准化式的考试奴役学生的智力。学生只有养成评判性的态度，才不会被书本知识或教师知识所奴役，学生的创造性思维才不会窒息。在日常教学过程中，特别是形成性评价中，要减少对标准化考试的依赖。在评价方式上尊重学生思维的自由与创新也是对学生主体地位的承认。[①]图 6-1 为中国大学 MOOC 平台上“教学设计原理与方法”课程的学生评价截图。

图 6-1 中国大学 MOOC 平台上“教学设计原理与方法”课程的学生评价

2. 教师评价

教师评价的概念界定虽然表述各异，但核心和目的在于教师把握“课程价值”，并不断改进课程设置和内容。教师需要明确课程评价的意义，领悟课程评价的理念，在对评价不断思考中拷问课程活动的合理性，促进课程理念的更新，建构适合自身的课程实践和专业发展的课程理论。智慧型课程的教师要以客观全面的评价视域看待课程问题，

① 陶月仙. 在课程评价中确立学生的主体性地位[J]. 中华护理教育，2007，（4）：181-182.

从而实现课程评价品质的形成、自我更新和发展。

现有研究大都认为教师的课程评价能力从属于教师课程能力，学界对教师课程能力维度的划分也意见不一。张立新、魏青云将教师课程能力划分为三个维度：教师的专业品格、知识准备和课程技能。[①]朱超华将教师课程能力划分为 6 个方面：课程决策能力、课程整合能力、课程实施能力、课程评价能力、课程开发能力与课程研究能力。[②]段作章进一步细化了教师课程能力，具体包括课程组织和实施能力、课程评价和选择能力、课程设计和开发能力、研究能力、合作和学习能力。[③]

从上述维度划分看，国内研究对教师课程能力维度的划分多是遵循课程实施的流程，在内容上虽有差异，但整体上呈现出总分总的样式。同时，这些研究都将教师的课程评价能力作为一个子维度，说明研究者已深切认识到教师课程评价能力的重要性和迫切性。教师的个人特质不同，所处的教学环境也不同，对课程的理解也有差异，因此提高教师课程能力的途径不是唯一的。具体来说，提高教师的课程评价能力可以采用多种策略和方法，如集中培训、互动反思、学徒制等。教师间可分享教学经验和课程评价技巧，充分利用群体合作的优势，以课程问题探究为载体，相互讨论，突破思维定式，共享教师群体的智慧，在思维的交流与碰撞中提升自己的课程评价能力。依托群体智慧和学校辅助，教师的专业理论知识可以得到提升。学徒制是指学习者可以通过观察比自己技术更熟练的同伴或在与同伴协同工作时学到新知识，如新教师对如何准确判断课程价值应该有意识地观察或请教优秀的、有经验的教师，或者是与其他新教师共同讨论。[④]

3. 课程方案评价

学校课程方案评价是在对方案中各级各类课程以及各种形态的课程在满足学生、教师、学校发展需求程度所做出的价值判断。评价的标准以客观事实为依据，建立在教育理论和实践的基础上，目的在于改进和完善。学校课程方案评价的重点在于发现方案中的问题，对方案进行及时调整，以完善课程方案，保障课程建设质量。

（1）学校课程方案评价指标体系的基本内容

依据学校课程建设的基本内容，学校课程方案评价的内容维度包括学校课程建设背景分析、课程目标、课程设置、课程实施与管理、课程评价等。

1）学校课程建设背景分析，指学校对办学传统、生源情况、办学条件与办学环境、办学优势与存在问题的分析，旨在说明如何基于现状对学校课程建设进行传承与发展。

2）课程目标，明确课程类型和具体学科科目在学校课程体系中的位置和比例。主要根据学校课程目标对各级各类课程的开设制订框架，以指导具体的课程设置与课时安排。

---

① 张立新，魏青云. 发展教师课程能力[J]. 上海教育，2004，（11）：50-51.

② 朱超华. 新课程视角下教师课程能力的缺失与重建[J]. 课程・教材・教法，2004，（6）：13-16.

③ 段作章. 基础教育课程改革透视与展望[M]. 安徽：合肥教育出版社，2004.

④ 方明. 缄默知识论[M]. 合肥：安徽教育出版社，2004.

3）课程设置，指各类课程的比例与学时安排、开设形式与内容选择，对课程的开设安排做出规定等。课程设置与学时安排要依据国家及区域课程设置的要求，开齐课程门类，保证各类课程的学时。

4）课程实施与管理，是学校对各类课程实施的基本方式、课程管理的基本策略、课程资源及学校保障机制的具体安排。

5）课程评价，指学校对各类课程评价要求、评价标准、评价内容、评价方式、评价主体、反馈策略等方面的具体设计。

学校课程方案评价的功能在于，诊断和发现课程规划中存在的问题，提供改进的建议。因此，采用等级性评价的方式更合适，可将学校的课程方案水平最终分为A、B、C、D四个等级。

（2）学校课程方案评价指标体系的构建

学校课程方案评价指标的构建如表6-1所示。在使用过程中，要注意以下三点：一是灵活实用，根据区域和学校特点，灵活调整评价内容和权重。二是评分规则的确定。A类：85—100分，表示这一学校课程方案质量非常好，无须修改或对个别小问题进行修改，学校使用这一课程方案会获得很好或较好的效果；B类：70—84分，表示这一学校课程方案质量一般，有较多内容需要进行修改，修改之后可以使用；C类：60—69分，表示这一学校课程方案质量比较差，需要全面修改，修改之后再次测评；D类：60分以下，表示这一学校课程方案质量非常差，不符合学校课程方案编制的基本要求，无法使用。三是与其他方式相结合，在使用过程中尽量与观察法、访谈法、座谈法等结合，保证评价的客观性。

表6-1　学校课程方案评价指标体系

内容维度（一级指标）	主要观测点（二级指标）
学校背景分析（5分）	前面阐述学校的办学理念、办学条件和办学优势及存在问题（2份）
	具有高站位的办学理念和清晰的育人目标（3分）
课程目标（15分）	明确具体、能够体现学校办学理念和培养目标（5分）
	注重学生核心价值观的养成（3分）
	强调学生的综合素质（尤其关注学生学习体验、动手实践及创新意识的培养，尊重学生的个性化发展）（4分）
	突出以课程为核心的“五个统筹”，突出学科育人功能，实现全科育人、全程育人、全员育人和实践育人（3分）
课程结构（20分）	课程结构与课程目标、育人目标一致（6分）
	具有科学性、时代性、体现课程育人、结构系统、完整（5分）
	系统安排综合实践活动课程，开设围绕主题的跨学科综合实践活动，体现学科间融合（5分）
	体现课程的连贯性、关注学科衔接，体现义务教育培养目标的一致性（4分）
课程设置（25分）	体现学校的自主创新与特色（5分）
	各级各类课程之间的比例关系合理、衔接恰当（5分）

续表

内容维度（一级指标）	主要观测点（二级指标）
课程设置（25 分）	灵活、开放、选择空间大，满足不同层次、不同类别学生的发展需求，能够给予学生更多自主探究的时空（5 分）
	综合实践活动课程的综合性、实践性、研究性特点突出，能够与实际生活紧密联系（5 分）
	课程设置说明具体详细（5 分）
学时安排（15 分）	学时总量，周学时要求等（6 分）
	学时安排应突出总量控制、自主创新、便于课程内容落实和适宜学生学习的特点（4 分）
	有效落实综合实践活动课程（5 分）
课程实施与管理（10 分）	有研究团队、有完善的课程保障和培训制度，有关于课程开发的奖励与激励机制（4 分）
	可操作性强，因地制宜、灵活多样，充分开发，利用各类社会资源，课程实施效果好（3 分）
	内容较好地体现开放性和综合性，作业形式能够较好地体现灵活性和选择性（3 分）
课程评价（10 分）	有系统的课程评价体系（包括教师、学生）（6 分）
	体现过程性评价和发展性评价（4 分）

6.2.2　按评价方法分

按评价方法分，智慧型课程评价主要涉及量化评价及质性评价两部分。量化评价范式是建立在科学主义思潮上的评价原则，质性评价范式是建立在人文主义思潮上的评价信念，两者在时代的更迭中发生转换。

1. 量化评价

量化评价力图把复杂的教育现象和课程现象简化为数量，进而从数量的分析与比较推断某一评价对象的成效。[①]这是科学实证主义的认识论，通过定量的研究以及数字的形式表述结论。量化研究范式产生于 19 世纪 20 年代，它的发展经历了测验和测量时期、描述时期和判断时期三个阶段。

测验和测量时期是伴随新的统计工具和量表的诞生应时而生的，它不仅吸取了自然科学的统计和测量技术，还容纳了商业“科学管理运动”的精神，学校的教育评价是通过统一的量化标准核查教育产品的过程。描述时期始于 20 世纪 20 年代，其标志之一是泰勒提出的目标评价模式。泰勒指出，作为系统过程而非单纯测验的课程评价，是将课程计划或教学结果和既定课程目标相对照的过程。布鲁姆继而将教学目标分解为包含知识、技能和情感三个领域的目标体系，将课程评价过程理解为，用可测的行为目标表述课程目标、采用评价技术、编制测验问题和检验课程效果的过程。第三个阶段判断时期，是对课程目标进行价值分析和组合，对评价的方案进行分析和完善。

代表性的课程评价模式有形成性评价、目标游离评价及 CIPP 评价。形成性评价针对线性逻辑判断的总结性评价，提出自己的理论模型，将评价纳入完善目标的课程发展

① 李雁冰. “研究性学习”可资借鉴的两种评价方式[J]. 教育发展研究，2000，（11）：39-42.

过程中。目标游离评价旨在捕捉教育过程中预定目标之外所形成的潜在的教育效果，将目标达成评价与总结性评价统一于形成性评价之中。CIPP评价是对评价背景进行方案分析的过程，它包括背景评价（context）、输入评价（input）、过程评价（process）、产出评价（product）四个部分。

2. 质性评价

质性评价是针对科学实证性质的量化评价范式而产生的逆向思维运作的评价范式，主张自然调查，全面充分地揭示和描述评价对象的性质。质化研究力图追求解释、理解以及对情境的推断推知，质性分析不同于量化研究。质性研究范式和量化研究范式位于一条线段的两端，通过不同的研究方式加深我们对世界的理解。①

（1）质性评价重视价值的多元化

对于量化评价的单一价值取向，社会改造主义和人文学者认为，应对课程参与者的不同价值保持敏感，将判断的视角从评价者转向参与者。基于此，多元主义者将视野置于课程活动本身而不是课程目标，通过收集描述的和自然状态下的数据，而不是在枯燥数字和实验基础上进行课程评价。

（2）质性评价重视对真实情境的理解

量化评价过分依赖科学范式下的数据测量，忽视质的探究，不利于评价理论和方法的发展，缺乏真实情境下对意志、情感以及心理等个人微观因素的解释和理解。同时，质性评价以自我的经验整合课程参与者的经验世界，去理解评价过程和结果，形成认识论上的同感建构。质性评价范式最有代表性的评价方法是"档案袋式评价"和"苏格拉底式研讨评定法"。档案袋式评价是汇集学生作品的样本，展示学生在反思历史档案式作品集的基础上，做自我成就向度的比较和评判，培养推动学生不断进步的自我效能感。学生的自主性展现在对最满意作品的自由选择，以及积极的自我评价。档案袋式评价同样重视教师的辅助与指导作用，教师评价不以分数的形式呈现，只提供模糊的等级评估。因此，档案袋式评价集中体现了价值多元以及尊重差异的质性评价原则，在质性评价范式中具有典型意义。

"苏格拉底式研讨评定法"是集中体现课程、教学与评定整合的又一种典型的质性评价方法。这种方法即"精神助产术"，这是由问题而生，从生活的日常问题入手，环环相扣，通过教育者的启发引导，将对话引入主题，做到先破后立，最后引导学生对所讨论的问题得出正确的结论。该方法主旨是把学生在"班级参与"和"课堂讨论"中的表现作为表现评定的部分，通过促进互动，培养学生批判性思维和公众演说技能等方面的能力。其步骤为明确教育结果，选定研讨采用的文本，由教师提出起始问题，选择记录研讨过程的方式或设计简明的记录表，最后以多种方式完成评价②，如观看录像、举

① Hopefl M C. Choosing qualitative research: a primer for technology education researcher[J]. Journal of Technology Education, 1999, (9): 47-63.

② 李雁冰. 课程评价论[M]. 上海：上海教育出版社，2002.

办成果展示等。同时，苏格拉底式研讨评定法也可以作为教师自我评价的有力工具，教师通过设计问题、观察学生的研讨和反应，不断反思自己的教学路径，规范矫正教学行为。苏格拉底式研讨评定法为学生的学和教师的教搭建了和谐交流的平台，极大地丰富了质性评价范式的内容。[①]

6.2.3 按评价目标分

按评价目标分，智慧型课程评价可分为诊断性评价、形成性评价及总结性评价三类。

1. 诊断性评价

Linn 和 Gronlund 指出，诊断性评价是确定顽固性学习问题的原因，从而计划弥补行动。[②]诊断性评价可用于课程教学的不同阶段，依据教学大纲或课程教学目标命题，因而是具有标准参照性质的。在教学过程中使用的诊断性评价要确定课程具体教学目标是否达到，教师根据课程特定教学目标检测学生掌握情况，从而更有效地制订下一步教学方案。[③]检测内容即教学内容，形式与两周一次的小测验相仿，一般是教师自行设计题目。由于要考查学生是否真正掌握了所学内容，设计试题时常常需要考虑在知识点上，特别是在必须掌握的内容上多设考题。在考试中学生答对某一题目往往带有猜测的成分，所以同一考点，特别是重要的知识点需要多设几道考题。[④]学期末的考试是学业成绩考试，主要特点是覆盖面宽、涉及实际教学内容，但如果学生要继续学习，则教师可以分析他们的考试结果，获得有益于接下来的学期课程内容设计的诊断性信息。[⑤]

诊断性评价，也称教学前评价或前置评价，是美国心理学家布鲁姆“教学评价”理论新教法中的一个重要环节，是教师通过一定方式在教育活动开始前或进行中，发现学生的知识、技能及情感等存在的问题，分析这些问题产生的原因，以判断学生是否具备实现当前教学目标要求的基本条件，为实施因材施教提供依据。布鲁姆认为，评价作为一种反馈-矫正系统，用于教学过程中的每一步骤上判断该过程是否有效；如果无效必须及时采取变革，以确保过程的有效性。[⑥]

2. 形成性评价

形成性评价是美国课程评价专家斯克瑞文于 1967 年首先提出，随后一直在西方发达国家的教育评价中被广泛推行。形成性评价是通过诊断教育方案或计划、教育过程或

---

① 史宁. 量化与质性课程评价范式的分析及其启示[J]. 沈阳师范大学学报（社会科学版），2006，（1）：55-58.

② Linn R, Gronlund N. Measurement and Assessment in Teaching (7th ed.) [M]. Englewood Cliffs, N. J: Merrill, 1995.

③ Brown J D. Testing in Language Programs: A Comprehensive Guide to English language Assessment[M]. Beijing: Higher Education Press, 2006.

④ Hughes A. Testing for Language Teachers[M]. Cambridge: Cambridge University Press,1989.

⑤ 武尊民，杨亚军，任真. 学生学业成绩分析、反馈与指导系统：基于课程标准的中学生英语学习诊断性评价[J]. 外语教学理论与实践，2011，（4）：15-22.

⑥ 布鲁姆. 教育评论[M]. 邱渊，译. 上海：华东师范大学出版社，1987.

活动中存在的问题，为正在进行的教育活动提供反馈信息，以提高正在进行的教育活动质量的评价。从实施过程看，形成性评价与中医的“望闻问切”诊断方法有异曲同工之妙，通过“评价诊断—反馈信息—修正问题—提高质量”等阶段，以及对教学各环节的实时监控，形成对教育者和受教者即时性的影响效应，切实达到提高教学质量和人才培养质量这一根本宗旨。作为教学环节主体的师生，可以通过形成性评价的诊断，及时反思，不断完善，保证教学过程的完整性，提高质量，确保实效性。与此同时，形成性评价在机制上“诊断、反馈、修正”三位一体，确保达到“评价不是为了证明，而是为了改进”的目的。

美国教育学家布鲁姆的形成性评价教学实践和研究表明，形成性评价能改进教师的教学方法、提高课堂教学效果，挖掘学生的学习潜力、促进学生的智能发展、提高学习效果，其主要功能表现在：第一，有效调整教学活动。教师在课前明确规定每个学习阶段的学习目标及评价项目，以单元学习开展教学，并根据评价结果及时调整教学目标和教学活动。第二，及时强化学习效果。学生在每个学习阶段明确自己的目标是否达到，通过教师的评价、反馈明白学习过程中存在的问题，自主调整学习目标，继而调动学习积极性，增强自信心，起到强化学习效果的作用。第三，高效解决问题症结。根据对存在问题的分析，教师及时调整教学目标，改进教学方法，同时给学生提供辅导和帮助，使他们自觉地调整学习计划，改进学习方法，完成学习任务，提高学业成绩，最终获得教与学的协同发展。①

3. 总结性评价

总结性评价又称终结性评价，一般是在教学活动告一段落后，为了解教学活动的最终效果而进行的评价。学期末或学年末进行的各科考试、考核都属于这种评价，其目的是检验学生的学业是否最终达到了各科教学目标的要求。总结性评价重视的是结果，借以对被评价者做出全面鉴定，区分出等级，并对整个教学活动的效果做出评定。终结性评价作为评价改革体系的有机组成之一，不仅是一种评价的方法，也是对课改实验进行验收总结的重要途径。智慧型课程注重过程性评价，同时重视并加强对终结性评价的研究。

6.3 评价原则

6.3.1 科学性与客观性

科学性原则是运用适当的评价方式，遵循课程的教育规律和适应智慧型课程的在线开课形式，将理论与实际相结合，保证评价设计的合理性，这是设计任何评价体系都必须遵循的基本原则。客观性原则是要求评判者在评价指标的过程中，以客观事实为依据做出客观的评价，得到科学客观的评价结果。

---

① 林静. 形成性评价在高校课程评价中的应用[J]. 现代教育管理，2011，（9）：66-68.

6.3.2 一致性与发展性

智慧型课程评价设计应与提升智慧型课程质量带来良好用户体验的总目标相一致。智慧型课程评价设计目标应满足用户的实际需求，不然可能造成评价导向错误，造成评价结果出现偏差。智慧型课程设计与构建智慧型课程评价指标体系要遵循发展性原则，设计评价指标体系要看评价对象的未来发展前景，评价指标体系要走在前沿，在动态中发展。①

6.3.3 可操作性与可比性

可操作性原则要求课程评价设计要考虑现实存在的条件，如人员、设备、资金等，并在实施过程中对指标体系的可行性反复斟酌考量，尽可能使智慧型课程评价指标体系使用简便，得到的实验数据最好能便于统计分析。智慧型课程评价指标体系的每个指标应该是明确的、无歧义、通俗易懂。此外，评价指标要易于实际测量、用词清晰准确，尽可能得到真实可靠的数据。可比性原则是指能够反映评价对象的共同属性，是能够进行比较的一个前提条件。

6.3.4 全面性与重点性

全面性原则要求进行智慧型课程评价设计时要满足指标的完整性，即从用户的角度全面系统地反映智慧型课程的各项因素。从整体角度出发，保证设计的评价指标体系全面、系统，反映评价对象的实质，从而使评价结果也更准确。但如果考虑评价指标体系的所有因素，则会加大评价指标数据收集的工作量，评价工作也会变得复杂。因此，智慧型课程评价应根据用户的需求充分考虑评价指标，并舍弃一些可以忽略的指标。

6.3.5 独立性与相关性

评价指标体系是根据评价对象特征结合成紧密关联的指标，这些评价指标是相互独立的，即各项指标之间不存在包含与被包含的关系，也没有因果关系和交叉关系。如果两个指标相互重叠，不仅增加了评价指标体系的工作量，而且使得评价指标体系的可行性降低。

6.4 评 价 体 系

目前，我国开放课程的评价主要关注课程开发评价指标，集中在对课程开发质量的评价。在传统网络课程评价中，评价是利用客观题和主观题的测评来测量学生对知识的掌握程度，评价变成学习的目的。MOOC 课程评价不仅测量学生对知识的掌握程度，还

① 唐环环. 基于用户体验的大规模开放在线课程评价研究[D]. 宁波大学硕士学位论文，2017.

利用智能化评价手段对学习过程给予及时反馈，利用可视化统计表单呈现给学生真实的学习数据，督促学生及时调整学习现状，评价变成促进学生学习、提高学习效果的手段。例如，Coursera 独创的同伴互评的网络课程评价机制的突破性创新，使得学生从被动的被评价者变成了积极的评价者，在减轻教师负担的同时，提高了学生的学习积极性和参与度。

6.4.1 MOOC 课程构成要素

目前，MOOC 课程基本构成要素主要包括课程介绍、课程公告、考核方式、课程内容、测试作业、考试、交流讨论等模块。其中，课程介绍包括课程名称、课程简介、教师介绍、授课大纲、预备知识、常见问题、证书和学分说明、课程开始与结束时间；课程公告主要是教师发布课程最新动态、每周内容消息等；考核方式是介绍课程最终得分的组成以及比例，包括测试作业、期中期末测试；课程内容包括文字材料、视频材料和阅读材料；测验作业包括相关要求和题目，是对单元学习结果的测量；考试包括要求和题目，是对学习结果的测量；交流讨论包括论坛说明、论坛模块、论坛主题等，提供交流互动、合作学习的接口。表 6-2 显示了 MOOC 课程平台的构成要素。

表 6-2 MOOC 课程平台构成要素

构成要素	Coursera	edX	学堂在线	中国大学 MOOC
课程公告	√	√	√	√
课程信息	√	√	√	√
考核方式	√	√	√	√
课程内容	√	√	√	√
阅读材料	√			√
练习作业	√	√	√	√
课程论坛	√	√	√	√
维基 Wiki		√	√	
课程进度	√	√	√	√
问卷调查	√			
课程版权	√			

6.4.2 MOOC 课程评价标准

目前，MOOC 课程综合评价标准主要从教学性、技术性、应用情况等方面展开，评价方法围绕主观评价和客观评价两方面进行（表 6-3）。

表 6-3 MOOC 课程综合评价标准

指标	评价内容		评价方法
教学性	教学内容	课程定位准确、教学对象明确、教学内容准确、教学大纲完整、教学要求清楚、选用教材质量好、反映前沿知识和教学改革成果、符合课程标准	主观评价
	教学设计	教学理念先进、教学策略运用得当、教学方法合理、创意新颖、启发性强、课程内容结构合理、知识点划分准确、关联体系清晰	
	教师授课	思路清晰、表达流畅、语速适中、重点突出、讲解透彻、启发性强、教学媒体选用适当，现代教学手段应用熟练	
	教学资源	资源丰富、重点突出	
技术性	设计规范	符合在线开放课程相关技术规范、兼容性强	
	媒体展现	媒体表现准确、运行流畅、界面美观协调、图文适合阅读、声音清晰、动画模拟仿真逼真	
	课程制作	视频质量高、内容组接合理流畅、文字醒目、声音清晰、动画、模拟仿真逼真	
	平台衔接	与教学平台衔接、导航结构清晰准确、完整、界面友好、使用方便	
应用情况	注册情况	根据注册人数、点赞次数等数据统计分析	客观评价
	完成情况	根据完成课程学习情况的人数统计分析	
	交流交互	根据交流、研讨、答疑等方面进行统计分析	
	作业测试	根据随堂测试、作业布置、教师批改情况进行统计分析	
	活跃指数	根据课程点击数量进行统计分析	
	题库建设	根据题库试题数量、题型分布及难易度等数据进行统计分析	

国外在线课程评价标准，主要涉及技术环境、课程内容、媒体、课程设计、理论、交互、作业任务、评价、可获得性、支持信息；课程组织、课程介绍和大纲、学习目标、评价和活动、资源和材料、交互和学生参与、可访问性、课程技术、学习支持；教学设计、沟通互动协作、学生评价和评估、学习支持和资源、内容设计、课程评价；课程组织或设计、教学设计或交互、学习评价、技术支持、学习支持和资源等。

6.4.3 智慧型课程评价设计框架

1. 相关研究

通过对在线开放课程的抽样统计以及对高校学生的问卷调查获知，目前多数在线开放课程的学生评价以总结性评价为主，忽略了过程性评价，忽略了学生在学习过程中的具体表现；在评价主体方面，缺乏学生之间的评价，这使得评价结果并不全面。同时，多数课程缺乏对学生学习动态的记录与跟踪，造成了动态评价体系的缺失，不利于个体发展；多数开放课程缺乏有效的反馈和建议，评价方式单一，缺乏对课程本身的有效评价和反思；多数课程在申报时采用了校内外专家、教师、学生等对该课程的评语和评价，但在使用过程中却仅提供了对课程内容和教学效果的简单调查问卷；多数课程没有收集学生的反馈意见，没有了解课程的教学效果和不足，没有对存在问题进行及时整改。因此，智慧型课程评价需要借鉴传统课程评价、网络课程评价及在线课程评价的研究成果。

我们可以借鉴国内外的一些课程评价模型，如美国在线课程质量量规（quality matters rubric，QM）是认可度较高、应用范围很广的课程评价量规，它从 8 个方面对课程进行了评价，分别是课程概述与介绍、教学目标、教学评价、教学材料、学习者交互与参与、技术应用、学习者支持和易用性。加利福尼亚州立大学北岭分校构建了在线教与学评价框架（quality online learning and teaching framework，QOLT），包括 10 个维度、58 个指标。其中 10 个维度为课程概览与介绍、学生学习评价、教学材料与资源、学生交互和社区、课程辅导与教学、教学与学习技术、学习支持与资源、易用性与综合设计、课程总结和移动学习支持。在线课程质量量规和在线教与学评价框架在维度结构上具有较高相似性，然而其指标表述差异较大。前者是从课程设计的角度出发，分析如何对学习过程进行支持；后者重视课程设计和课程实施，从教师的教和学生的学两方面增加了评价要求。

近年来，MOOC 评价成为全球范围的研究热点。比较有典型意义的研究包括 Chapman 等和 Lin 等的研究。Chapman 等提出 MOOC 评价指标是一套较为完备的评价标准，包括学习者覆盖、学习参与、成就认证和课程质量。其中，学习者覆盖包括学习者的地理分布、年龄性别、社会经济状况；学习参与包括内容访问、学习路径、退出率、资源使用和在线协作；成就认证包括获得认证的学生比例和测验成绩；课程质量包括界面设计、教学资源、学术支持、技术支持和评价与学习目标的相关度。[①]在这些维度中，学习者覆盖、学习参与、成就认证三个维度都通过 MOOC 平台记录的数据进行评价，仅有学习参与的在线协作以调查问卷评价。而课程质量维度则全部通过问卷进行评价。

Lin 等通过方法目的链模型（means-end chains model）研究了 MOOC 的属性（attributes）、影响（consequences）和价值（values）链条，分析了 MOOC 的 14 个属性、12 个结果和 9 种价值之间的关系，最终发现课程的资源丰富性、实时讨论、视频指导和学习认证四个属性，可以产生促进学生知识理解，增进学习交互，简化时间管理，提高竞争力，获得生活乐趣、自我实现、成就感等价值。[②]这一研究虽然未直接提出课程评价标准，但发现了课程质量的重要影响因素，为课程评价提供了依据。

学习分析领域对在线教学评价的数据指标展开了较多研究。其中最具代表性的研究是 Dyckhoff 等对 20 余项学习分析的研究，总结了教学过程涉及的 198 个指标。其中，课程相关指标主要包括课程总访问量、资源访问量、未被访问的资源量、学生学习路径、课程社会网络中心度、学生对主题的理解、学生测验成绩平均分、学生错题聚类结果等。在 Dyckhoff 等设计开发的课程学习分析工具 e LAT 中，将课程评价分为四个

---

① Chapman S A, Goodman S, Jawitz J, et al. A Strategy for monitoring and evaluating massive open online courses [J]. Evaluation and Program Planning, 2015, (57): 55-63.

② Lin Y L, Lin H W, Hung T T. Value hierarchy for massive open online courses [J]. Computers in Human Behavior, 2015, (53): 408-418.

维度，分别为资源文档应用、测试评价表现、用户活动和交流互动。①

近年来，快速发展的 Canvas 学习管理系统，提供了课程评价功能（course analytics）。其评价包括了学习活动、学习任务、学习成绩三个方面。学习活动包括页面浏览和学习者参与，学习任务评价包括任务提交情况；学习成绩评价为课程整体成绩分布。在此基础上，Canvas 提供了针对每个学生的三个维度分析，Canvas 评价主要着眼于学习过程和学习结果，基本没有涉及课程内容。

在课程评价研究的发展过程中，可以发现课程评价在对象和手段上的变化。以在线课程质量量规为代表的评价着眼点是课程内容，在学习过程方面着重评价了如何通过课程内容对学习过程进行支持。MOOC 课程评价和基于学习分析的课程评价新增了大量与学习过程相关的内容，重视对课程实施过程的分析评价。从评价手段上，在线课程质量量规仍采取专家打分方式，MOOC 课程评价中行为数据占据了很大比重，学习分析课程评价基本都通过学习数据对课程进行评价。在课程评价的发展变化中，我们能够发现评价重点正由课程内容向学习过程转移，而以学习分析为代表的分析技术为这一转变提供了技术支持。

2. 设计理念

智慧型课程的评价是全面、立体、发展、增量的评价，注重学生创新、发展和进步；是“互联网+”创造的评价形式，重在促进学生全面、特色、个性、创新发展。智慧型课程评价包含学生学习评价、教师教学评价、课程方案评价。学习评价是对学生学习活动、学业成就的评价；教学评价指对教师教学活动的评价；课程方案评价是对课程结构、课程设置、课程组织安排等的评价。

智慧型课程评价从注重学科知识成绩转向全面发展的评价，着眼于人的全面发展，是过程与结果相结合的评价，强调“关注成长过程”，强调“对学生全面发展的观察、记录和分析”，关注人的个性和差异。这与偏重结果、偏重定量的评价方法不同，增加了评价的过程性，纳入了质性的评价手段和方法，评价显得更为丰富、真实和有价值。以学习特质为指向的评价，通过建立评价框架，提供支持工具，开发各种技术满足学生的学习需求。以学习行为为指向的评价，从学生学习的轨迹中，客观地记录、分析，进而更深入地了解学生。

3. 设计框架搭建

在综合分析各类在线课程评价研究论的基础上，研究构建了智慧型课程评价框架，包括媒体技术、学习资源、学习活动、学习支持和联通度五个方面。在框架初步构建完成后，笔者邀请了在线教育领域、学习分析领域和教学评价领域的 7 位专家进行了半结构化访谈，在此基础上构建了智慧型课程评价的概念框架，内容描述如图 6-2 所示。

① Dyckhoff A L, Zielke D, Bültmann M, et al. Design and implementation of a learning analytics toolkit for teachers[J]. Educational Technology & Society, 2012, (15): 58-76.

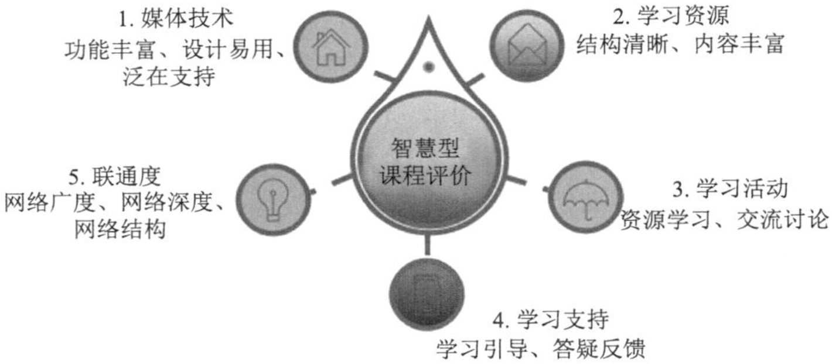

图 6-2 智慧型课程评价的概念框架

媒体技术包括远程学习中传递学习资源、支持教学交互活动、实施教学的技术与工具应用情况。技术应用代表课程开展所需的技术支持，包括是否采取了丰富多样的技术手段对教学进行支持；所采用的技术是否具有较高的可用性，操作便捷易用；在移动学习快速发展的背景下是否能广泛支持各种操作系统和设备开展泛在学习应用。

学习资源是为课程学习服务的各种形式的学习内容和材料。学习资源是对在线学习过程的支持。首先，体现在内容的丰富性；其次，课程需要提供丰富多样的教学资源，重复体现课程教学内容，促进学习者的学习；再次，学习资源需要具有清晰的结构，指示学习者的学习路径，并说明提供资源的目的以及资源使用方法；最后，学习资源要能够有效支持学习者与内容的交互，支持学习目标的达成。

学习活动从学生学习的角度表征了远程课程学习开展的动态进程和效果。其评价可以从资源学习、社会交互和学习效果三个方面进行。资源学习表征了学习者与内容资源交互的真实状况；社会交互代表了学习者基于论坛等各种交流工具，在学习过程中进行交流互动的情况；学习效果包含学习者任务完成情况和学习评价情况。

学习支持从教师支持学生学习过程的角度对课程进行了评价，主要分为教学引导、答疑反馈和非学术支持三个方面。教学引导主要包括教师对课程学习过程进行说明和引导，帮助学生顺利开展学习。答疑反馈包括教师对学生提出的问题进行及时解答，对学生提交的作业进行批改。非学术支持包括教师对课程学习提供的技术类和管理类支持服务。

联通度体现了课程学习形成的联通水平，主要对在线学习行为中寻径的过程和结果进行评价。联通度主要通过课程学习形成的网络广度、网络深度和网络结构来进行评价。网络广度代表课程学习者在学习中形成的联通网络的广泛程度；网络深度代表课程学习者在学习中形成的联通水平的深入程度；网络结构代表课程学习者形成的联通网络的中心性、互惠性等结构特征。

课程评价框架对课程建设和实施过程进行了综合评价。在课程建设方面主要通过媒体技术、学习资源进行评价；在教学状况方面主要通过学习活动、学习支持和联通度进行评价。框架的各个维度分别针对课程建设与实施的某一方面进行评价，具有一定概括度和抽象层次。各个维度包含不同的评价指标，指标是对维度评价内容的具体分解。

6.4.4　智慧型课程评价数据模型

智慧型课程评价参考框架从概念上提供了通过学习分析开展课程评价的理论基础，笔者进一步依据概念模型对数据模型的数据指标和计算方法进行了研究。与理论模型自上而下的构建方式不同，数据模型的构建从底层数据开始，依据概念模型找到各个指标对应的潜在变量，再通过对潜在变量的筛选获得特征变量，进而构建更高层次的指标和维度算法，最终得到完整的课程综合评价模型，即 C-SERI 模型（course systematically evaluation reference indicator）。因此，智慧型课程评价数据模型的构建在数据来源、采集技术和分析方式上具有一定的独特性。

1. 多来源数据汇聚

与师生评价相比，课程评价具有很强的综合性。课程评价需要从多个角度获取数据进行分析，既包含师生的教与学数据，又包含课程采用的技术工具和教学资源数据。为了完成模型构建，本书使用的数据包括学习环境数据、学习行为数据、学习评价数据和内容语义数据等。其中学习环境数据包括平台功能模块、课程资源结构、跨平台支持情况等。学习行为数据包括课程登录数据、资源访问数据、论坛交互数据等。学习评价数据包括作业成绩、测验成绩和考试成绩等。内容语义数据包括学习内容、讨论内容和答疑内容等（图 6-3）。

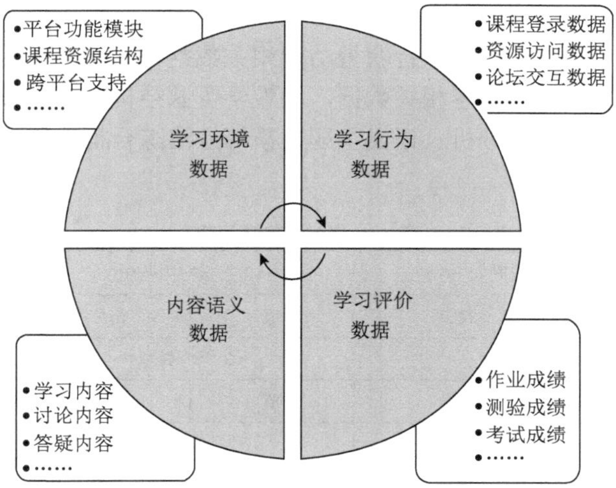

图 6-3　智慧型课程指标数据来源

2. 多途径数据采集

除了能够从各个数据库中直接获得的数据外，还需要通过其他技术手段获取数据。埋点和爬虫是两种重要的数据获取方式。埋点技术是随着网络分析挖掘应用不断发展而来的数据采集技术，分为代码埋点、可视化埋点和无埋点等方式，其基本原理是通过在网站放置相应代码或网站调用相关服务的方式，记录用户访问网站时的各类操作行为。①通过埋点技术可以完整地记录用户的在线行为过程。对于智慧型课程评价而言，所需的数据中有相当一部分无法通过网络学习管理系统的数据库获得。缺失的数据会给课程评价带来很大影响，而埋点技术可以很好地弥补这一不足。

爬虫技术是另一种数据采集的关键技术。网络爬虫是一种自动获取网页并提取相关内容的技术。爬虫技术的快速发展与搜索引擎关系密切。爬虫的原理是通过种子网页不断发现相关链接，通过队列对链接进行存储，直到满足爬行终止条件时（如队列为空、达到指定数量等）停止爬行。近年来主题爬虫成为爬虫技术的最新发展方向。主题爬虫是按照预先定义的主题，在给定初始 URL 种子集后，根据一定的分析算法，对爬行网页进行主题相关分析。主题爬虫不收集所有的网页，只爬取那些与主题相关的页面。②

埋点技术和爬虫技术为数据采集提供了重要补充，补足了教学与管理系统的不足。现有学习管理系统在设计之初并未考虑数据分析需求，因此大量重要数据没有被记录到数据库中。由于种种条件的制约，数据收集的完善很难通过学习平台的开发来解决。埋点技术、爬虫技术能够以较低成本实现广泛的数据采集，为后续分析建模奠定基础。

3. 多方法特征构建

课程模型与教师、学生模型相比，增加了对课程媒体与资源的分析。媒体技术和学习资源方面的分析具有独特特征，包含功能、内容和效果等不同层面。这决定了分析不能仅仅通过行为数据实现，而要在拓展数据来源的基础上综合应用多种分析方法。数据来源方面，一方面通过学习管理平台获得功能相关数据，如课程应用的功能；一方面基于爬虫技术和埋点技术获得内容相关数据，如教学资源结构。在分析方法方面，多个维度的特征变量需要通过时序分析、语义主题建模等方法综合构建特征变量。构建的部分特征变量见表 6-4。

表 6-4 特征变量示例

<table>
<tr><td rowspan="2">媒体变量</td><td colspan="2">v1 任务完成时间</td><td colspan="2">v2 工具应用数量</td><td colspan="2">v3……</td></tr>
<tr><td>值</td><td>得分</td><td>值</td><td>得分</td><td>值</td><td>得分</td></tr>
<tr><td rowspan="2">学习资源</td><td colspan="2">v1 资源数量</td><td colspan="2">v2 媒体类型</td><td colspan="2">v3……</td></tr>
<tr><td>值</td><td>得分</td><td>值</td><td>得分</td><td>值</td><td>得分</td></tr>
<tr><td rowspan="2">学习活动</td><td colspan="2">v1 资源访问量</td><td colspan="2">v2 发帖被回复率</td><td colspan="2">v3……</td></tr>
<tr><td>值</td><td>得分</td><td>值</td><td>得分</td><td>值</td><td>得分</td></tr>
<tr><td rowspan="2">学习支持</td><td colspan="2">v1 教师答疑率</td><td colspan="2">v2 作业批改时间间隔</td><td colspan="2">v3……</td></tr>
<tr><td>值</td><td>得分</td><td>值</td><td>得分</td><td>值</td><td>得分</td></tr>
<tr><td rowspan="2">联通水平</td><td colspan="2">v1 社会网络密度</td><td colspan="2">v2 社会网络互惠度</td><td colspan="2">v3……</td></tr>
<tr><td>值</td><td>得分</td><td>值</td><td>得分</td><td>值</td><td>得分</td></tr>
</table>

① 曹犟. 数据采集与埋点[2017-08-03]. https://sensorsdata.cn/blog/shu-ju-jie-ru-yu-mai-dian/ [2018-10-07].

② 于娟，刘强. 主题网络爬虫研究综述[J]. 计算机工程与科学，2015，（2）：231-237.

6.5 评 价 案 例

6.5.1 MOOC 课程

Open2Study 是由澳大利亚开放大学（Open Universities Australia）于 2013 年 4 月开始运行的在线教育平台，为学习者提供免费的、高质量的、具有高度需求的课程，课程类目包括管理、广告、教育和护理等领域（图 6-4）。目前发布的课程是由澳大利亚有影响力的教育机构和企业提供，授课教师主要是学者和热爱教学的专业人士。每门课程持续 4 个星期，分成 4 个模块，每个模块涵盖了多个主题，每个主题由一个简短的视频（通常是 5—10 分钟）和测试构成，一旦观看完视频，即可通过测试检验学习者对主题的理解程度。当一个模块学习结束后，会有一个总结性的评估。学习者完成每门课程的 3 个模块以上，就可以获得一个成就证书（a Certificate of Achievement）。Open2Study 除了通过证书进行学习激励外，还为学习者观看视频、测验、发帖、提建议等行为发放相应的徽章，以游戏化的手段激励学习者进一步学习。

图 6-4 Open2Study 课程

Open2Study 区别于其他 MOOC 平台的特色是社交化的学习环境，学习者不仅拥有班级学习空间而且拥有个人学习中心。在课程学习空间中，学习者可与其他同学一起进行协作学习；在个人学习中心中，学习者可了解自我学习情况，并可供其他学习者访问。此外，课程与社交网络直接连接，学习者和社交网络可进行双向的信息分享和信息推送。

6.5.2 智慧型课程

我们以国家级精品资源共享课“现代教育技术”为例，剖析智慧型课程的创新发展。这是国内首门按智慧型课程形态建设的新型在线开放课程，课程于 2015 年入选中国教育信息化年度十大新闻，作为特色创新案例收入 2015 年中国教育信息化发展报告（图 6-5）。

该课程秉承了自主建设和创新实践的形式，以课程架构的系统智慧与课程实施的实践智慧，致力于重构课程体系、改变课程评价、创新课程模式、体现多元智慧；课程内容、活动和评价直指创新创造。

图 6-5 “现代教育技术”国家精品资源共享课

该课程采用智慧型学习评价，这是一种全面、立体、发展、增量的评价，注重学生的创新、发展和进步。评价方式多样，采用了成果展示、社会实践和学习者自我评价。评价内容全面，包括微视频学习、递进式练习、阶段性测验、实践反思、综合项目训练、突出专长、协作活动贡献等。评价主体多元，包括教师、学习者、学习同伴、家长、社会学习者等；尤其是来自全国多地的多个教师对学生测评、回复问题，并智能分析学习进度，对学习过程进行数据分析。评价目标创新，采用以评促教和以评促学相结合。

作为高等教育改革的重要切入点，智慧型课程是在线教育促进教育生态体系变革的重要力量。智慧型课程可以重构教育服务模式，实现智慧育人的培养目标，提升学习者的高阶思维能力和适应时代的创新能力。智慧型课程将成为智慧教育时代推动教育变革的重要利器，进而有助于带动教育信息化应用的全面提升。

【思考与练习】

1. 结合实际，谈谈在线开放课程常用的评价方式有哪些？
2. 结合中国大学 MOOC 课程，分析常见的课程评价类型有哪些？
3. 结合你的理解，谈谈智慧型课程评价的类型有哪些？
4. 智慧型课程的评价体系该如何构建？主要体现在哪些层面？

第 7 章　智慧型课程艺术设计

【学习目标】

1. 了解智慧型课程艺术设计的内涵。
2. 掌握智慧型课程艺术设计的原则和理论依据。
3. 阐述智慧型课程艺术设计的关键要素。

【内容结构】

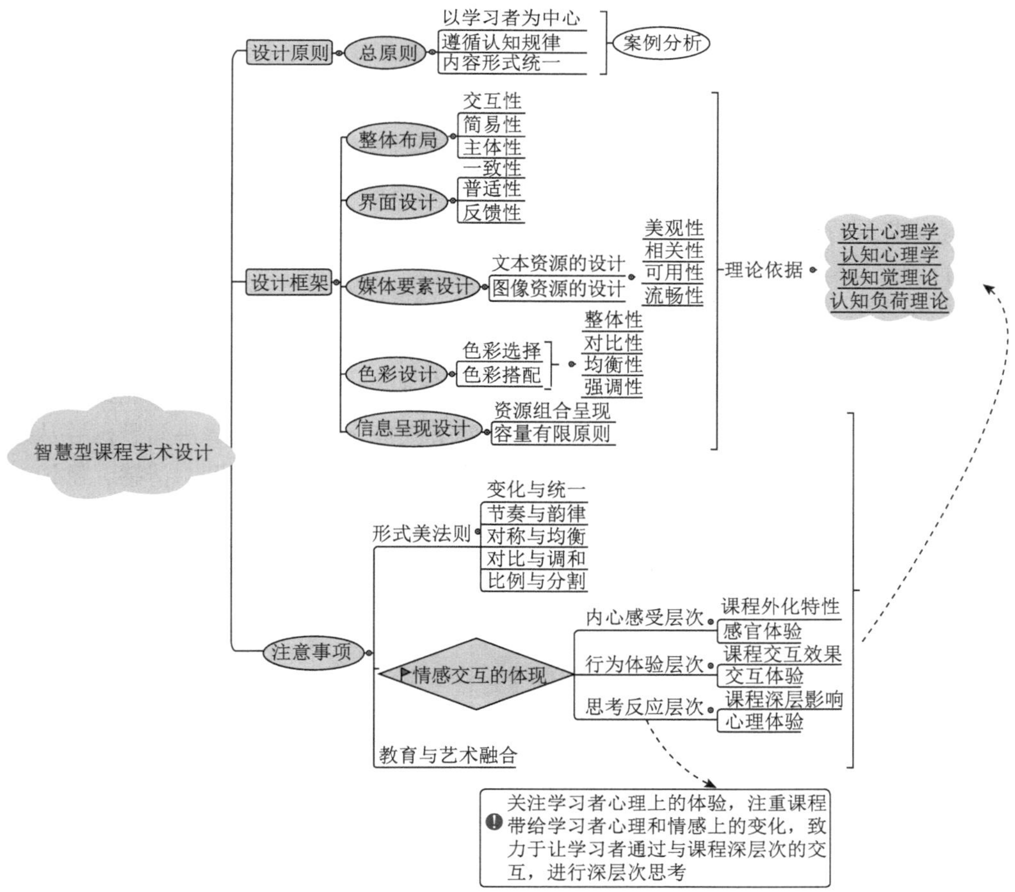

21 世纪以来，基于网络进行大规模优质教育资源建设、共享和应用成为世界高等教育和远程教育领域的实践热点之一。[①]智慧型课程不同于以往的精品课程、在线开放课程，其注重将新技术与教育教学深度融合，运用融创式教学模式开展教学，致力于促进学生的智慧生成。艺术设计是课程与学习者之间交互接口的设计，其好坏决定了课程的教学效果。智慧型课程的艺术设计，不仅是简单的技术问题和教学问题，更是如何通过教育、技术与艺术的深层次整合，形成一个集教育功能与艺术修养于一体的问题。

7.1 理论依据

智慧型课程艺术设计的目的是解决教育、技术与艺术如何整合的问题，需要考虑如何引起学习者的学习兴趣，如何满足学习者与课程之间的情感交互，如何减轻学习者信息加工需要承担的认知负荷等问题。对于这些问题，以下四种理论提供了良好的解决方法。

7.1.1 设计心理学

设计心理学是一门建立在心理学基础上，研究设计者以及用户内心情感和需求的学科，它研究人们在设计、创造过程中的心态，以及设计对社会个体所产生的心理反应，再反过来作用于设计，使设计反映和满足人们的心理。智慧型课程强调课程设计要以学习者为出发点，把课程作为与学习者情感交互的接口，以达到为学习者所用并促进学习者智慧生成的目的。智慧型课程本质上也是一种致力于解决产品功能与用户情感问题的设计。

唐纳德在其著作《设计心理学 3：情感化设计》中明确提出以本能层、行为层和反思层这三个设计维度为基础，分析如何从这三个层次入手将情感效果融入产品设计中，以解决产品设计实用性与美观度之间的矛盾（图 7-1）。所谓本能层，是能给人带来感官刺激的活色生香；行为层，指用户通过学习掌握技能、使用技能解决问题，并从这个动态过程中获得成就感和爽快感；反思层，指在用户内心产生的深度的情感、意识、理解，以及与个人经历、文化背景等种种交织在一起对用户所造成的影响。

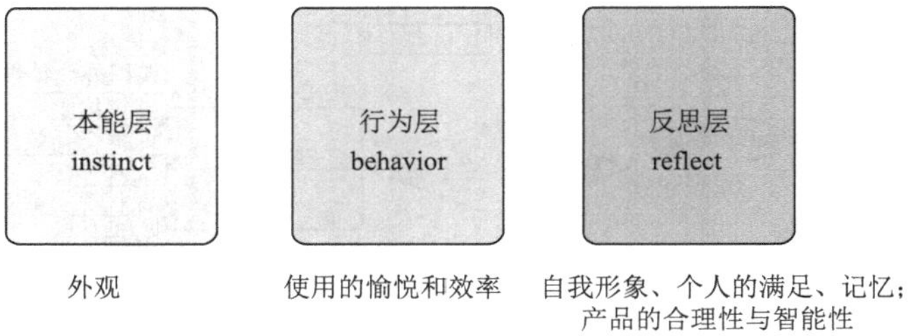

图 7-1 设计的三个层次

将设计明确划分为本能层、行为层及反思层的观点，对于智慧型课程设计中如何解

① 杨现民，王娟，魏雪峰. 互联网+教育：学习资源建设与发展[M]. 北京：电子工业出版社，2017.

决“以学习者为主体”的问题具有重要的现实意义，我们可以在智慧型课程中运用该思想解决课程设计的教学功能与情感交互之间的矛盾。

1. 本能层：提供感官刺激

智慧型课程的本能层，即学习者进入课程界面时感觉器官第一时间所接收到的事物，在进行该层次设计时要注重课程整体界面的美观度，要将能吸引学习者、激发学习者学习兴趣的事物放在课程界面显眼的位置，给予学习者本能层上的刺激，激发学习者对该课程深入探究的兴趣。

2. 行为层：知识技能掌握

在智慧型课程设计中，在保证本能层给予学习者感官刺激的基础上，要将设计的重心转移到深层次课程的可用性和实用性上，对课程的内容、资源以及学习活动和学习评价进行深入、多样化的设计，以满足学习者掌握知识技能的行为层面要求，并具备解决生活中遇到问题的能力。

3. 反思层：促进深层反思

智慧型课程反思层的设计，要培养学习者高阶思维能力和适应时代的创新创造能力，使学习者富有智慧地学习、教师更富有智慧地教学。智慧型课程设计要保证界面设计的友好度，通过界面与学习者的情感形成良好的交互，建立长久的情感纽带，给学习者营造和谐的学习环境。

7.1.2 认知心理学

认知心理学是20世纪50年代兴起的一种心理学思潮，是以人类行为为基础的心理机制，它用信息加工的观点研究人接受、储存和运用信息的认知过程，包括对知觉、注意、记忆、心象（即表象）、思维和语言的研究。认知心理学指为了解人类行为，对人类心智历程及结构所做的科学分析。智慧型课程的学习同样涉及认知心理学研究的知觉、注意、记忆、形成概念、思维、生成智慧等过程。智慧型课程要遵循认知心理学提出的观点，将视觉原理、视觉路径、视觉经验贯彻运用于课程设计开发中。

1. 视觉原理

视觉原理指人在视觉上的共通性。人在视觉上会将相同的事物归纳在一起，包括大小、造型、明度或色彩、位置、空间、方向及速度等类似的事物。这些相同的事物在适当时空中呈现，会产生一种视觉上的联结。

视觉原理对于智慧型课程信息的编排、色彩以及图画的搭配都有重要的指导意义。对于课程信息的编排，要考虑学习者习惯性地将视觉上相似的事物归纳在一起的法则，将课程中具有相关性的内容采用同样的字体、字号以及颜色展现，将不同类的内容采用较醒目的区别区分开来，以便于学习者对相关内容的吸收和整合。

2. 视觉路径

视觉路径的形成由人类的视觉特性决定。由于人眼晶体结构的特殊生理构造，视觉总是遵循一定的规律按照一定的方向进行运动，这就是视觉的运动法则。心理学研究表明，在同一平面上，不同的位置给人的感受是不同的，上半部让人感觉轻松和自在，下半部则让人觉得稳定和压抑；左半部给人感觉轻快和自由，右半部让人沉重和紧促。基于此，心理学研究倾向于将课程界面的上部和中部选为课程界面的“最佳视域”，即课程主要内容优先选择放置的位置。

智慧型课程设计可以遵循心理学关于“最佳视域”的研究结论，结合视觉运动法则分析学习者的视觉路径特点，选取课程设计的最佳视域，并按照学习者习惯性的视觉运动路径，合理安排课程内容分布，设置合理的学习流程，使学习者按照设计者的意图愉快而顺利地完成课程学习（图 7-2）。

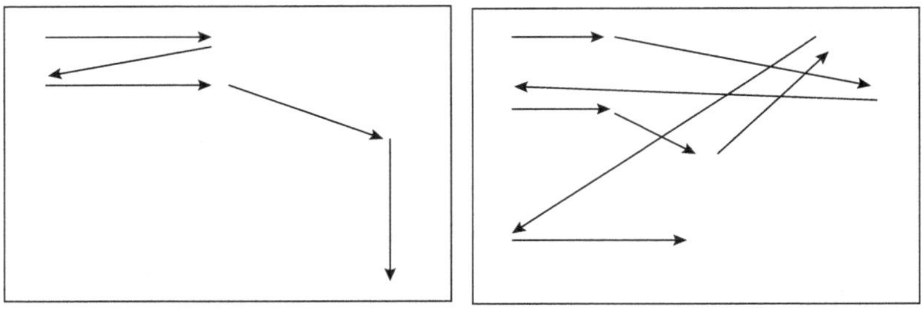

图 7-2　智慧型课程界面的视觉流程设计

3. 视觉经验

视觉经验指从出生起，自然界以及社会的各种视觉冲击经过我们自身的加工、提炼后在大脑的神经元中产生镜像，成为接受新的视觉刺激的前提，心理学上称为心理图式，这是一种知识接受或能力发展的预备状态。如看到蓝色联想到天空、大海、自由等；看到白色想到干净、纯洁无瑕等，这都是视觉经验的体现。

智慧型课程可以运用学习者已有的视觉上的心理图式，进行课程设计的文字排版以及色彩、图画的选择。依据学习者的先决视觉经验，选择能引起学习者注意力和共鸣的图片以及色彩，有利于学习者在课程学习中保持愉快的情绪并引发良好的学习效果。

7.1.3 视知觉理论

视知觉指人眼看到外部事物的信息，大脑进一步对信息的处理，综合分析得出关于事物的结论。人在观察物体时看到的往往不是物体的本来面目，而是经过大脑处理过带有自身感情因素的形象。例如，视觉器官提供了事物的颜色、边界、线段等属性，经过头脑的加工我们认出了“这是一个电视”“那是一个洗衣机”等，这种把视觉信息转化为有意义的、可命名的经验过程就是视知觉过程。视知觉理论具有整体性、选择性、相对性以及简化性四个规律，这对于智慧型课程的设计与开发具有重要的指导意义。

1. 整体性规律

视知觉具有整体性，主要是指视知觉对象是由多个部分组成的，各部分具有不同特征，但通常情况下人们总是把它感知为一个统一的整体。

2. 选择性规律

视知觉具有选择性，指人们在知觉事物时总是优先选择一部分事物作为视知觉对象，并把它从众多事物中区分出来，进而对优先选择的感知物做出清晰的认知反映，这被称作视知觉的选择性认知功能。

3. 相对性规律

视知觉具有相对性，指人们对事物所做的视觉判断以及知觉整体和对象的确定都具有相对性，一个刺激能否被知觉且作为对象接受高级加工，主要依赖于该刺激与其他刺激间的对比关系，强度较高的刺激常被作为对象接受加工①。

4. 简化性规律

视知觉的简化性规律最早是由格式塔学派的心理学家提出的，他们认为人脑存在“向最简单结构发展的趋势”，简化是视知觉的基本规律①，即易构成整体结构特征的刺激容易被个体所知觉，需要花费的心思较少，比如一段有意义的文字比毫无关联的文字更容易记忆。

智慧课程设计中要运用视知觉的整体性规律，将视觉刺激对象设置成排列有序的、能组成整体的刺激信息，从而符合学习者的视知觉规律，减少其视知觉负担；同时考虑学习者在加工新信息时的视知觉的选择性规律，将需要学习者首先感知的信息放置在最佳视域范围，有意识地减少不必要的知觉背景信息，减轻学习者负担；同时，对需要突出强调的信息通过提高事物间的相对刺激强度突出重要信息内容，使学习者能按照设计者的意图对该内容进行重点学习。此外，还要注意视知觉的简化性规律，利用课程信息的相关性进行课程设计，使之构成“整体结构特征”，简化课程界面信息，提高学习者的学习效率。

7.1.4 认知负荷理论

认知负荷理论由澳大利亚认知心理学家约翰·斯威勒（John Sweller）于1988年提出，他假设人类的认知结构由工作记忆（也称为短时记忆）和长时记忆组成。人的工作记忆在处理新信息时容量是有限的，但长时记忆中存储有复杂程度和自动化程度不一的

① 张国强. 基于视知觉理论的网络课程界面设计研究[D]. 河北大学硕士学位论文，2005.

认知图式，并且容量趋近于无限大。

认知负荷理论涉及人类各种认知活动（问题解决、思考、推理等）附加于工作记忆的负荷总和，分为内部认知负荷和外部认知负荷两类。内部认知负荷指由学习任务和学习材料本身的难度所产生的认知负荷，与学习者原有的知识经验和学习材料或任务的复杂性有关；外部认知负荷指不恰当的教学方式、信息组织和呈现方式而导致的不必要的认知负荷。斯威勒指出，最好的学习状态是工作记忆的负载保持最低水平，从而保证长时记忆的改变得到最好的辅助。斯威勒提出的关于最好学习状态的定义，指明了智慧型课程的设计方向。智慧型课程设计要结合认知负荷因素，降低学习者工作记忆的负担。

1. 学习对象难度设计

在对智慧型课程学习对象设计时，要注意学习对象的粒度、规模以及学习对象序列的呈现顺序和序列之间的相互关系。[①]因为工作记忆的容量很小，如果学生超负荷认知，需占用工作记忆容量的重复过程就会遭到破坏，妨碍学习的进行。智慧型课程设计要结合学习者已有的专业技能水平，要将学习难度过高的材料分解为逐次呈现的多个小模块，并使这些小模块与学习者的原有认知图式相联系，避免学习者一次性加工过多信息带来的认知负荷超载。

2. 多媒体选择与信息组合呈现

智慧型课程中的多媒体技术必须依据技术真正能发挥效用的教学情境和功能要求进行选择，要在予以证实的情况下引入教学，否则会给学习者带来不必要的外部认知负荷。同时，如果教学对象并不熟悉新技术的使用，则可以将技术的教学应用分步实施，先进行相关技术的教学，再学习具体学科知识，从而减轻学习者同时处理信息加工和熟悉软件所带来的认知负担。此外，多媒体技术的选择还要考虑媒体信息呈现方式是否会给学习者带来不必要的认知负荷，信息来源要尽量简单化和整合化，信息的呈现要尽量使用相同的形态。

3. 网络学习路径优化

在网络学习环境中，学习材料是通过超链接的网状结构互相关联、组织在一起的，学习者有多条学习路径可以选择。但是这种学习方式可能会导致学习者在搜索过程中耗费大量认知资源，影响学习效果。所以，智慧型课程设计要注意优化课程的学习路径结构，提供清晰的导航，尽量减少不必要的链接，避免信息的无规律布局和冗余，减少学习者在选择路径时所耗费的认知资源，使更多的认知资源能被用于学习者的知识建构。同时，在学习材料呈现进度上给予学习者控制权，学习者能根据自身需求多次对学习材

① 刘名卓. 网络课程的可用性研究[D]. 华东师范大学博士学位论文，2010.

料进行信息加工，从而更好地获取关键信息。

7.1.5　案例分析

目前，多数在线开放课程和学习平台，其界面设计都或多或少地涉及了设计心理学、认知心理学、视知觉理论和认知负荷理论的观点。

如网易云课堂的界面设计遵循了设计心理学的三个层次理论（图 7-3），首先以简洁美观的界面给学习者视觉上的享受，引起学习者学习的兴趣——本能层；其次，呈现不同的课程以满足学习者的学习需求——行为层；最后，促进学习者在学习过程中进行深层次思考——反思层。同时，网易云课堂的界面设计遵循了认知心理学中的视觉路径理论，将界面划分为三大模块，依据人的视觉路径原则设计了“左→中→右”的浏览路径，并将课程分类放置在学习者的最佳视域内，有助于学习者快速捕捉到其需求的课程，减轻了学习者寻找课程带来的认知负担。课程界面的左半部分是详细的课程分类，运用统一的形式呈现，体现了视知觉理论中的整体性和简化性规律；课程右上角设置了课程的快速搜索框，学习者可以迅速地搜索到有需求的课程，减轻了学习者在大量课程中寻找所需课程可能带来的厌烦感；同时，在整体界面信息呈现设计中，运用了图文结合的呈现形式，减轻了文字阅读过多可能带来的疲倦感，体现了认知负荷理论的观点。

图 7-3　网易云课堂界面设计

网易公开课界面的设计（图 7-4），与网易云课堂的界面设计相似。在模块划分上，网易公开课不同于网易云课堂的左中右的划分，而是分为了上、左、右三大块，学习者可以在上面部分选择需要学习的公开课课程平台；其次，网易公开课界面将其右边部分模块设置了三个选择项，分别是热门排行、最新课程及翻译进度，学习者可以从中了解最新以及最热门的课程，为学习需求不明确的学习者提供良好的选择参考。

图 7-4　网易公开课界面设计

7.2　设 计 原 则

智慧型课程倡导学习者是学习过程的主体，借助于新兴的现代化技术构建支持学习者主动学习的智慧学习环境。智慧学习环境下的智慧型课程设计，本质也是一种以学习者为中心、促进学习者主动学习的课程设计，与在线开放课程要遵循的法则无异，包括以学习者为中心、遵循认知规律、内容形式统一等。

7.2.1　以学习者为中心

迈耶在多媒体学习认知理论中提出了学习者多媒体主动加工机制，主要观点是学习过程是积极、主动对信息加工的过程，这体现了以学习者为中心的思想。但当前部分在线开放课程的设计，只是将课程书本内容粘贴到网络界面上，仅仅是把课程基本流程罗列出来，没有考虑学习者的多媒体主动加工机制，也没有从学习者的内在认知规律出发，导致设计出的课程不能完全满足学习者的需求，课程学习效率低下。

智慧型课程设计要将以学习者为中心的思想整合到课程设计中，要结合学习者的学习风格、学习能力，对课程内容、课程资源和信息呈现方式进行合理设计，提供良好的信息加工环境，以满足学习者个性化学习及主动信息加工的需求。

7.2.2　遵循认知规律

多媒体学习认知理论认为，学习者的学习是通过双通道进行的，包括视觉和听觉两个通道，不同类型的信息通过不同的通道进行与之对应的加工、处理，最终完成信息的整合。[①]迈耶提出，多媒体学习是一个积极主动建构的过程，学习者能否有效地接受和

① 理查德 • E. 迈耶. 多媒体学习[M]. 牛勇，等译. 北京：商务印书馆，2006.

加工教学信息取决于其动机如何。

智慧型课程设计，既要设计合理的课程内容呈现方式，充分利用学习者的双通道信息加工机制，也要采取有针对性的措施激发和维持学习者的动机。在智慧型课程界面设计中，动机的激发和维持可以从增加情感交互和给予适当反馈两方面进行。对于情感交互不能仅局限于传统课程中师生之间的单一的互动方式，应采取多种多样的交互形式，如多流向互动形式，以提高课程中的交互学习效果。

智慧型课程中及时给予反馈极其重要，这有助于学习者及时了解自己的学习状态以及与学习目标之间的差距。智慧型课程的反馈设计要考虑反馈时间和反馈形式，反馈形式不能过于单一，反馈信息可以用文字形式实现，对于不易掌握的反馈信息则需要综合使用多种方式呈现。

7.2.3　内容形式统一

任何设计都有一定的内容和形式，内容是设计的一切组成要素的综合，是设计存在的基础，被称为“设计的灵魂”；形式是构成内容诸要素的内部结构或内容的外部表现形式。设计内容指主题、形象、题材等要素的总和，设计形式是结构、风格或设计语言等表现形式。内容决定形式，形式反作用于内容，优秀的设计必定是形式对内容的完美表现。

智慧型课程设计要保证形式与内容的统一。一方面，智慧型课程追求的形式美要适合主题的需要，这是智慧型课程艺术设计的前提。形式美的基本原则既丰富多样又互相统一。丰富多样包括各种对比、均衡、调和、规整、简约、连贯，相互统一需要从结构和变化去实现。[①]智慧型课程设计要将二者有机地统一，深入领会主题的精髓，才能体现出课程艺术设计独具的分量和特有的价值。另一方面，要确保课程界面上每个元素存在的必要性，设计要充分考虑并体现美感，以符合学习者学习的特点，实现快速、高效的学习。

7.2.4　案例分析

目前上述课程设计原则，已广泛运用于在线开放课程建设中。如中国大学 MOOC 平台上“翻转课堂教学法”课程（图 7-5），其设计遵循了以学习者为中心、遵循认知规律、内容形式统一的课程设计三大黄金原则。

课程界面排版简洁美观，包括公告、教学计划、评分标准、课件、测验与作业、考试以及讨论区等模块，内容与形式完整统一；同时资源以课件和视频形式呈现，充分利用了学习者的双通道认知规律，并赋予学习者自主选择和掌控视频播放进度的权利，给予学习者学习自主权，体现了以学习者为中心的课程设计原则；课程设有讨论区模块，学习者可与课程教师及其他学习者进行充分的交流、互动，减少网络学习者的孤独感，增强课程中的情感交互，有助于维持学习者的学习动机，完成课程学习目标。

---

① 陈迟. 网络课程界面设计研究[D]. 上海外国语大学硕士学位论文，2012.

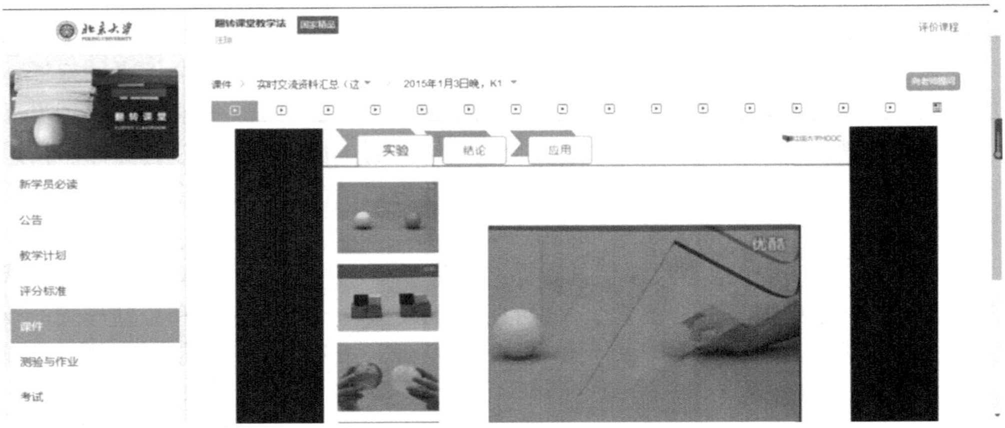

图 7-5 “翻转课堂教学法”课程设计

7.3 设 计 框 架

7.3.1 整体布局

智慧型课程设计不仅仅停留在学习者学会知识的层面，也应深入促进学习者的智慧生成。首先，要对课程整体布局进行设计，使其满足学习者的视觉体验；其次，对“视觉设计→界面设计→媒体要素设计→色彩设计→信息呈现设计”过程进行设计，将内容、功能、美学及可用性汇集，并最终产生课程设计。

视觉设计需要创作者以功能和美学为基础。网站的存在依赖于信息内容，如专门为学习者提供编程课程学习的慕课网学习平台（图 7-6），其课程整体布局设计遵循了以学习者为中心、遵循认知规律和内容形式统一的原则，为学习者提供多种选择，充分满足了学习者主体的控制地位，整体布局简单大方，只呈现了关键信息，同时为学习者提供与课程交互的良好接口，满足了学习者对课程交互性的需求。

图 7-6 慕课网学习平台整体布局设计

智慧型课程应让学习者处于主动地位，使其掌握学习过程的主动性，如给予学习者足够的选择权利、提高课程内容的可信性与灵活性等。智慧型课程设计应提供能满足师生、生生及课程内容交互的要求，并及时对学习者的学习及课程活动参与度给予反馈。智慧型课程设计要简洁，尽可能减少界面上可有可无的链接、按钮和选项，使用留白，减轻学习者的认知负担。智慧型课程整体布局设计，可以借鉴众多专家、优秀设计师在视觉设计上归纳总结的设计惯例和创意原则，在遵循“学习者处于控制地位”、“满足学习者交互需求”及“整体布局简单易懂”三大原则的基础上，结合智慧型课程具体需求，充分发挥课程设计者的创意。

7.3.2　界面设计

提供体验良好的人机界面，能激发学习者的学习兴趣，提高学习效率。界面设计是减法运算而不是加法运算，要去掉一切跟主题无关的内容，最大限度地降低地界面的视觉噪声。智慧型课程界面是学习者与课程之间信息传递和交流的页面和窗口的总和，构成智慧型课程人机界面的基本元素主要有以下几项。

窗口（window）：学习者界面呈现区域。窗口一般由标题栏、菜单栏、滚动条、状态栏和工具栏组成。实现功能包括指定窗口大小、位置和打开关闭方式；窗口内容的上下、左右滚动显示；窗口缩放以及指定显示窗口的方式。

菜单（menu）：标准的图形界面对象。操作项目以列表方式显示在屏幕上，在线开放课程网站应用的菜单形式有弹出式菜单、下拉式菜单、图像菜单。

图标对话框（dialog box）：学习者浏览一个弹出式窗口时，可以了解更详细的信息，并实现学习者与系统的交互。

表单（form）：交互式界面的重要组成部分，是学习者输入信息的区域。服务器接收并处理表单提供的信息，再将结果返回给学习者。表单元素包括文本框、按钮、单选框和复选框、列表框和下拉式菜单。

进行界面元素设计要遵循八条“黄金原则”：尽可能保持一致；符合普遍可用性；提供信息丰富的反馈；设计说明对话框以生成结束信息；预防错误；允许轻松的反向操作；支持内部控制点；减少短时记忆。[①]根据这八条原则，设计智慧型课程界面要选择正确的界面元素，选择能迅速理解和易于使用的方式。

中国大学 MOOC 平台上的国家精品开放课程——Python 语言程序设计（图 7-7），课程界面设计包含窗口、菜单、对话框和表单四大基本要素，整体界面设计简洁大方，界面元素保持一致，可用性强，涵盖标题、菜单、滚动条、菜单栏和工具栏等，是一个既符合审美又满足学习者学习需求的良好用户界面。在智慧型课程界面设计中，可以借鉴已有的课程设计经验，在保证课程界面四大基本要素完整的同时，遵循八条“黄金原则”，同时提供反馈说明，并赋予学习者学习自主权，减轻学习者学习负担等。

① Ben Shneiderman, Catherine Plaisant. 用户界面设计：有效的人机交互策略（第四版）[M]. 张国印，李健利，等译. 北京：电子工业出版社，2006.

图 7-7 Python 语言程序设计课程界面设计

7.3.3 媒体要素设计

智慧型课程通过组合设计多种多样的媒体要素构成完整的课程界面，其媒体要素主要包括文本、图形、音视频及动画等，可分为文本资源和图像资源两大类。

1. 文本资源的设计

文字是记录语言信息的符号，是承载学习内容的主要工具。不同类型、不同形式的文字及其他信息资源共同构成了在线开放课程的内容。智慧型课程中文本资源设计尤其重要，其设计直接影响着学习者的学习体验和学习的认知效果。

传统的网络课程习惯将大量的文字堆积在课程界面上，重点不突出，易使学习者产生疲倦感，最终影响课程学习效果。智慧型课程中文本设计要传达有效学习信息，排版要合理，不能过密、过小；要合理放置一些关键性的学习内容，避免文字排版杂乱，可以适当加入一些标志性语词，如“首先、其次”等，使课程结构层次分明、有条不紊，减轻学习者的认知负担。

在文本资源设计过程中，应该考虑文字的类型及大小。不同的字体有不同的特征，适用于不同的情境。比如宋体规整、横平竖直，给人严谨、稳重的感觉；而黑体则结构严谨，庄重、大方；楷体富于弹性、近乎手写。这几种字体是智慧型课程界面文本资源设计的首选字体，字体不同所呈现出来的效果不同，给人的心理感受也不同，对学习者的信息加工也会产生不同的影响（图 7-8）。总之，文本资源设计应有利于学习者的主动学习，并遵循学习者多媒体通道学习的容量有限机制，以达到视觉通道容量的合理利用，实现智慧学习。

智慧型课程——宋体四号

智慧型课程——黑体四号

智慧型课程——楷体四号

智慧型课程——隶书四号

图 7-8　不同字体效果

2. 图像资源的设计

在智慧型课程中把各种图形、图片、影像，包括动态的和静态的，统一作为图像资源进行设计，图像资源是多媒体技术的重要组成部分。人类从客观世界获取信息最主要的途径是通过视觉，而图像则是视觉信息的重要组成部分，占人类获取信息量的 70%以上。[①]智慧型课程设计要把图像作为不可或缺的媒体要素，运用图文结合、图文并茂的形式呈现课程内容，达到既发挥文字准确性又展现图像形象性的双重效果。此外，还应注意以下两点。

首先，要遵循“界面速度重要性大于设计”的原则，加拿大的乔治亚学院平面视觉设计及用户服务中心研究结果显示：对网络学习者来说，速度缓慢是最致命的障碍，速度的重要性超过了界面本身的美观。过长的等待将使学习者失去耐心、逐渐丧失学习动力，并最终影响学习者的认知和学习效果。因此，智慧型课程中图像选择应十分慎重，既要保证质量和效果，又要保证大小适中，便于网络传输、运行和显示，从而减少学习者的等待时间。

其次，图像资源的选择要注意与学习内容的相关性，要使图像资源能够引导、协助学习者的学习。要避免随意使用图像资源，从而分散学习者的注意力，造成学习者的认知加工通道容量过载，带来认知负荷，影响学习者对课程内容的知识建构。因此，智慧型课程中要根据课程内容选择图像，做到既能充分利用学习者的双通道加工，又不增加学习者额外的认知负荷。

目前，多数在线开放课程的文本和图像资源设计都较合理，如可汗学院的公开课“现代密码学”课程（图 7-9）。课程简介以文字搭配图片的形式呈现，课程内容以视频形式呈现。整体上，所选的文字、图像与课程内容息息相关，无多余的文字以及图像；内容以视频形式呈现，视频时长较短，避免了视频容量过大造成的网络负载过重等情况的发生。

① 李启色. 网络课程中网页的视觉设计研究[J]. 电化教育研究，2004，（7）：30-33.

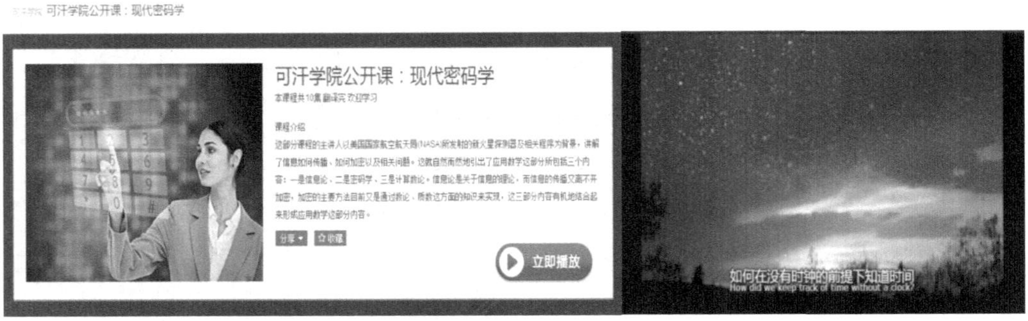

图 7-9 “现代密码学”课程媒体资源设计

7.3.4 色彩设计

课程界面的色彩搭配是否得当，在一定程度上影响着在线学习者的心理和行为，良好的色彩运用能够传递情绪并营造一定的学习氛围，促进学习行为的发生。智慧型课程界面的色彩设计，可以从色彩选择和色彩搭配两方面进行。

1. 色彩选择

智慧型课程界面色彩的选择和搭配，应综合考虑多方面因素，如色彩的基础特性，以及学习者的年龄、喜好、认知水平等。智慧型课程的学习者，主要包括高校学生和社会学习者，因此其界面色彩选择要避免过于幼儿化或老年化①，不宜选择过于鲜艳张扬的颜色，应以柔和沉稳为主基调，如能够使人情绪安宁、呼吸平稳的蓝色系，以及给人祥和安稳、自然宁静感觉的绿色系。同时，以蓝色和绿色为主基调的界面，可以结合白色和灰色作为搭配色使用，白色给人纯洁、和平、恬静的感觉，灰色则具有中性、内敛、稳重、素雅的特点，能在以蓝色系和绿色系为主基调的课程界面中起到良好的调和作用。

2. 色彩搭配

界面设计的色彩主要分为主色、辅色及背景色三类，其搭配应遵循整体性、对比性、均衡性及强调性的原则。②智慧型课程界面色彩搭配同样要遵循这四条原则，使界面和谐统一、富有变化和对比，为学习者营造良好舒适的学习氛围。

整体性指界面各要素在色彩上达到统一和谐的综合视觉效果。首先，在满足整体性的前提下，应注意色彩的对比关系，巧妙合理地运用类似色、临近色、对比色，互补色；其次，要满足色彩搭配的均衡性原则，这强调的是视觉上的稳定感，通过合理分配色彩的形状、面积和布局，使对比性强的色彩达到相对的和谐统一；最后，要通过色彩明暗、

① 宋佩茜. 基于智慧校园构建的高校智慧课程界面设计应用研究[D]. 华东理工大学硕士学位论文，2015.
② 宋佩茜. 基于智慧校园构建的高校智慧课程界面设计应用研究[D]. 华东理工大学硕士学位论文，2015.

冷暖反差突出某一关键元素，从而快速吸引学习者的注意，及时引起学习者的进一步行为动作，即色彩搭配的强调性原则（表 7-1）。

表 7-1　背景与配色的搭配

背景色	配色
黑	白—黄—黄橙—黄绿—橙
白	黑—红—紫—蓝紫—蓝
红	白—黄—蓝—蓝绿—黄绿
蓝	白—黄—黄橙—橙
黄	黑—红—蓝—蓝紫—绿
绿	白—黄—红—黑—黄橙
紫	白—黄—黄绿—橙—黄橙
灰	黄—黄绿—橙—紫—蓝紫

目前，多数在线开放课程的界面色彩选择和搭配都较合理，可以为智慧型课程界面色彩设计提供借鉴和思考。如精品资源共享课程“异常心理学”（图 7-10），其界面色彩设计以墨绿色为主基调，搭配白色为配色，整体界面简洁美观，给人一种优雅大气的视觉感受，营造了一种轻松学习的自由氛围。

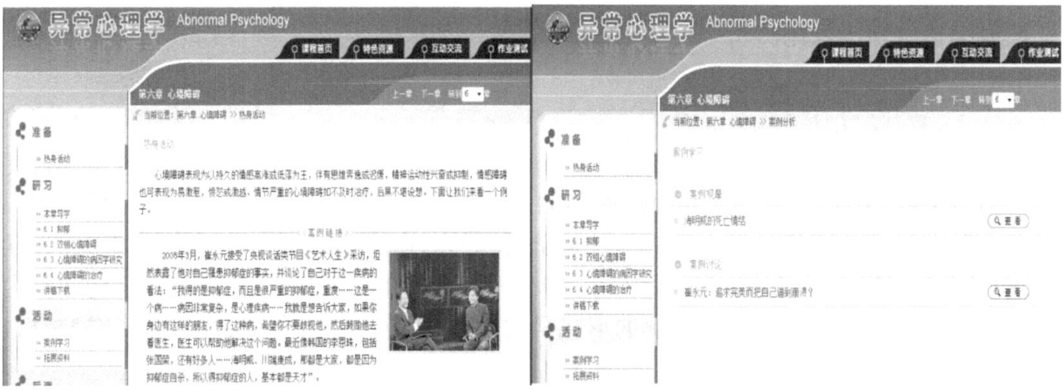

图 7-10　精品资源共享课“异常心理学”界面

7.3.5　信息呈现设计

智慧型课程的信息呈现设计，能够使教学信息被学习者有效接受和吸收，智慧型课程的学习过程要符合学习者认识事物及信息构建的规律。迈耶认为，基于人的心理工作方式组织的教学信息在一定程度上更能促进学习者的学习，提高学习效果。[①]为此，迈耶提出了多媒体学习的认知理论模型，如图 7-11 所示。

① 刘刚. 多媒体学习认知理论在网络课程界面设计中的应用研究[D]. 河北大学硕士学位论文，2011.

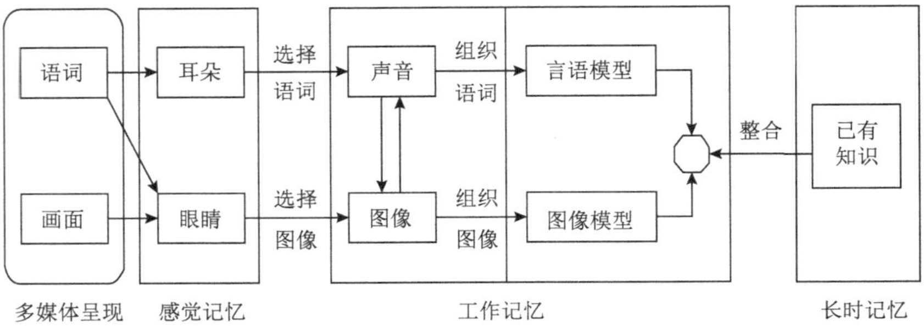

图 7-11 多媒体学习的认知理论模型

迈耶提出的认知理论模型指出，学习者的信息加工过程包括多媒体呈现、感觉记忆、工作记忆和长时记忆四个部分。首先，语词和画面作为教学信息进入学习者的视觉和听觉通道进行加工，转换为感觉记忆；其次，学习者选择部分感觉记忆进入工作记忆并进行深层次加工，声音和图像之间进行模拟对象的相互转化，构建完整的言语模型和图像模型；最后，构建的模型与已有知识进行整合，达到对知识的意义建构，保存在长时记忆中。同时，迈耶还提出了多媒体学习的三个机制，包括双通道机制，即人类对信息的加工主要通过耳朵和眼睛两个通道进行；容量有限机制，即每个信息加工通道对信息的加工与认知数量是有一定限度的；主动加工机制，即在学习者学习过程中，主动进行有意义的知识建构。

根据迈耶提出的认知理论模型和多媒体学习的三个机制，智慧型课程的信息呈现设计要遵循以下两大原则。

1. 资源组合呈现

迈耶的多媒体设计第一条原则是“当一种信息用两种方式呈现时，能使学生学得更好”[①]。因此，信息呈现的形式应该是共同呈现语词和画面，而不仅仅是只呈现语词。目前多数在线开放课程的呈现形式都是基于迈耶的双通道学习机制进行的，如中国大学MOOC平台课程人工智能实践：“Tensorflow笔记”课程（图 7-12）。该课程将教学内容划分为多个内容模块以视频讲解的形式呈现，并赋予学习者对教学视频充分的控制权，遵循了迈耶提出的多媒体学习的三个机制。

智慧型课程界面中，信息呈现设计同样要遵循迈耶提出的学习者多媒体学习的三个机制，采用不同类型的资源组合呈现，可选用文字搭配视频解说的方式，也可选用图文组合呈现的方式，充分调动学习者的不同感官，使双通道加工得到最大限度的利用，促进学习者主动建立相对应的心理模型，促进记忆的保持。

2. 容量有限原则

多媒体学习认知理论还强调“人们在每一通道中同时加工信息的容量是有限的”，如果需要同时加工的信息过多，超过学习者的认知承受能力，则会导致认知负荷，影响

① 陈迟. 网络课程界面设计研究[D]. 上海外国语大学硕士学位论文，2012.

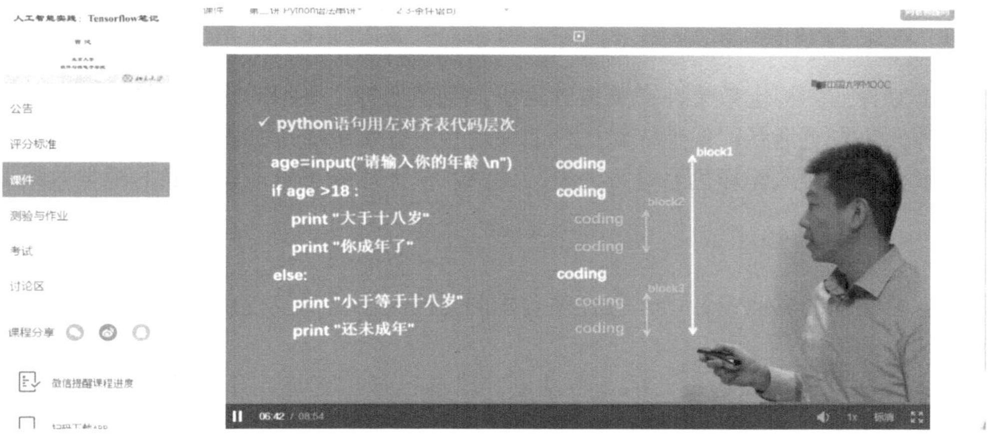

图 7-12　“Tensorflow 笔记”课程信息呈现方式设计

学习者对教学信息的加工。研究表明，不良的多媒体组合会增加学习者学习过程中的认知负荷，影响学习者对信息的获取和加工。智慧型课程界面的信息呈现设计，不能过于繁杂，要在教学材料方面精心设计，减少外部认知负荷，使总认知负荷不超出学习者的工作记忆容量限度。

7.4　注 意 事 项

7.4.1　形式美法则

1. 变化与统一

智慧型课程的界面设计应遵循整体统一、局部变化的原则。界面的视觉要素包括文字、图像、动画、视频等，这些要素并非独立存在，而是相互关联、彼此呼应，是一个整体。因此，在设计时应保证所有界面及要素风格、尺寸、色彩的统一与协调，同时把握主次，在局部细节上多样化表达，使界面呈现更具层次感。

2. 节奏与韵律

节奏指同一视觉要素连续重复出现产生的运动感，课程功能模块的有序排列以及在首页与其他页面的反复出现，体现了节奏的秩序美。韵律则指某一要素向另一要素运动的感觉，智慧型课程通过界面中的视觉要素如色彩、明暗、大小、形状、布局等营造学习氛围，体现韵律的流动美。

3. 对称与均衡

在界面设计中，整体视觉设计一般采用均衡的原则，如图文的排版布局、功能模块的划分、色彩的搭配应用；对称则用于细节设计之中，如图标、按钮的设计等。均衡给人以稳定感，对称则体现了严谨性。

4. 对比与调和

为丰富界面的视觉效果，在要素的大小、颜色选择上采用对比。例如，对比色的使用，使界面色彩更活跃；但纯粹对比色的使用会对视觉造成过强的冲击，因此需要通过区分面积大小、加入无彩色系等方法进行调和，从而达到丰富而又平稳的视觉效果。

5. 比例与分割

在智慧课程的界面设计中，应合理安排图文的大小比例及模块的布局分割，使其具有动静结合的美感。

形式美法则作为课程设计的黄金法则，目前已被广泛运用于在线开放课程界面设计和各类学习平台中，如爱课程网站（图 7-13）。形式美法则要求课程界面保持变化与统一、节奏与韵律、对称与均衡、对比与调和及比例与分割的统一，“爱课程”网站界面的设计以图片搭配文字的方式呈现，整体风格统一而又富有变化，各模块均等分配空间依序呈现，整体排版呈现一种对称的美感，图片颜色整体以浅色系为主，搭配不同的蓝色、橙色及白色等，丰富了界面的视觉效果，营造了一种良好的视觉效果和学习氛围。

图 7-13 “爱课程”网站界面设计

7.4.2 情感交互的体现

对于学习者来说，影响其学习进程的不仅是课程内容或智力等与学习直接相关的因素，一些非智力因素如学习者的学习动机、情绪情感等同样对学习效果影响较大。信息社会人们对情感的诉求不断扩大，情感化设计理念随之产生，其着眼点是要满足使用者的情感和心理需求。

智慧型课程的“情感化设计”是以学习者为中心，从学习者心理需求出发，在设计时融入人性化设计元素和情感因素，满足学习需要以及各种高层次需求，体现一种深层次的学习者与课程之间的情感交互，这是“情感化”设计的核心，[①]如本章最初所述的

① 李婷. 网络课程的情感化设计研究[D]. 吉林大学硕士学位论文，2010.

设计心理学中，唐纳德将设计划分为本能层、行为层和反思层。智慧型课程同样遵循这三个层次，并提出相对应的情感化设计框架，分别是内心感受层次、行为体验层次和思考反应层次。

1. 内心感受层次

这对应的是唐纳德提出的本能层，关注课程本身的外化特性带给学习者感官上的快乐。学习者在学习智慧型课程之前，首先接受感官刺激，对应情绪表现为开心、愉快、舒适等，从而产生学习愿望，提升其感官沉浸度。

2. 行为体验层次

这对应的是唐纳德提出的行为层，关注学习者操作时的质量和效果，学习者通过参与课程提供的人机交互以及师生、学习者与学习者之间的人际交互机会从而产生积极愉快的情绪，避免独自学习的孤独感，这是“课程学习—参与交互—体会情感”的过程。因此，智慧型课程应提供能满足学习者与课程或者与其他学习者交互的机会，将更多自主权交给学习者，让学习者按照自己的需要选择或组合教学信息，并从这些行为体验中感受到学习的快乐。

3. 思考反应层次

这对应的是唐纳德提出的反思层，关注先前的交互经验对学习者心理产生的整体而深远的影响，体现为学习者对课程的整体判断和尊重、欣赏的快乐体验。在智慧型课程中，要对反思层情感交互给予关注，这体现着教育的最终目的——“育人即感人”，这也是智慧型课程教育性和思想性的体现。

7.4.3 教育与艺术融合

本章前面所述均是讨论如何将艺术元素和艺术设计原则合理地运用到智慧型课程设计与开发中，包括对课程的整体、界面以及媒体要素、色彩和信息呈现方式的设计。然而，在注重课程设计艺术性的同时，也应考虑课程设计的本质，即通过课程学习让学生获得知识、学会技能、产生思考、形成思维，即课程的教育性本质。因此，在设计智慧型课程时既要考虑课程设计的艺术性，也要考虑课程设计的教育性。

目前，多数在线开放课程的设计达到了教育性和艺术性的有效融合，如中国大学 MOOC 平台上的“微观经济学”课程（图 7-14）。首先，将课程划分为公告、评分标准、课件、测验与作业、考试和讨论区六大模块，课程学习资源以视频形式呈现，并赋予学习者自主控制学习进度的权利，提供讨论平台供学习者之间交流讨论，这均体现了课程设计的三大黄金原则，即以学习者为中心、遵循认知规律、内容形式统一的原则。同时，这几大模块的设计更多地体现了课程的教育性，课件模块提供了不同的学习资源，包括视频、课件等，供学习者自主学习使用，并在讨论模块设有教师答疑区、课堂交流区、综合讨论区三个不同性质的子板块，学习者可以自主参与其中，发起话题、参与讨论、解答疑惑，体现了合作学习的思想，有助于学习者在交流讨论中发散思维，在思维的碰撞中促进深层次的思考，从而有效地达到课程的教育目标。

图 7-14 “微观经济学”课程设计

智慧型课程运用融合创新的教学模式，是多样态、多方面的融合，是多种形式、多种方法的创新，注重采用多样态的教学方法，变革学习方式，旨在实现个性化、智能化和智慧化学习。因此，智慧型课程设计要考虑艺术性和教育性，要在满足课程设计艺术原则的基础上，合理地设计课程内容和学习形式，满足学习者的学习需求，注意引导学习者在学习过程中进行深层次的反思和思考，促进其智慧的生成，培养其高阶思维能力和创新创造能力。

【思考与练习】

1. 结合实际，谈谈你对在线开放课程艺术设计的理解？
2. 智慧型课程艺术设计应遵循哪些理论基础和基本原则？
3. 智慧型课程艺术设计的关键要素有哪些？其智慧性主要体现在哪些层面？

第 8 章　智慧型课程平台设计与管理

【学习目标】

1. 了解智慧型课程平台的设计与管理。
2. 掌握智慧型课程平台的整体架构思路。
3. 掌握智慧型课程平台包括的功能模块。
4. 熟悉智慧型课程平台的管理和运行。

【内容结构】

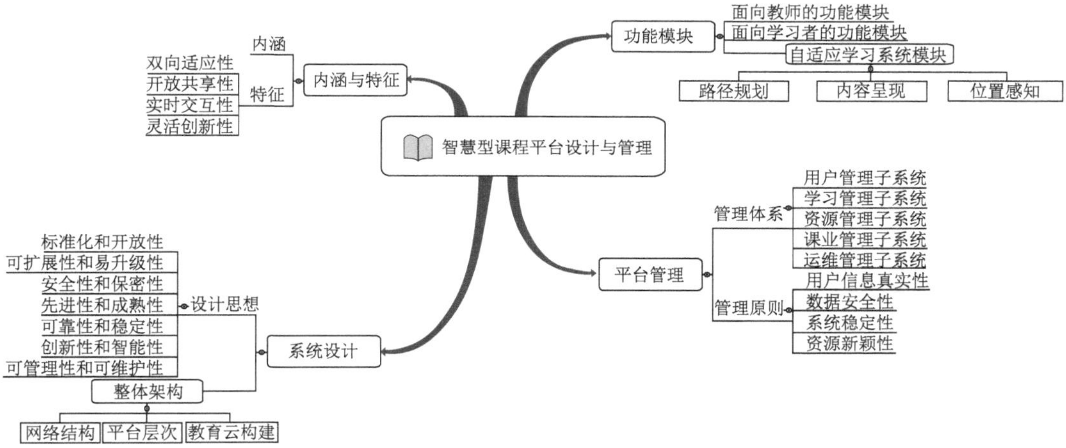

8.1　内涵及特征

8.1.1　在线开放课程平台发展

21 世纪以来，美国麻省理工学院的“开放式课程计划”和我国的“新世纪网络课程建设工程”拉开了课程平台建设的序幕。2012 年被《纽约时报》称为 MOOC 元年，三大主流 MOOC 平台 Coursera、Udacity 和 edX 兴起并快速发展，其他国家的 MOOC 平台也不断推出，如英国的 FutureLearn，德国的 Open Course World 和 Iversity，爱尔兰的 Alison，澳大利亚的 Open2Study 等。2013 年 5 月，北京大学、清华大学率先加入 edX；同年 7 月，上海交通大学和复旦大学加入 Coursera。2013 年 10 月，清华大学推出第一个中文 MOOC 平台“学堂在线”，其合作伙伴包括北京大学、浙江大学、南京大学、上海交通大学等联盟高校。

2014 年 4 月，上海交通大学研发的中文慕课平台“好大学在线”上线，实现上海西南地区 19 所高校互认慕课学分，学生可借此平台跨校辅修第二专业学士学位。①2014 年 5 月，爱课程网与网易云课堂合作推出“中国大学 MOOC”平台，全国高校均可通过该平台进行 MOOC 建设和应用。爱课程网是我国高等教育课程资源共享平台，承担国家精品开放课程项目的建设任务。2014 年 9 月，深圳大学牵头组建的地方高校慕课联盟——优课（UOOC）联盟正式上线，优课联盟基于超星慕课平台，课程全程与本科教育对接，采取线上、线下混合教学的模式，并与学分挂钩，实现联盟内高校学分互认。

2015 年《教育部关于加强高等学校在线开放课程建设应用与管理的意见》，提出构建具有中国特色的在线开放课程体系和课程平台，以“高校主体、政府支持、社会参与”为方针，立足自主建设，注重应用共享，加强规范管理，推动我国在线开放课程的建设与应用。2016 年教育部印发《教育信息化“十三五”规划》，提出积极利用云计算、大数据等新技术，创新资源平台、管理平台的建设。教育部办公厅关于印发《2017 年教育信息化工作要点》的通知中提出：“针对翻转课堂、网络学习空间、专递课堂、在线开放课程等不同信息化教学应用模式，试点组建若干个区域、学校联盟，探索形成一批成熟的、可推广的信息技术支持下的教学方法和教学组织形式。”目前，我国 460 多所高校已建设3200多门在线开放课程平台，其中201门在线开放课程登录国际著名课程平台，“清华汉语”等进入 2016 年国际著名课程平台前 10 名。2017 年赵宏教授对我国在线开放课程平台进行研究，以开放注册和选课、评价明确、提供学习支持服务为标准，筛选出具有代表性的 14 个平台进行比较，如表 8-1 所示。

表 8-1 中国 MOOCs 平台基本情况

序号	平台名称	建立时间	建立主体	服务对象	平台性质
1	ShareCourse	2012	台湾中原大学及捷鎏科技有限公司	大众	校企合作
2	智慧树	2012	上海卓越睿新数码科技有限公司	学生	企业建立
3	网易云课堂	2012	网易	学生	企业建立
4	顶你学堂	2012	过来人教育科技集团	学生	企业建立
5	学堂在线	2013	清华大学	学生	高校自建
6	ewant	2013	海峡两岸 5 所交通大学	学生	高校自建
7	开课吧	2013	慧科教育	学生	企业建立
8	成人高校 MOOC 联盟	2014	中国成人教育协会	成人学生	高校自建
9	好大学在线	2014	上海交通大学	学生	高校自建
10	优课联盟	2014	深圳大学等 90 所高校	学生	高校自建
11	中国大学 MOOC	2014	爱课程网与网易云课堂	大众	企业建立
12	铁路学堂	2015	清华大学高速铁路研究中心与顶你学堂	铁路从业人员	高校自建
13	慕课中国	2015	奥鹏远程教育中心	大众	企业建立
14	华文慕课	2015	北京大学与阿里巴巴集团	大众	校企合作

① 董少校，卢思语. 上海“好大学在线”平台上线 19 所高校互认慕课学分[N]. 中国教育报. 2014-04-16.

在线教育平台的发展以及教育领域的需求呼吁智慧型课程平台的出现。智慧教育的核心在课程，智慧型课程平台为智慧型课程的开发和应用提供了载体。智慧型课程平台集合现有在线开放课程平台的优势，集MOOC、微课、SPOC等课程于平台中，利用物联网、大数据、云计算、泛在网络、虚拟现实等智能技术，满足学习者的个性化学习需求，为其提供方便、高效且具有智慧性的课程学习资源。智慧型课程的智慧性主要体现如下：第一，智慧型课程平台是面向智慧教育的课程平台，具有智慧教育的根本属性，即以创新创造为核心，把培养创新创造型人才作为重要任务[①]；第二，智慧型课程平台是能够支持智慧型课程实施的课程平台，具有多元、选择、生成、发展、智慧、创造、泛在、终身、虚拟、真实、研创等特征[②]，重在培养学习者的高阶思维能力和适应时代的创新创造能力，促进学习者的全面发展；第三，智慧型课程平台应借助大数据、云计算、学习分析等技术，科学预测与分析学习者的学习过程，帮助学习者高效学习，为学习者提供智慧学习服务。

8.1.2 智慧型课程平台特征

网络学习平台能够支持个性化、多模式的教与学模式，开放共享教育资源，利用新技术建立强交互的学习环境。[③]自MOOC席卷全球以来，以其资源开放共享的特征受到广大学习者的青睐，但平台交互性较弱，大多数平台的自适应系统只具有单向适应能力。因此，借助云计算、物联网、大数据、虚拟现实等新技术构建的智慧型课程平台具有以下特征，如图8-1所示。

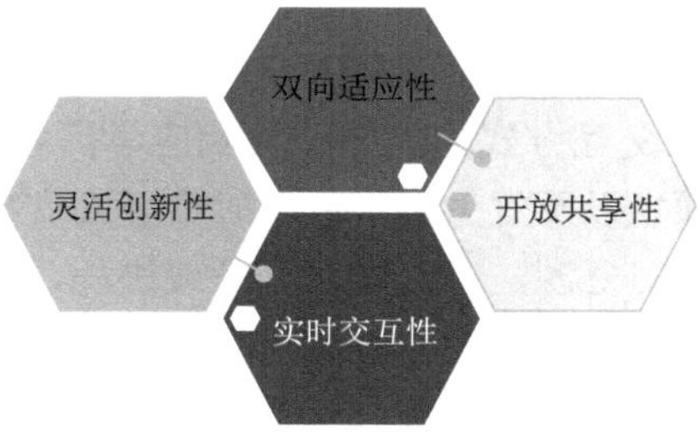

图8-1 智慧型课程平台特征

1. 双向适应性

目前多数学习平台仅具有单向适应能力，即实现了系统根据用户的适应性向学习者呈现学习资源、过程和策略的功能。虽然这种功能有助于解决学习者认知超载和网络迷航问题，但学习者在系统中是一种被动学习，不利于培养其自主学习能力和创新能力，不利于促进学习者对知识的主动建构，容易使学习者产生惰性。[④]智慧型课程平台要考

① 陈琳，王蔚，李佩佩，等. 智慧校园的智慧本质探讨——兼论智慧校园“智慧缺失”及建设策略[J]. 远程教育杂志，2016，（4）：17-24.

② 陈琳，陈耀华，郑旭东，等. 智慧教育中国引领[J]. 电化教育研究，2015，（4）：23-27.

③ 韩锡斌，葛文双，周潜，等. MOOC平台与典型网络教学平台的比较研究[J]. 中国电化教育，2014，（1）：61-68.

④ 姜强，赵蔚，王朋娇. 自适应学习系统中双向适应交互评价实证研究[J]. 现代远程教育研究，2013，（5）：106-112.

虑学习者和系统之间的主客体关系，在平台上建立双向适应交互，即用户主动选择资源的适应性交互和系统主动推送资源的适应性交互，实现平台的双向适应性，增强学习者与学习平台之间的联系。

2. 开放共享性

MOOC作为当代主流的在线学习平台，无论cMOOCs还是xMOOCs都具备“开放性、共享性和大规模性”这三个显著特征。在当代学习理论与信息技术迅猛发展的双重推动下，网络教学正从接受认知的教学范式到建构认知教学范式再到分布式情境教学范式转变，开放共享已成为未来网络教学的重要特征之一。随着MOOC热潮在全球范围内的兴起和发展，开放课程资源的建设共享已成为国际教育资源发展的重要趋势。[①]

无缝连接是智慧教育的技术特征。[②]在跨级、跨域教育服务平台之间实现数据共享和系统集成；通过增强现实等技术实现物理环境与虚拟环境的无缝融合，并支持多终端设备无缝连接到各种教育信息系统，获取学习资源与服务；多个学习终端之间实现数据同步、无缝切换，学习过程实现无缝迁移。为特定学习情境建立学习社群。为学习者有效连接和利用学习社群提供支持，无缝连接在更大程度上实现了平台的开放共享。智慧型课程平台作为课程学习平台，开放共享是其基本特征，不仅要实现校内师师之间、师生之间的教学资源与课程内容共享，也当实现校际之间课程资源的交流和共享，实现跨地域的资源无缝连接。

3. 实时交互性

黄荣怀教授在《2015中国智慧学习环境白皮书》中提到，未来学习平台的设计具备对话式、互动式、竞技式等交互方式，能够积极响应学习者需求，调动其积极性。[③]移动互联网的应用能够保障师生以及生生之间的实时交互，支持个性化学习，在了解学习者相关特征后呈现不同的学习资源，追踪学习记录或进程，自动搜集、分析学习者移动学习行为特点，建立起学习者个性化学习发展模型，并基于该模型实施个性化指导。智慧型课程平台应提供虚拟仿真类学习资源，让学习者产生身临其境的体验；同时智慧型课程平台应为学习者提供多种交流方式，构建学习共同体，促进师生和生生之间的交互。

4. 灵活创新性

灵活开放的内容创生与访问是智慧型课程平台创新性的体现，与封闭式的仅由教师创建课程内容的网络学习平台不同，智慧型课程平台允许任何用户创建学习内容、访问学习内容，师生之间不存在明显的角色功能区分。这种自由开放式的创建方式和访问权限，能够有效地促进和支持课程内容的协同创生，实现师生之间、生生之间的课程内容群体协同构建，实现提升学习者创新能力的目的。

---

① 杨现民，余胜泉. 智慧教育体系架构与关键支撑技术[J]. 中国电化教育，2015，（1）：77-84.

② 钟晓流，宋述强，胡敏，等. 第四次教育革命视域中的智慧教育生态构建[J]. 远程教育杂志，2015，33（4）：34-40.

③ 北京师范大学智慧学习研究院于2015年发布的《2015中国智慧学习环境白皮书》.

8.2 系统设计

8.2.1 设计思想

1. 标准化和开放性

平台设计需在教育部关于平台建设标准的思想指导下，按照一定的规则进行平台构建，并与遵循上述标准的其他系统交换信息，实现信息资源同步与共享。

2. 可扩展性和易升级性

系统设计要充分考虑学校已有的教学资源网站等成果，并确保与现有系统协同工作，采用分层次、模块化设计，便于系统扩展。同时，系统设计要考虑到适应应用不断升级的需要，系统的软硬件环境必须有良好的可升级性。

3. 安全性和保密性

系统在硬件、网络、数据库、应用操作权限、数据权限、身份认证等方面，提供全面的、多级别的安全防护和数据的异地备份。系统要考虑信息资源的共享，更要注意信息资源的保护和隔离，应针对不同的应用和不同的网络通信环境，采取不同的措施，包括系统安全机制、数据存取的权限控制等。

4. 先进性和成熟性

系统设计既要采用超前思维、先进技术和系统工程方法，又要注意思维的合理性、技术的可行性、方法的正确性。系统的设计应能反映当今的先进技术和理念，要具有发展潜力，能保证未来若干年内占主导地位。系统设计的先进性与成熟性并重，同时要考虑到近年来的应用发展特点，把先进性放在重要位置。

5. 可靠性和稳定性

在考虑技术先进性和成熟性的同时，还应从系统结构、技术措施、系统管理等方面着手，确保系统运行的可靠性和稳定性，达到最大的平均无故障时间。

6. 创新性和智能性

平台提供课程资源的自由创生与访问，提升平台活动活力与创新性，同时新兴技术的发展，更加便捷高效地为用户提供智能的服务。

7. 可管理性和可维护性

整个平台由多个部分组成较为复杂的系统，为了便于系统的日常运行维护和管理，要求解决方案和产品必须具有良好的可管理性和可维护性，便于日常运行维护和管理。

8.2.2 整体架构

智慧型课程平台整体架构包括网络结构、平台层次和教育云构建三大部分。网络结构是平台运行与应用的核心基础，平台层次将智慧型课程平台各部分组织并联系起来，实现平台各部分的功用，教育云用来存储数据资源以及对平台进行集中管理，促进平台使用的便捷性及高效性。网络是智慧型课程平台各层次和教育云构建的基础，教育云为各层次应用提供了支持。

1. 网络结构

智慧型课程平台的网络结构是在互联网、教育网、校园网相互连通的基础上，依靠搭建代理各层次的数据服务器，实现智慧型课程平台的设立（图 8-2）。

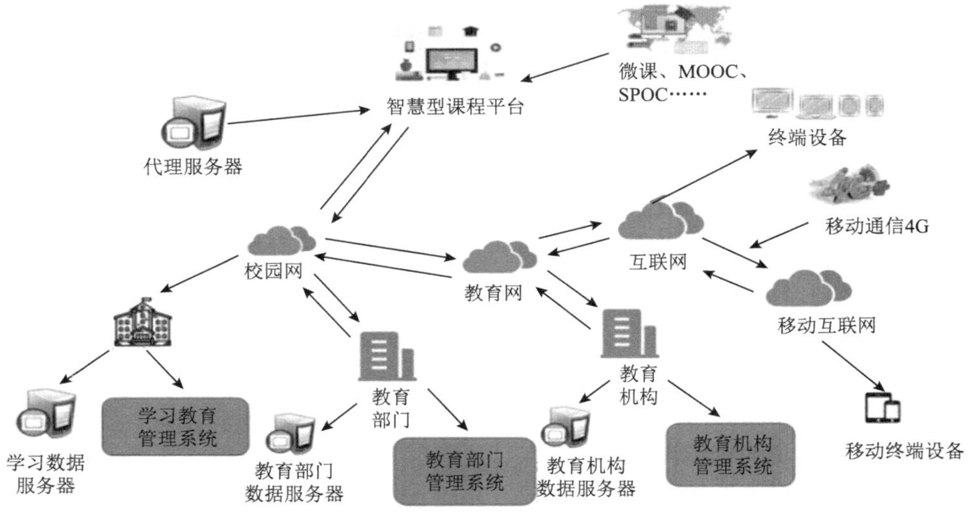

图 8-2 智慧型课程平台网络结构图

数据服务器。网络是智慧型课程平台构建的必要基础。智慧型课程平台集微课、MOOC、SPOC 等课程于平台中，学校、教育机构和教育部门通过相应的管理系统和数据服务器等设备，通过校园网、教育网和互联网实现智慧型课程平台数据资源和学校、教育机构、教育部门的各类资源互通和共享，最大程度上优化了数据资源的存储方式。

互联网。使用智慧型课程平台的用户和管理员等可以在固定互联网环境中，通过有线网络和 Wi-Fi 网络的连接，利用电脑、智能手机、平板电脑等智能终端设备登录智慧型课程平台系统，实现各类教育学习或教育管理等方面的服务和工作。

平台登录。在移动互联网环境中，智慧型课程平台的用户和管理员可以在任何时间、任何地点利用网络，实现智能手机、平板电脑等便携式智能终端的网络连接，便捷地登录到智慧型课程平台。

2. 平台层次

2015 年，清华大学电化教育中心副主任钟晓流教授等从九方面解析了智慧教育体系架构，在平台架构方面提出智慧教育的总体通用框架可分为技术层（核心）、应用层、平台层、服务层。[①]智慧教育总体架构包括感知层、网络层、平台层、应用层和门户。智慧型课程平台是广大学习者进行课程学习的平台，其层次可分为用户层、网络层、平台层、终端层和应用层这五个层次，各层次将智慧型课程平台内各组成部分组织并连接起来，如图 8-3 所示。

图 8-3 智慧型课程平台层次结构

（1）用户层

智慧型课程平台的用户层包含了平台的使用者和管理者两方面，主要有学生、教师、家长、社会公众、管理员、学校和教育机构等。在智慧型课程平台中，不同的用户可以按照不同的权限登录到相应的平台服务板块中，使用或管理权限范围内的各类智慧服务。

（2）网络层

网络层是智慧型课程平台网络组建的基础层面，主要包括互联网、物联网、移动通信、校园网、教育网及网络安全。互联网、教育网和校园网将区域内各类教育院校、教育机构和教育部门相互连接起来，并通过智慧型课程平台进行相互间的数据共享和交流；而物联网和移动通信则让网络覆盖的范围和使用的效率极大提升；网络安全是维护智慧型课程平台数据存储和平台运行畅通的必要支持。

（3）平台层

平台层包括教育云平台、教育资源共享平台、教育管理服务平台和大数据平台。教育云平台的教育教学、教育管理、教育科研、教育评价和教育服务的实现依赖于各平台

① 王晓明. 钟晓流：从九方面解析智慧教育体系架构[J]. 中国教育信息化，2015，（1）：39-40.

系统的相互合作。教育云平台和资源共享平台为用户提供全面的教学服务，并向大数据平台传输大量的数据；大数据平台则对大量的数据资源进行挖掘、整理和分类，并通过云计算技术对教育资源进行高效的数据分析；而教育管理服务平台则依照数据分析结果不断地改善智慧教育平台，促进智慧教育平台的发展。

（4）终端层

智慧型课程平台的终端层指各类用户使用平台系统时所必备的智能终端设备，包括智能手机、iPad、电脑、摄像头、红外感应器以及心率感应手环等智能教育穿戴设备。利用各类智能终端设备，不仅能优化用户在智慧型课程平台学习服务方面的体验，更能让平台通过用户智能终端设备的使用搜集到各类相关数据，为教育大数据的挖掘和分析提供数据支撑。

（5）应用层

应用层指智慧型课程平台中针对不同层次、不同方向的学习需求和服务需求设立的应用系统，主要包括智慧课堂、数字图书馆、远程教学等。智慧课堂面向各类在校师生，通过智慧型课程平台师生在课堂上能更智慧地教和学，同时实现教育资源的有效整合与共享，优化教育资源分配。远程教学是针对除学校教育外的各类社会公众，让其在工作之余能随时随地的学习到所需知识，并依靠平台的通信系统和学习者进行同时同步或异时异步的互动交流。

3. 教育云构建

（1）云计算的教育价值

教育云平台利用虚拟化技术，聚集和整合软硬件资源，弱化硬件、软件、数据、网络、存储等 IT 系统不同层面资源之间的物理依赖，达到集约化和透明化管理，实现动态调配和按需使用，提高云计算资源的弹性和灵活重组，解决资源共享的有效性、灵活性和易管理性。

教育云可以被理解为“云计算在教育中的应用”。2012 年教育部印发的《教育信息化十年发展规划（2011—2020 年）》中明确提出，建设中国教育信息化云服务平台的任务和行动计划。教育云可分为教育资源云、教育管理云、远程教育学习云、基础数据存储云等。未来的信息化学习环境将越来越复杂，学习资源也越来越广泛，云计算有助于解决高原期的困惑，如消除信息孤岛、实现系统互联、资源共享及应用互通等。因此，智慧型课程平台作为新型的课程资源学习平台，借助云计算实现资源存储，有助于促进更便捷和更广泛的资源共享。

（2）智慧型课程平台教育云构建分析

针对云计算在教育中发挥的巨大作用，以及智慧型课程平台对云服务的需求，北京师范大学张进宝博士构建了智慧云系统框架（图 8-4）。

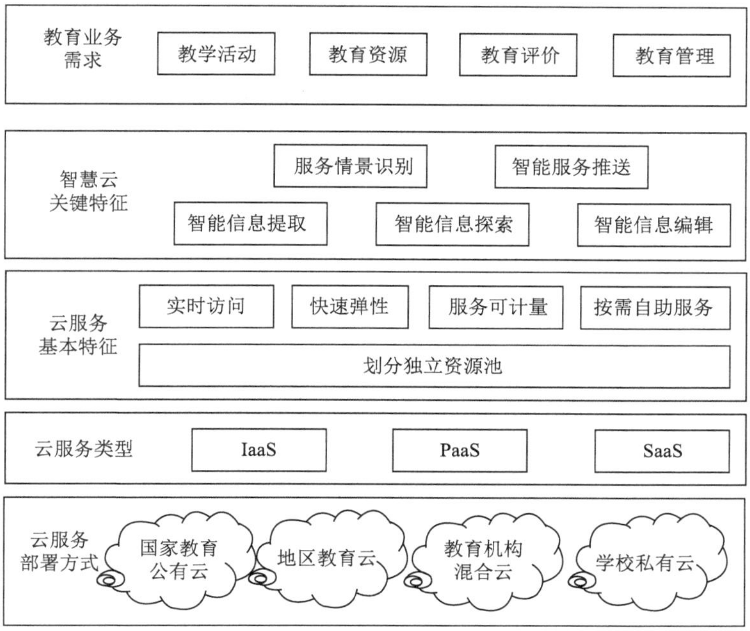

图 8-4　智慧云系统框架

1）云服务部署方式。

国家教育公有云：国家公益性、基础性、普及性的信息化教育平台。国家教育公有云只提供教学资源平台、教学管控资源平台、基础信息存储平台及普遍性服务。

地区教育云：和国家教育公有云类似，区域教育云包含于公有云，不一样的地方只是普及与服务范围缩小至省市一级，此种限制受到区域财政和管控的直接影响。

教育机构混合云：已经有某些非云服务平台，但在使用过程中又存在很多云服务的需要，可能公有云和私有云都会运用到。长远看，教育机构混合云平台的构建难度最大，运维资金较多。

学校私有云：私有云里大部分使用者为高校及部分基础设施信息平台较好、规模较大的学校。此种设计方式的最大优点是信息安全、服务质量等有保障。

2）云服务类型。

从云服务类型看，可以被归为 IaaS、PaaS 和 SaaS 三类。

IaaS：基础设施即服务。IaaS 提供硬件基础设施部署服务，为用户按需提供实体或虚拟的计算、存储和网络等资源。IaaS 需求以教育资源存储、数据中心需求、汇聚大规模计算资源、多媒体通信为主。[①]可能会用到的核心技术是虚拟化技术，包括应用虚拟化、桌面虚拟化、存储虚拟化、网络虚拟化等。

PaaS：平台即服务。主要以中间件的形式为各级应用单位提供集成化运行环境（操作系统、中间件、数据库等）。这些云服务平台具有良好的模块化设计，支持用户的二次开发。

① 苏泽庭. 信息化背景下的智慧教育推进策略研究——以宁波市为例[J]. 中国电化教育，2012，（2）：46-50，69.

SaaS：软件即服务。SaaS 是基于云计算基础平台开发的应用程序。管理员可以通过租用 SaaS 层服务解决信息化问题，如通过 GMail 建立属于该平台的电子邮件服务。该服务托管于 Google 的数据中心，不必考虑服务器的管理、维护问题。对于普通用户来说，SaaS 层服务将桌面应用程序迁移到互联网，可实现应用程序的泛在访问。

3）云服务的基本特征。

真正意义上的云计算平台必须具有实时访问、快速弹性、服务可计量、按需自助服务、划分独立资源池五个特征。这是区别完全意义上的云平台，以及审视某些 Web 服务是否可以被改造为云服务的关键点。

实时访问。云计算平台可以支持不同类型的终端设备通过标准的应用对网络进行访问。

快速弹性。这是一种快速、弹性提供与释放资源的能力。对消费者来讲，云服务所提供的能力是无限的（随需的、大规模的计算机资源），且在任何时间能以量化方式购买。

服务可计量。云系统对服务类型通过计量的方法自动控制和优化资源使用（存储、处理、带宽以及活动用户数）。资源的使用可被监测、控制，并对供应商和用户提供透明的报告（即付即用的模式）。

按需自助服务。消费者无须同服务提供商交互就可以得到自助的计算资源能力，如服务器的时间、网络存储等（资源的自助服务）。

划分独立资源池。根据消费者的需求动态地划分或释放不同的物理和虚拟资源，这些计算资源以多租户的模式提供服务。[①]用户不需要了解或控制资源池的准确划分，但能确定资源池分布的行政区域或数据中心，如存储、计算处理、内存、网络带宽以及虚拟机个数等。

4）智慧云的关键特征。

服务情境识别。情境感应和识别功能，使教育云系统可以依照使用者行为做到智能识别。识别的信息包含设施终端、使用者状态、地理信息、使用需要、路障辨别等。这些数据的识别利于满足特殊信息的发送与服务的提供。

智能服务推送。情境感知技术和主动服务设计的结合，可实现以用户为中心的资源推送、用户推荐、主题建议等。这一过程应用了人工智能、机器学习、知识工程的知识推理搜索、知识发现等技术，将“智能信息推送”和“智能信息拉取”相结合，提高服务对用户兴趣的推测水平，实现主动的、个性化的信息推送服务。

智能信息提取。云计算一般具备智能、精确、专业、独特性以及以使用者为中心的智能数据采集功能。智慧教育云计算应具有模拟人类编辑教学资源、教育活动的功能，对于使用者状况、教学课程信息、评测和监视情况等实施全面分析，重组并改变现有模式，将其不断优化。

智能信息探索。在数据搜索中，使用者希望使用精简的搜索方式得到准确的信息。智慧系统在某种程度上应模拟人类的大脑思维，分析使用者用自然言语表述的搜索要求，智能地得出搜索策略。因此，应满足基于信息本体、数据本体的词义搜索，可视化搜索

① 张丽慧，冯文奎. 我国智慧教育建设现状及对策研究[J]. 现代经济信息，2014，（1）：332.

等，形成以人为核心的互联结构。

智能数据编辑。目前教学信息编辑正不断地从侧重行为分解转变为侧重认知分解，从侧重集体数据转变成侧重个体数据，从计算化变化转变成结构化设计，把精准编辑转成模糊编辑。在智能数据编辑方面，也同样产生由智能答疑到智能辅助、智能帮手的变更。教学信息不断从人工整合转换成智能归类与整理。智慧云系统在数据编辑方面需要给教学使用者带来更多的功能。

5）教育业务需求

教育系统的云服务需求，大体可以归为教学活动、教育资源、教育评价和教育管理四个方面。学校、地区和国家等不同层面对云服务的需求侧重点各有不同。

8.3 功能模块

在线课程平台功能模块设置的科学合理与否对平台的发展和学习者的学习至关重要，它是衡量课程平台优劣的重要指标，智慧型课程平台面向的对象是教学者、管理者及学习者，其功能模块可分为面向教师的功能模块、面向学习者的功能模块及自适应学习系统模块，三个模块之间互相融通，共同为学习者提供智慧功能服务。各功能模块及其关联如图 8-5 所示。

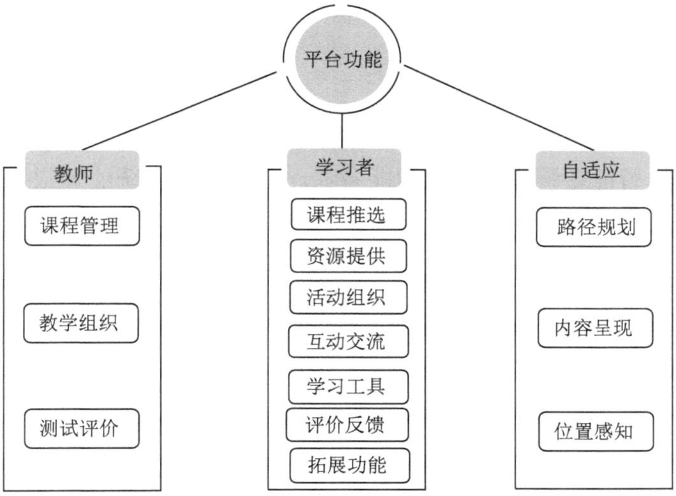

图 8-5　智慧型课程平台功能模块

8.3.1 面向教师的功能模块

1. 课程管理

课程是众多学习资源平台的核心组成部分，是用户学习的主要资源，课程负责人对课程具有组织和管理的权限，如“爱课程”平台中的课程均可以发布公告、进行教学安排、制订评分标准、上传课件、安排测验和作业、设定考试内容和时间以及参与课程讨论（图 8-6）。智慧型课程平台拥有众多类型的课程，在平台上需设置课程管理功能，以便教师在平台上更好地进行教学。教师在课程管理中可以对发布的课程进行管理，如设置课程的基本信息、发布教学视频、上传学习材料、发起课程讨论、回答学习者问题、发布作业与考试等。教师还可以通过学习者管理查看本课程的学习情况，及时掌握学习者的学习进度和学习效率，以便调整教学进度。

图 8-6 “爱课程”平台教学安排

2. 教学组织

教学组织是保证课程正常进行的有序安排，智慧型课程平台中包含教师智能，教师可以随时随地依托智能备课系统进行智能备课。智能备课系统能够根据教师的教学需求和计划，智能地将教师所需的材料、资源、教案推送进教师个人的学习空间；教师可以随时通过智能设备查看、下载并进行智慧重组，生成个人教案；教师也可以通过查看教师智慧学习共同体分享的教案资源，存入个人的智慧学习空间并加以实践应用。另处，教师可以通过语音、手势等信号，打开智慧学习交互式平台，高效、个性化地引入平台中的优质学习资源，如微课、MOOC、精品开放课程等，实现智慧教学的同步互动；平台应实现智慧教学的全程记录，获得教师教学和学生学习的相关数据并进行智能分析，能够为教师提供可视化分析报告，便于教师对学生学习和自我教学做出全方位、个性化、发展性的评价。

3. 测试评价

测试评价是在线开放课程平台的重要部分，测试评价可掌握学习者对课程的掌握程度，如学堂在线中的课程在每节课后有课后习题，既帮助学习者复习课程知识，又能了解学习者对该节知识的掌握程度。智慧型课程平台要对学习者实现智慧评价，可利用数据挖掘、内容分析等技术，通过聚类分析、分类与预测做出定量分析和预测，促进教学针对性的改进，为教师和管理者提供更科学的决策依据。智慧评价的过程是科学、全面搜集、获取与学习者相关的教育数据，并做出智慧判断的过程。智慧评价是全面性、真实性、动态性、科学性、发展性、立体化、终身性的科学评价。

8.3.2　面向学习者的功能模块

1. 课程推选

面对 MOOC 平台上的众多课程，学习者可能无法选择和确定自己需要的课程，或由于不了解选择了与自己知识能力不匹配的课程，“爱课程”学习平台在学习者选择相同系列课程时，会对学习者进行课前测试，向学习者推选合适的课程。例如，在“爱课程”网站搜索 python 课程，会出现一系列此类型课程（图 8-7）。未了解此类课程的学习者，往往不知如何选择适合自己的课程，但“爱课程”网会在该系列课程预备知识中，进行课前测试，以确定学习者是否适合学习该门课程（图 8-8）。

图 8-7　“爱课程”网课程

图 8-8　课程课前测试

智慧型课程平台上相同系列的课程可依据难易程度进行等级排序划分，结合课程前期测试功能，为用户选择适合学习者的课程。学习者在平台学习一段时间后，平台可利用学习分析技术，分析学习者的基本情况，在充分了解学习者需求和学习风格的基础上，为学习者制订合适的课程和学习计划。

2. 资源提供

目前，多数慕课平台的学习资源主要以视频、图片和文本形式呈现，或者提供相关资源链接，如“爱课程”网上的课程课件主要以视频、文档及讨论区形式呈现给学习者，“学堂在线”主要以视频、文本和讨论区的形式呈现课件（图 8-9）。

图 8-9 “学堂在线”课件资源

智慧型课程平台向学习者提供的资源主要包括主体资源和拓展资源。主体资源是课程学习的主要载体，是按照一定的组织结构形成知识体系的数字化资源和多媒体资源，呈现方式包括文本、图像、视频、音频、虚拟仿真资源、3D 资源及教育游戏资源。拓展资源主要是与课程相关的研究前沿资讯等，这些资源有助于学习者了解课程相关领域的最新进展，为学习者学习、自主探究提供动力来源与研究切入点。主体资源和拓展资源可分为线上资源和线下资源，对课程资源范畴的虚拟实验室、教育游戏等线上资源不直接呈现，而是在学习者学完一定的课程内容或具备相应的知识基础上呈现给学习者。此外，线下资源如博物馆、实验室等资源会在适当的时机以适当的形式推荐给学习者，也未纳入知识的主体结构，而是以拓展资源的形式呈现。所有的资源根据学习者的知识基础与学习进度动态呈现，结构清晰、主次分明，学习者还可以对其他资源进行检索，系统可以进行自适应推送等。

3. 活动组织

由于课程内容、学习者特征、学习风格等的不同，课程学习过程中会根据这些因素选择合适的课程活动形式，对于通用的课程活动，往往有其通用的规范化流程，在教与学过程中选择相应的活动模块可以提高教与学的效率，对于非通用的但未来可能走向通用的活动，可以联系系统管理人员补充建立活动模块。智慧型课程平台的活动组织可分为线上活动和线下活动，这些活动模块之间并非彼此独立，而是可以互相嵌套、交叉的，对于复杂的教学或学习过程较长的课程，往往需要多种活动的组合完成，复杂却有章可循。

4. 互动交流

自主学习固然重要，但也需要通过与教师、学习同伴以及社会其他人员的互助、交流、合作、讨论等进行思维的碰撞，进而加深理解，甚至产生灵感的火花，为后续学习奠定基础。例如，“爱课程”网设置了专门的讨论区，包括老师答疑区、课堂交流区、综合讨论区三个子板块（图 8-10）。学习者可以发起主题，也可以参与到其他主题中，与来自五湖四海的学习者进行线上交流，并且可扫码加入 QQ 群，进行课下交流。

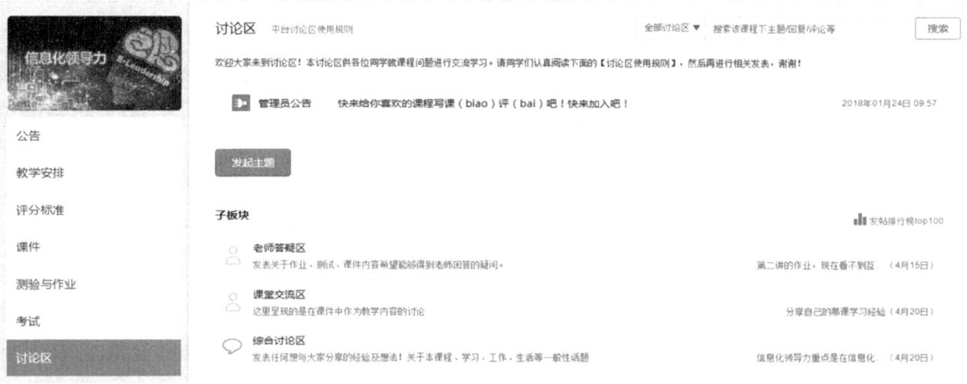

图 8-10　“爱课程”网讨论区

智慧型课程平台的社交形式应多种多样，可以是一对一、多对多的在线聊天，或以发帖、回帖的形式进行讨论交流，或以在线咨询的形式寻求专家指导，甚至可以通过线上交流预定开展线下论坛，从而深入探讨，更有现场感。此外，学习者还可以互相添加好友，通过平台关注同伴学习状态等，从而互相激励。

5. 学习工具

学习工具模块由各类学习工具集合而成，如学习笔记、答疑工具、电子书签、知识结构的学习视图、学习提醒、学习反馈等。这些工具被嵌入学习内容中，提升了学习内容的交互性，或被引入学习社区中为学习提供必要支持。例如，“学堂在线”设置进度查看、精华笔记、我的同学等功能，学习者可以清晰了解个人学习进度，并便捷地进行资源学习、开展学习活动、学习评价、社交等，可以称之为动态的、有组织的导航视图。通过笔记工具，学习者可以方便地记录笔记，笔记可以以文字、图像、音频、视频等形式记录，可以是单独的有感而发，也可以与相关课程内容相联系；笔记可以单独查看，也可以在复习相关内容时查看。通过学习同伴视图，学习者可以查看到正在学习同一课程或内容的人员，便于学习者之间的互动交流（图 8-11）。

图 8-11 “学堂在线”学习工具

“爱课程”网设置微信提醒和每日签到工具，学习者通过微信关注该门课程，课程平台能够以信息、邮件等多种形式向学习者发送提醒消息，提醒学习者尚有未完成任务需要继续学习，提醒时间由学习者自定以及系统内部设置综合决定。通过对以上“爱课程”网和“学堂在线”学习工具的分析，我们发现课程平台的学习工具并不完善，缺乏学习者知识体系的构建以及协同学习。因此，智慧型课程平台在具有常用的学习笔记、学习提醒、答疑工具的同时，要提供知识体系构建功能，学习者最终将属于隐性知识范畴的知识网络型笔记建构为显性化知识体系，并进行更加深入的持续研究和学习，平台需提供网络协同讨论系统，约定的学习好友可以共建、共管、共用学习资源，并基于学习模块随时分享、讨论、总结研究学习的心得体会。

6. 评价反馈

学习评价是学习者学习过程的重要组成部分，评价模块侧重于学习者对课程平台的运用。对学习者而言，课程平台主要提供测试和作业的反馈，以及汇总的各类评价。通过测试的及时评价，学习者能够及时知道自己的测试结果，并根据平台提供的反馈信息与指导信息进行查漏补缺或进行后续学习。通过阶段性测试的评价以及相关作业的评价，学习者能够对阶段性学习情况有所认识。通过动态更新的、汇总的综合评价，学习者能够全面了解自己各方面的发展情况。

7. 拓展功能

智慧型课程平台的功能模块并非固定不变，而是要有一定的拓展性，应随着社会发展、技术进步和教育需要不断更新完善。类似于 Moodle 平台的插件库和 edX 平台的模块库，智慧型课程平台的用户和系统管理人员可以进行拓展模块的开发，对于这些拓展模块，用户可以自行选择使用，功能多样，运用灵活。

8.3.3 自适应学习系统模块

目前在线教育提供了比较优质的教育资源库，但仍未实现每个学生获得最优教育资源的目标。自适应学习可以实现该目标，实现以学习者为主体的教育，为具有不同认知水平、认知风格的学习者提供与他们能力相匹配的个性化服务，达到在特定时刻为特定的学习者提供特定内容的水平。①

近几年，国外自适应学习平台发展迅速，先后涌现出为学习者提供实时学习方式和学习资料的自适应学习平台。②国外对自适应学习平台的定义强调收集和分析数据的实时性，同时通过数据挖掘等算法提供个性化服务③，国外比较有特色的自适应学习平台有 Smart Sparrow、Declares、Knewton、Cog Books 等④，如 Knewton 平台使用聚类、项目反应理论，贝叶斯神经网络等模型实现系统内容的自适应，依据学习者的个体特征，产生跨学科的知识图谱和个性化的学习路径；而 Declares 采用完全开放式的自适应模式，由用户行为和社交关系创造平台内容，从而推荐共享资源。⑤

国内强调自适应学习平台能为学习者提供针对性的学习服务，同时通过对学习者具备的学习风格、自身背景等因素进行分析，提供个性化的知识服务。⑥例如，猿题库，主要通过学习者的认知风格、学习内容建立用户模型，利用遗传基因算法进行资源优化，最后根据一系列“IF-THEN”构建的规则进行个性化匹配得出最优的试题。⑦

自适应学习系统是智慧型课程平台智慧化的关键所在。平台将智慧型课程内容与自适应学习系统有机结合，准确定位学习者的薄弱环节，深入挖掘用户的学习表现和行为数据，构建用户模型，智能匹配个性化的学习内容与学习路径，并通过移动设备的使用，智能感知学习者位置，为学习者创建学习情境，实现平台的智能化服务。如果没有自适应学习系统，课程平台便只是资源、流程等的罗列，自适应学习系统给智慧型课程平台增添了活力，使教与学过程智慧化成为可能。

自适应学习系统是内隐式模块、是系统的内部机制，渗透在用户的平台使用过程中。自适应学习系统的主体是一套逻辑规则，包括学习者模型、情境模型、资源库、试题库、策略库的建立、更新与维护规则等。在自适应学习系统运行前，需要建好学习者模型、情境模型、资源库、试题库、策略库，在此基础上自适应学习系统可提供学习路径的自适应导航、学习内容的自适应呈现、学习地理位置的自适应感知。

1. 路径规划

学习路径是学习者在学习过程中选择或被选择的一系列概念和活动的序列集合。在已有的数字化学习系统中，学习路径和内容由教学设计者制订，学习者在学习进度上保

① 徐鹏，王以宁. 国内自适应学习系统的研究现状与反思[J]. 现代远距离教育，2011，（1）：25-27.
② 高虎子，周东岱. 自适应学习系统学习者学习风格模型的研究现状与展望[J]. 电化教育研究，2012，（2）2-4.
③ 彭文辉. 网络学习行为分析及建模[D]. 华中师范大学博士学位论文，2012.
④ 赵程玲，陈智慧，黄志芳. 适应性学习路径推荐算法及应用研究[J]. 中国电化教育，2015，（8）：2-6.
⑤ 檀晓红. 基于推荐及遗传算法的个性化课程生成与进化研究[D]. 上海交通大学博士学位论文，2013.
⑥ 赵宏，陈丽，赵玉婷. 基于学习风格的个性化学习策略指导系统设计[J]. 中国电化教育，2015，（5）：2-4.
⑦ 黄兴禄，杨娟，宋晓玲. SOA 智能学习风格判别组件的设计与实现[J]. 中国远程教育，2016，（5）：1-3.

持同一步调，这种学习方式无法满足学习者个性化需求。自适应学习路径是基于学习者个性优势设计，旨在提供符合学习者学习偏好的学习内容和学习活动，由学习者自定步调和学习序列的组合。

目前，华东师范大学朱建东教授提出了基于神经模糊方法构建学习诊断系统，分析学生的学习活动日志和学习成绩，推断学习特点及确定基于个性特征数字化学习的最佳路径。①浙江工业大学李浩君等采用遗传算法研究个性化学习路径的生成机制，根据学习需求和情境特征推荐学习资源序列，提高学习效果。②四川大学杨娟博士设计了可自适应 Felder-Silverman 学习风格模型的动态学习路径推荐工具——Smap，实现与每个学生的能力素质、个性特征相匹配的个性化教育。③江南大学牟智佳提出了整合学习者心理行为、脸部行为、眼动行为、脑部行为等学习者生物数据，为学生个体刻画出学习肖像特征，进而提供精准的个性化学习路径。④

国外著名的在线智能适应学习平台 Knowton，其课程通过 Knowton 知识图谱连接起来，形成“权威的”学术概念交叉学科图。这些知识图谱会考虑内容设置定义的概念以及这些概念间的联系。Knowton 基于学生的先验知识和学生如何学习，通过知识图谱向学习者推荐个性化的交叉学科路径。

自适应学习系统能够自动诊断学习者能力，为不同类型的学习者推荐“最适合”的个性化学习路径，打破传统学习群体的结构，把学生作为个体置于更为个性化的情境中，真正为学习者提供个性化学习服务。自适应学习系统是网络学习系统智能化的发展趋势。

2. 内容呈现

自适应呈现指系统在内容呈现上根据收集的学习者数据分析出的偏好提供某一时刻适合该学习者的材料呈现方式（视频、文本、游戏等）或是材料呈现序列组合。当用户搜索或是进行学习步骤跳转时，系统自适应地选择和确定提供给学习者的项目优先级。⑤

自适应内容可以根据学生不同的学习情况提供合适的反馈，包括问题提示和学习材料等。自适应内容也可以通过搭建内容支架为学生提供更多的帮助。比如，将学生的学习内容分解成具体的知识，直到学生完成每部分学习后，再帮助学生进行知识整合。自适应内容以内容为基础，收集并分析学生学习不同内容的数据。

例如，英国的 Cog Books 自适应内容工具，它根据教学者的需要提供生物和历史教学课件，并可在包括 blackboard、canvas 在内的教学管理平台（Learning Managment Sysmtem）上使用。在这个教学管理平台上有 18 个学习模块，Cog Books 根据学习者学习和回答问题的情况，不断分析学习者与课程内容互动的数据。Cog Books 在调整为学

---

① 朱建东，刘名卓，蒋丽丽. 基于神经模糊方法的数字化学习路径的优化选择[J]. 情报杂志，2010，（8）：114-118.

② 李浩君，徐佳程，房邵敏，等. 个性化移动学习路径优化策略应用研究[J]. 电化教育研究，2016，（1）：39-44.

③ 杨娟，张养力，黄智兴，等. Smap：可自适应 Felder-Silverman 学习风格模型的动态学习路径推荐工具[J]. 中国远程教育，2013，（5）：77-86.

④ 牟智佳. 学习者数据肖像支撑下的个性化学习路径破解——学习计算的价值赋予[J]. 远程教育杂志，2016，（6）：12-19.

⑤ 郭朝晖，王楠，刘建设. 国内外自适应学习平台的现状分析研究[J]. 电化教育研究，2016，37（4）：55-61.

习者提供的学习内容时，考虑了以下几个因素：学生的自信心指数和自测成绩、学生完成练习的时间、学生回答问题的表现、学生对学习目标的熟练程度、学生在相似的学习模块中的学习表现等。

2015 年，亚利桑那州立大学和 Cog Books 达成合作，率先在教学上使用该自适应工具，为学生提供生物和美国历史两门线上课程。其中有 527 名同学选修了生物课程，25 名同学选修了美国历史课程。根据课程结束后的调查反馈，参与线上课程的学生普遍认为该自适应内容对自己的学习有帮助。其中，共有 81%的学生希望可以将该自适应内容应用到其他科目的学习上；有 81%的学生认为线上课程的难易程度合适；有 84%的学生认为该自适应工具能够更好地帮助自己理解学习内容；有 68%的同学表示该自适应工具的实时反馈功能非常有帮助。

3. 位置感知

目前，移动学习技术和计算与信息系统领域相关技术取得了巨大发展和进步。移动学习、泛在学习成为当前主流的学习方式，为实现移动学习并确保学习效果，自适应学习系统需要正确识别学习者特征、教与学情境、学习环境以及学习者所使用的移动设备，同时动态生成和呈现个性化的教学内容。

学习者使用移动设备在智慧型课程平台学习时，移动设备的位置感知能力可以发现移动学习者所处的地理位置。在移动学习环境中，基于位置的学习内容是与特定位置相关联的学习对象，能够增强学习者的情境性交互。当移动学习者处在或接近某一特定的地点时，便会被分配一个基于位置的学习活动。例如，在特定地点参观、观察和体验学习对象并完成学习任务，如实地考察。由于移动学习可能发生在任何地点，所以自适应学习系统使移动学习系统能够根据学习发生的地点为学习者提供适当的、与位置相关的学习内容，并通过自适应学习系统对学习者学习位置的感知，帮助学习者匹配地理位置附近的学习者，促进学习者之间的交互。

《2018 年中国人工智能自适应教育行业研究报告》①，概述和分析了国外人工智能自适应学习、国内人工智能自适应的学习状况和发展趋势，分析了我国人工智能自适应教育市场状况和教育行业典型企业，其中的典型代表企业便是乂学教育。乂学教育的人工智能自适应学习系统名为“松鼠 AI”，该系统作为真人老师的赋能工具，为学习者提供完整的课程服务，即学习者不是完全自主学习，还需配有真人老师（图 8-12）。系统的主要职责是动态评估学习者对知识图谱的掌握情况，并推送相应的讲解视频和练测题，老师主要职责是把控节奏、引导鼓励和补充式的答疑解惑。课程流程分为“测—学—练—测”4 个标准化环节，其中“测”和“练”的主要方式为做题，“学”的主要方式为观看知识点讲解视频。“松鼠 AI”目前开通的学科为初中一至三年级的语文、数学、英语、物理，累积付费用户约 10 万人，实验用户约 100 万人，做题数量约 1.2 亿道，未计划把用户年级范围扩大到小学和高中。

在核心技术方面，乂学教育用知识图谱和图论描述和表示学科知识体系，并使用贝

① 艾瑞咨询. 2018 年中国人工智能自适应教育行业研究报告. 2018.

叶斯网络和概率图模型用于学习者画像的刻画，表示出学习者整体的知识掌握情况，采用贝叶斯知识追踪理论：用于学习者对知识点掌握程度达标的判定，在获得一定数据后，乂学教育采用分类树和模糊逻辑用于最优学习内容推荐，采用遗传算法和进化论推荐最佳的学习路径，并将加强学习、深度学习方式作为最合适的教学模式向学习者推荐。

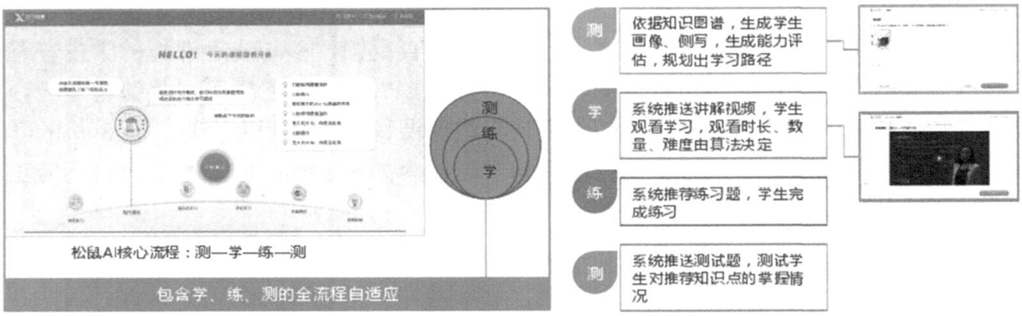

图 8-12　乂学教育人工智能自适应学习系统“松鼠 AI”上课流程

8.4 平 台 管 理

2015 年 4 月，教育部发布《教育部关于加强高等学校在线开放课程建设应用与管理的意见》，要求“对在线开放课程公共服务平台的网络安全、内容安全、数据安全、运行及服务进行规范管理”，“加强对课程建设和平台的监管”。在线课程平台管理系统是平台顺利开展、学习者高效学习的重要保障，因此智慧型课程平台管理体系的建设和功能系统的完善十分重要。

8.4.1 管理体系

智慧型课程平台是在物联网、云计算、大数据及人工智能等信息技术的支持下构建的，智慧型课程平台建设是一项整体规模大、技术难度高、框架结构复杂、涉及方面广泛的系统性工程。因此，必须要有统一的全局性规划和管理，才能使智慧型课程平台的建设和发展真正做到满足智慧教育的理念需求，适应教育的发展需要，整合各方教育资源，有针对地设计科学化、合理化的智慧型课程平台。智慧型课程平台管理体系如图 8-13 所示。

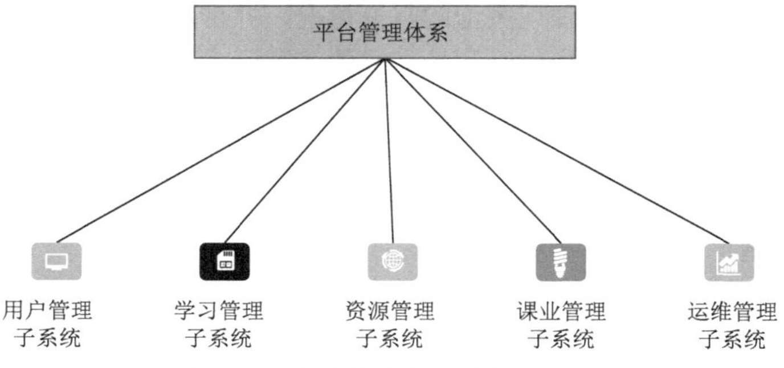

图 8-13　智慧型课程平台管理体系

1. 用户管理子系统

用户管理子系统主要包括用户注册、消息通知、用户创建、用户管理等内容。

用户注册：用户初次使用系统需要进行自助注册，可以用邮箱进行注册，也可以用QQ号或微博账号直接登录。用户注册后也可将系统账号和QQ、微博等账号进行绑定。

消息通知：系统支持各类不同类型课程通知的推送，学生用户可以查看信息具体内容和信息发送时间，也可以删除已读信息（可以单条删除，亦可批量删除）。

用户创建：管理员在后台可以添加、审核用户，拥有批量导入、生成用户，可以查看用户基本信息、启用、停用和重置用户密码等权限，还可以快速搜索定位到已存在的系统用户。

用户管理：系统提供分级管理，包含系统超级管理员、运维管理员、课程制作人员、学校管理员、教师、助教、学生、社会用户等，系统支持多角色兼任。同时系统支持限制账号重复登录的功能，以确保用户账号的安全。

2. 学习管理子系统

学习管理子系统即网络学习平台或网络教学平台，是数字化学习的一种基础性技术平台，是开展在线网络教学或网络辅助教学的必备条件。目前大部分学者认为学习管理子系统是用于创建、发布、组织和管理在线学习课程、跟踪和管理学习进程的系统，是包含课程内容、教学计划、学习资源、作业、测试等信息，提供网络教学与辅导、网上自学、网上作业、网上答疑、师生协作交流、网上测试以及质量评估等多功能、多服务在内的综合教与学服务支持系统，它可以作为传统课堂教学模式的辅助和补充，也可以完全按照在线教学的模式进行。有了学习管理系统，教师可以按需安排各类教学活动和学生的学习过程，并随时掌控各种教学活动和记录学生的学习情况。

3. 资源管理子系统

资源管理子系统共包含五大模块，分别是基础设置（资源库、资源类型、专业授权、资源库授权）、我的资源管理（我的资源、上传资源、下载日志、资源评论、我的收藏）、共享资源管理（按资源类型、按所属专业、按资源库、共享资源查询、资源审核、资源审核记录）、课件组装和查询统计（教师资源制作、共享资源统计、资源综合查询、资源下载日志、资源评论查询）。

4. 课业管理子系统

课业管理包括平时的课程作业、在线测试、课程互动交流等。教师根据课程特点制订作业，理工科课程与文科课程的标准有所不同，创设的作业格式不同。如理工科中编程类课程采用“做中学”的学习方式及作业形式，更强调实际操作编程，并在操作中增加学习趣味；文科作业偏重于情境式，让学习者有感而发。例如，台湾大学的“中国古代历史与人物——秦始皇”“红楼梦”等文科课程，作业的设置注重培养发散思维，通过感同身受的情境式作业，考查学习者对历史学、文学的理解与内化。

作业的评价采用多元化机制，既有类似于传统课堂中的小测试，帮助学习者及时检测学习效果；又安排类似传统的课后家庭作业，规定一个作业时间段（如一周左右），在这个时间段内将作业完成并提交成功；此后设置生生互评时间段（一周左右），即同侪审查，规定每个学习者必须评价至少 5 名其他学习者的课后作业，才算完成课业要求并获得结业证书。这样既分担了主讲老师及助教的工作量，又加强了学习者的交流与反思。教师通过批改作业了解不同学习者的思考角度。

5. 运维管理子系统

目前，我国高校课程平台的建设标准不一，监控力度不够，诸多课程没有得到及时更新和维护，缺乏高质量的智慧课程，无法反映该学科专业领域的最新研究成果。因此，课程平台需要后台工作人员的维护和管理，需要不断更新信息来吸引学习者的加入，如工作人员需要说明课程信息、学习要求和学习条件，并将这些信息明确地放在课程平台上。

运营管理系统需要对教师提供知识产权的保护以及保障差异化学习者的学习质量。DCM 加扰是保护开放课程云平台视频内容版权的必要配备，可以有选择地实现网内、线上的视频保护，避免用户未经授权将下载的视频用于其他用途。智慧型课程的在线视频是一种端到端的多媒体业务，网络带宽影响在线视频的服务质量。在云计算中部署多媒体业务时，面临的将是众多对带宽和基础资源需求不同的业务，以及成千上万等级不同的用户，因此如何有效地分配和管理带宽资源，成为影响视频效果和用户体验的关键。从云的基本思想及按需付费的运营模式看，应当支持对不同等级用户的差分服务。对付费用户、注册用户、游客等不同用户进行分等级服务以保证不同的服务质量。

8.4.2 管理原则

1. 用户信息真实性

智慧型课程平台注册的用户需要遵循信息真实原则，以便平台依据学习者的信息为学习者提供更高效的服务，同时也便于平台对学习者进行日常管理。

2. 数据安全性

系统在硬件、网络、数据库、应用操作权限、数据权限、身份认证等方面，提供全面的、多级别的安全防护和数据的异地备份。系统既要考虑信息资源的共享，也要注意信息资源的保护和隔离，应针对不同的应用和不同的网络通信环境，采取不同的措施，包括系统安全机制、数据存取的权限控制等。

3. 系统稳定性

在考虑技术先进性和开放性的同时，还应从系统结构、技术措施、系统管理等方面着手，确保系统运行的可靠性和稳定性，达到最大的平均无故障时间。

4. 资源新颖性

当前在线课程资源存在集中建设、更新滞后、静态预设、参与不足等问题，导致其应用效果不佳，难以实现可持续发展。在线课程平台拥有众多课程资源以及其他形式的资源，但有些资源使用率低，要改变这一现状，需定期实现资源的更新与完善，提高平台资源的精细化。

智慧型课程平台系统为智慧型课程的应用和开发提供了载体。未来智慧型课程平台必将借助大数据、云计算、学习分析、增强现实等技术，为学习者提供高效、人性化的学习支持服务。

【思考与练习】

1. 结合实际，谈谈如何架构智慧型课程的平台系统？
2. 结合在线开放课程平台，谈谈智慧型课程平台的智慧性体现？
3. 智慧型课程平台的功能模块主要包括哪些？
4. 如何管理智慧型课程？谈谈你的理解。

第9章　智慧型课程开发

【学习目标】

1. 了解智慧型课程的开发过程。
2. 掌握智慧型课程开发的方法和步骤。
3. 掌握开发智慧型课程需要的技术和工具。

【内容结构】

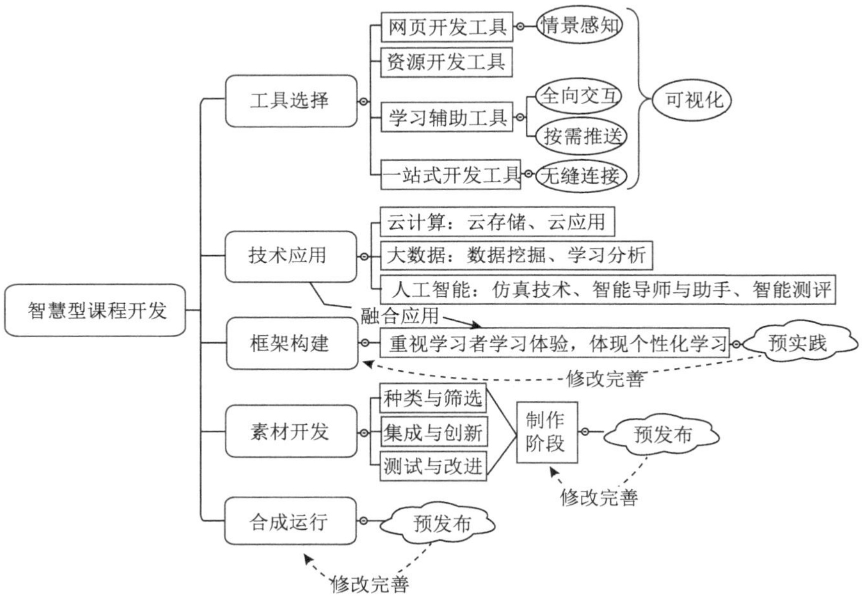

2015年4月，《教育部关于加强高等学校在线开放课程建设应用与管理的意见》指出："2017年前认定1000余门国家精品在线开放课程。到2020年认定3000余门国家精品在线开放课程。"在线课程的开发必然伴随着技术和工具的使用，因此选择合适的工具与技术，按照合理的框架对课程进行设计与开发尤为重要，目前国外的在线教学系统主要是基于web的课程开发工具。①智慧型课程开发要收集丰富的素材，运用智能化、个性化的工具和技术，并进行合成运行。本章将从工具选择、技术应用、框架构建、素材开发、合成运行五个环节探讨智慧型课程的开发。这五个环节相互影响、相互迭代。智慧型课程的框架、素材及运行在每次开发结束后进行测试，测试不合格将继续修改或重新设计，直至测试合格。

① 潘海燕，王三红. 网络课程开发工具的比较与分析[J]. 现代教育技术，2007，17（12）：75-77.

9.1 工具选择

智慧型课程主要包括参与者（学习者与课程教师）、教学内容、智慧学习环境、学与教方式和反馈评价这五个要素，这些要素之间相互连接、共同促进。①智慧型课程开发要满足这些要素的需求，通过网页、资源及辅助工具的开发形成完整的课程建设。首先，要通过网页开发创造良好的视觉体验，嵌入多元化的资源组建丰富的教学内容；其次，融合新技术，开发多种学习资源；再次，开发学习辅助工具为学习者提供解答疑难、交流讨论的平台，创设师生交互的环境；最后，教师通过参与讨论了解学习者的学习情况，并给予反馈与评价。

9.1.1 网页开发工具

1. Dreamweaver

Dreamweaver 是一套功能强大的网页编辑软件，它提供各种可视化的网页编辑功能，从单一的 HTM 静态网页，到复杂的 ASP 动态网页的数据库系统设计，均能以鼠标拖拽的方式迅速完成网页设计工作。Dreamweaver 最出色的地方在于其具备动态服务器网页的可视化设置功能，同时对各类平台与服务器语言提供足够的支持，无论是 PHP、JSP、ASP，还是 ASP.NET，程序设计人员均能够利用 Dreamweaver 的单一接口，设计不同类型的动态服务器网页。②

以“爱课程”网江苏师范大学陈琳教授的“现代教育技术”课程（图 9-1）为例，用 Dreamweaver 完成界面的排版，这属于静态网页设置的功能，还可以加入分享、签到、反馈、手机课堂等动态的按钮及链接。在该过程中，设计者经过简化的智能编码引擎，可以轻松地创建、编码和管理动态网站，使用工作区切换器可以从一个工作环境快速切换到另一个环境。

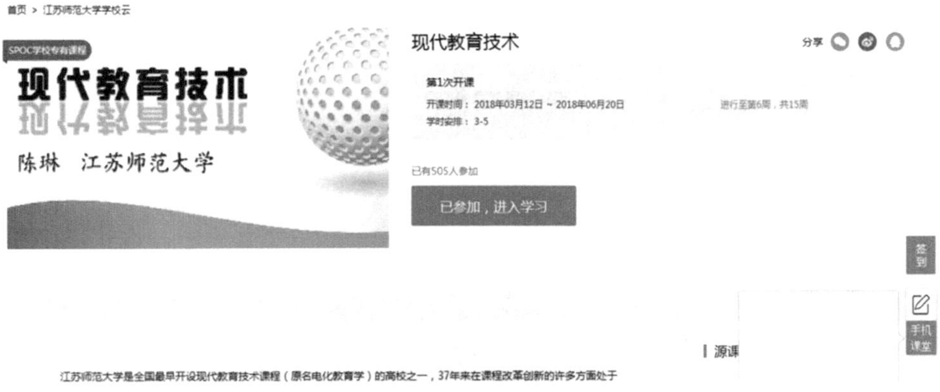

图 9-1 “现代教育技术”课程页面

① 王娟. 智慧型课程：概念内涵、结构模型与设计流程[J]. 现代远距离教育，2017，（3）：25-33.

② 王娟. 基于 ASP 与 Dreamweaver 数据库网站的开发[J]. 制造业自动化，2010，32（6）：126-128.

2. Coolsite360

Coolsite360 是国内首创的结构化网页设计工具，具有高效率的模块建站工具、全自由度的网页前端设计工具，可视化的 Markdown 文档编辑器，能够减少智慧型课程中部分设计、生成的时间，从而快速地搭建网站。Coolsite360 支持可视化网页设计，支持 flex 布局、自定义 Class、自定义属性、支持嵌入自定义代码，从网页布局到元素的样式设定，从动画到交互，CoolSite360 提供全自由度的设计掌控，如右侧工具栏中的工具可以帮助设计者自由拖动网页中的板块，而不需要通过代码限制。此外，还可导出符合标准的代码进行二次开发（图 9-2）。

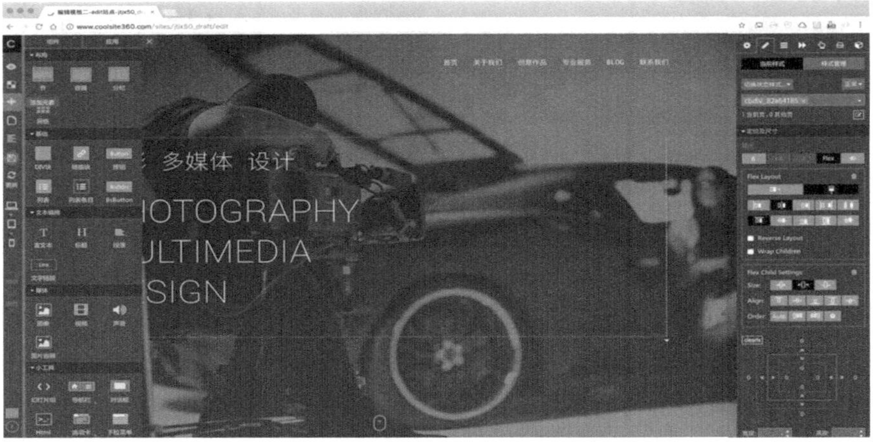

图 9-2　全自由度的可视化页面

Coolsite360 文档编辑器，支持可视化以及 Markdown 双模式编辑，可以编写单篇文档，还可通过文档集功能进行多篇文档的整合。如图 9-3 在右侧编辑，左边可以显示出页面的样式。可适用于以下场景：发布文章、博客；撰写发布技术文稿（代码支持）；撰写发布学术论文（LaTeX 公式支持）；编写产品手册及帮助文档（支持文档集组织）。

图 9-3　可视化编辑器界面

9.1.2　资源开发工具

爱课程发布的《中国大学 MOOC 课程建设指南》指出课程资源分为六种：视频、教学资料、随堂测验、课堂讨论、单元测验及单元作业、考试。智慧型课程不仅要有这些资源类型，更应使这些资源智能化，即通过先进的技术手段使课堂更加生动、交互性更强，如增加 3D 效果，提高教学视频的交互作用等。此外，还应让学习者有真实的学习体验，如使用仿真工具实现真实的操作与教学。

1. Focusky 幻灯片制作软件

Focusky 是一款新型多媒体幻灯片制作软件，主要特点：操作界面简洁直观，尊重用户已有的使用习惯；可轻松导入 PPT，所有操作即点即得，在漫无边界的画布上拖拽移动非常方便；打破了传统的 PPT 的切换方式，模仿电影视频转场特效，加入生动酷炫的 3D 镜头缩放、旋转和平移特效，让幻灯片演示像一部 3D 电影般播放，给学习者带来震撼的视觉冲击；画布上滚动鼠标轻松实现局部放大与缩小，且无限放大矢量元素也不模糊。

2. 优芽互动电影

优芽网是一个创新教育公共服务云平台，提供高效便捷的创新教育内容制作及互动工具。优芽互动电影致力于用“互联网+教育+创新”的方式推进中国教育事业的发展，专注于改变传统教学模式，突破时空及技术条件限制，提供便捷的教学互动体验。课程平台应整合资源传播运用，满足日益多元化、个性化的教学需求。优芽互动电影拥有写实、卡通等多样风格的虚拟场景，能够配合人物的多种行为、心理活动，用故事呈现知识内容。同时，可以嵌入趣味游戏试题，丰富教学内容，提高学习者的参与度和积极性。

3. Serious Magic、Adobe Ultra、Intensikey

这类虚拟演播室软件将人物和虚拟场景进行合成，形成高大上的演播室演示演讲，开发出来的微视频很有科技感，不足之处是成本过于高昂（图 9-4）。

图 9-4　虚拟演播室

目前，虚拟演播室由于场景需要频繁更换，多用于中小规模的演播室播出，如在一些新闻访谈、体育及天气等栏目中，在教育中使用不多。实际上，将虚拟演播室应用于智慧型课程中，能够使教师随时随地录制视频资源，可以获得现实环境中无法模拟的场景，使学习者获得更加真实、多样的体验。

9.1.3 学习辅助工具

2017 年《教育部办公厅关于开展 2017 年国家精品在线开放课程认定工作的通知》中提出："课程资源应包括课程介绍、负责人介绍、教学大纲、授课视频、演示文稿、教学课件、课程公告、测验和作业、考试等教学活动必需的资源，以及满足高校教学和学习者自主学习需求的参考资料。"学习辅助工具是在智慧型课程中可以帮助学生进行各类实体或虚拟实验的工具，这些工具将使资源的呈现方式更加多元化。目前，方便、实用的 APP 工具便是其中运用较广泛的一类。

1. 搜索工具

讨论区中的搜索工具能帮助学习者对课程的学习内容和答疑库进行检索，快速地找到问题的答案，从而提高学习效率（图 9-5）。

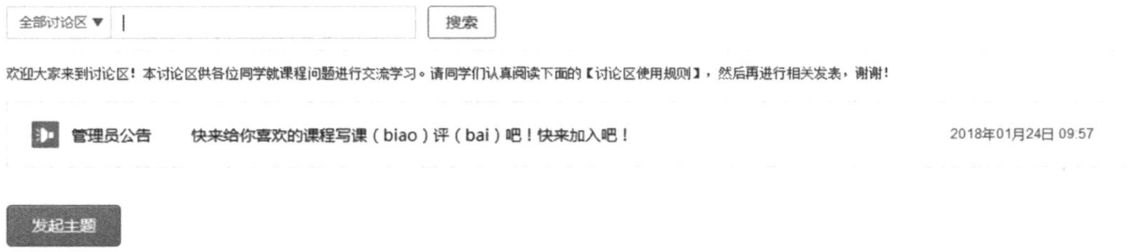

图 9-5 "爱课程"网讨论区搜索工具

2. 仿真实验平台 Algodoo

学习者不仅可以模拟动力学实验，还可以模拟光学实验，比真实的世界更适合探索。简单来说，学习者可以使用简单的绘图工具创建和编辑场景；通过选择、拖拽、倾斜、震动等方式参与互动；显示物体运行轨迹、受力和速度并提供跟踪绘图工具的元素，可以在重力、摩擦力、弹力、浮力、空气阻力的作用下相互影响，实现高精度的物理仿真实验。

3. 答题应用程序

通过答题应用程序 Photo Math、作业帮、猿题库等，可以更好地分析学习者的答题过程。

作业帮可以通过拍照的方式直接搜索问题（图 9-6），即上传问题的照片，系统会自动搜索答案，若现存的答案没有，系统则会等待老师回答并存储，这大大缩短了学习

者在在线课程中等待的时间，此外学习者还可以寻找与知识点相关的课程与练习，如“爱课程”平台中可以通过首页的搜索栏搜索相关话题。

图 9-6　作业帮

9.1.4　一站式开发工具

“知牛网”交互式微视频编辑器不仅是一个交互式微课制作工具，还是一个基于 HTML5 的交互式智能教学平台。“一站式”为师生构造了集交互式微视频制作、微视频发布（微信分享）、学习任务布置、班级管理、学生管理、知牛课堂 APP（学生端）、学情跟踪与可视化反馈于一体的在线教学生态。

“知牛网”微视频制作简单，内容修改便捷，界面类似 PPT，易学易用，具有天然的跨平台优势；同时它还提供了丰富的模板、素材、动画动效等，可以从电脑端添加图片、音视频等元素；老师可以在微视频内插入交互试题、交互组件，让学习者主动参与到微视频学习过程中；对于文本和图片直接可以从外部复制粘贴到编辑器中，非常方便（图 9-7）。

“知牛网”开课成功后可以形成二维码，学习者可以通过扫描二维码在任何移动设备上学习（图 9-8）。“知牛网”的学情跟踪功能强大，老师随时可以从后台查看学生的答题情况；同时，它还支持多种语音录制方式和老师手写板书功能，实现“内容—动画—语音—交互”的完美同步结合，符合智慧教育环境下智能多元的要求。

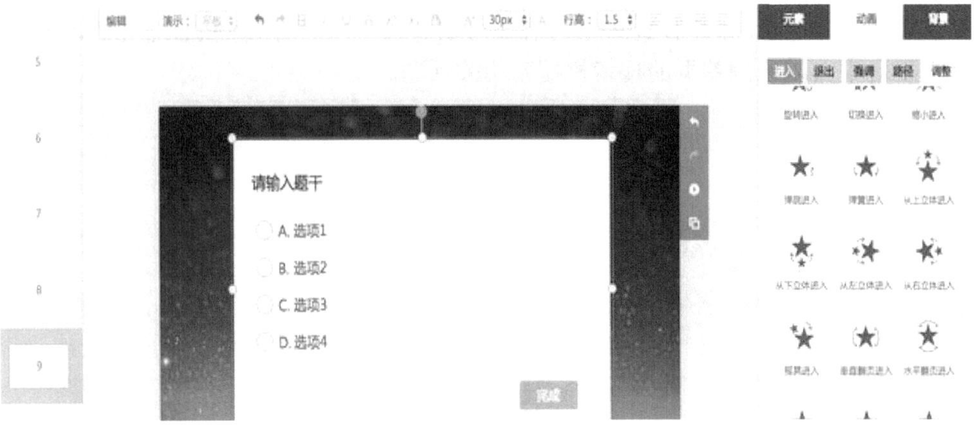

图 9-7 知牛网微课制作界面

图 9-8 “知牛网”精品课程案例

9.2 技 术 应 用

9.2.1 开发技术简介

2018 年，为积极推进“互联网+”行动，切实加快教育信息化进程，教育部发布的《网络学习空间建设与应用指南》中提出，网络学习空间的建设应提供数据分析服务、资源共享服务、教学支持服务、学习交互服务和决策评估服务，而实现这些功能需要云计算、大数据、人工智能等技术支持。韶关学院院长廖益在《以教育现代化理念推进基础教育均衡优质发展》报告中提出：“大力开展‘互联网+教育’的探索与实践。要大力加强数字校园、智慧课室、创客空间等信息化条件建设，将大数据、云计算、人工智能等技术广泛应用于智慧型校园。积极开展基于‘互联网+’的在线智慧教育模式创新，引进利用国家级优秀网络课程、名师课程、名校课程等，同步共享优质教育教学资源。”

1. 云计算

云计算是通过互联网提供给多个外部潜在的客户，业务和应用实现不被用户感知的、具有规模经济的一种计算方式。[①]云计算运用到智慧型课程中具有以下优势：首先，云计算拥有无可比拟的低成本，其客户端只需要运行简单的操作系统和浏览器。云时代高校无须购买昂贵的服务器，只需要把电脑接入互联网，向云计算提供商购买适量的计算能力即可。其次，高安全性。在云计算模式中，数据集中存储，更容易实现安全监测。数据中心的管理者对数据进行统一管理、分配资源、均衡负载、部署软件、控制安全，并进行可靠的安全实时监测，可使用户的数据安全得到最大限度的保证。[②]

2. 大数据

2015 年，教育部在《关于“十三五”期间全面深入推进教育信息化工作的指导意见（征求意见稿）》中指出：“高等教育要通过消化吸收 MOOC、翻转课堂等新型教育模式，创新高校教学、管理模式，提升创新人才培养能力……充分利用大数据、云计算等新技术，以信息化促进高校提升科研能力和成果转化能力，推动跨校协同创新。”因此，作为在线开放课程创新发展的智慧型课程，其开发应借助大数据技术实现过程管理，如学习管理系统、课程管理系统、网络平台应用、学习者的学习行为和学习数据分析等，最终使运用数据处理技术考查教育过程成为可能，促进教育公平。

3. 人工智能

仿真技术以控制论、系统论、相似原理和信息技术为基础，以计算机和专用设备为工具，利用系统模型对实际的或设想的系统进行动态试验。将仿真技术运用于智慧型课程能拓展多维学习空间，使学习者在现实环境中体验虚拟的场景，拥有更安全的“身临其境”之感。

教育人工智能旨在通过人工智能技术，更深入、更微观地观察、理解学习是如何发生的，是如何受到内、外部因素（如个人情感、物质环境、科学技术等）影响，进而为高效学习创造条件。利用人工智能技术能较好地促进个性化学习，提高教学效率。目前，人们试图利用人工智能技术生产一种服务机器人，作为教师助手支持教学设备使用、提供学习内容、管理学习过程、进行常见问题答疑等，或作为学习伙伴协助学习者的时间和任务管理、分享学习资源、激活学习氛围、参与或引导学习互动等，提高学习者的相关能力与时代竞争力。[③]

---

① 李光雷，张世禄，姜捷. 浅谈云计算在网络教育中的应用——以 Google 操作系统 Chrome OS 为例[J]. 现代教育技术，2010，20（11）：127-129.

② 赵晓涛. “云计算、反病毒”二合一[N]. 网络世界，2008-06-09（036）.

③ 刘德建，黄荣怀，杜静，等. 全球教育机器人发展白皮书[M]. 北京：北京师范大学智慧学习研究院，2016.

9.2.2 开发技术应用

1. 云计算

云计算在教育领域中的迁移称为“教育云”，是未来教育信息化的基础架构，包括教育信息化所必需的一切硬件计算资源，为教育领域提供云服务。教育云平台提供了云主机、云存储、云邮箱、云应用四部分功能。其中云应用为学校用户提供教育信息化所需的网络空间、资源获取与共享平台服务及教学、科研、管理等应用的云服务。例如，教育云平台中嵌入的中国教育在线教育垂直搜索引擎系统和学校黄页查询系统等。中国教育在线教育垂直搜索引擎系统可以搜索学校黄页、高考参考系统、教育问答、教育热榜等站点，还可以查找中小学、大学、专业、真题、课程等教育内容。校黄页查询系统的信息来源于各学校网站及对外公开的数据，中国教育在线提供此信息旨在为学习者提供更多的信息作为参考，方便各学校用户对信息的查找（图 9-9）。如果将这些技术应用于智慧型课程开发中，可以丰富学习方式、扩充学习资源。

图 9-9　中国教育在线教育垂直搜索引擎系统

2. 大数据

利用大数据技术分析学习者在线学习行为主要是基于网络教学平台对师生学习过程的记录数据，针对行为主体（教师、学习者）的行为方式（登录、浏览资源、在线交流等）、行为客体（各类资源、网路课程模块等）的被使用情况以及行为发生时间进行统计、可视化和各类挖掘，结合师生的特征数据对影响在线学习行为的因素进行挖掘。[①] 主要挖掘的数据包括学习者的学习情况分析、学习行为分析及交互分析等。

3. 人工智能

仿真技术可以使学习者处于类似真实的学校生活中；可以使部分在线课程的资源变得图像化、可视化；可以帮助学习者完成以往因为实验隐患或器材等原因不能完成的实

① 吕海燕，周立军，张杰. 大数据背景下教育数据挖掘在学生在线学习行为分析中的应用研究[J]. 计算技术与自动化，2017，36（1）：136-140.

验；可以扫描单词卡学习英语等。仿真技术可以应用到不同学科的方方面面。

例如，东南大学的机电综合虚拟仿真实验教学中心开设了大学物理仿真实验。为学生提供了实验简介、实验原理、实验内容、实验仪器、在线演示等功能，学生在了解实验的基本信息后选择开始实验。关于实验操作界面，虚拟实验会及时提示并指导其实验，图 9-10 为连接万用表的测试电路及测量数据的过程截图。

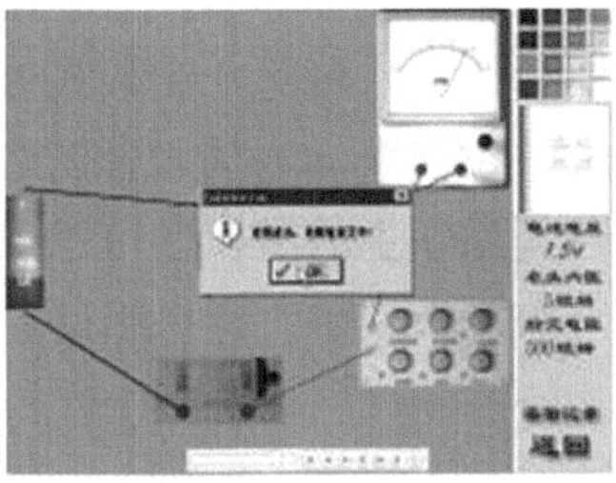

1. 连接电路过程

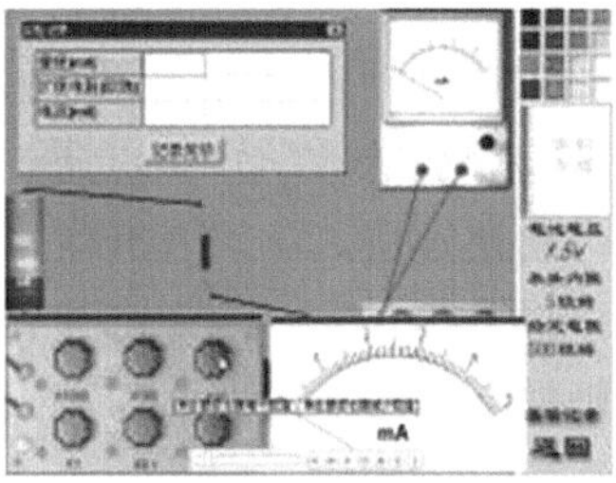

2. 实验数据测量过程

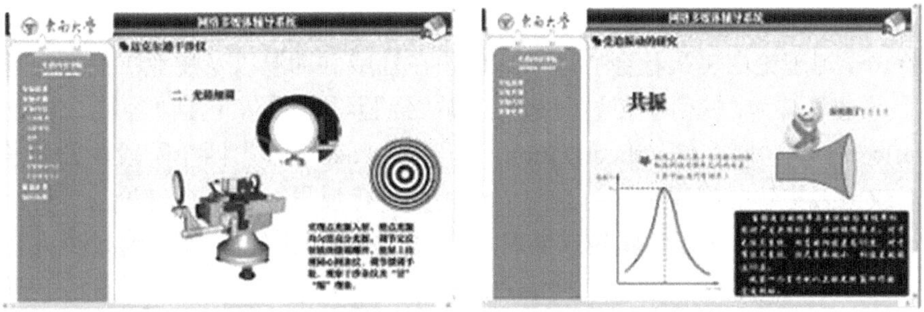

3. 物理原理演示

图 9-10　东南大学物理仿真实验

人工智能在教育方面的应用与发展集中在智能导师与助手、智能测评、学习伙伴、数据挖掘与学习分析等领域。其中，智能导师与助手可以在学习者的学习过程中实时跟踪、记录和分析学习者的学习情况，以了解学习者的学习特点，记录学习者信息。智能测评能够提供自动批改作业、拍照搜题等功能，对学习者实时地进行反馈与评测。学习伙伴是指教育机器人等智能助手，帮助学习者管理学习时间与任务，提供丰富的学习资源，引导学习者积极主动地参与到学习中去。数据挖掘与学习分析是收集学习者学习过程中的数据，并运用先进的分析方法和工具预测学习结果、诊断学习中发生的问题、优化学习过程。

9.3 框架构建

在开发前，需要了解如何将多种工具和技术应用到智慧型课程开发中，根据课程开发框架收集、筛选素材，因此智慧型课程的框架构建十分重要。

9.3.1 理论依据

1. 支架式教学理论

支架式教学理论源于欧盟的“远程教育与训练项目”，其内涵是为学习者构建一种知识概念的框架，培养学习者对深层知识的认知学习能力。这里的“支架”指为学习者提供例子、支持、指导等，将复杂的学习任务分解成若干个小环节，引导学习者参与到解决问题的活动中，学习者逐渐独立，最终完成学习任务。可见，支架式教学理论的核心思想是将分散的教学知识点通过支架构建的方式联系起来，为学习者创造知识脉络，引导学习者迅速进入学习发展区，以基础支架充分刺激学生的潜在学习意识，从而达到最佳的引导教学效果。该理念与智慧型课程框架一致，由教学者提供帮助，即搭建“支架”，辅助学习者学习。

2. 体验式学习理论

体验式学习理论由美国社会心理学家库伯在杜威、勒温以及皮亚杰的学习理论基础上提出。[①]该理论认为，任何学习过程都要遵循“经验学习圈”，包括“经验（experience）、反思（reflection）、概念化（theorization）与实践（action）”四个阶段，要求学习者从日常生活或他人构建的程序里获得亲身体验，并进行反思、概括、讨论与评价，最终产生新的认识、情感或行动。[②]体验式学习是通过实践认识周围事物，通过个人在交互活动参与中获得个人的经验、感受、觉悟并进行交流和分享，反思总结并提升为理论或成果。这与智慧教育的核心理念不谋而合，强调“知行创统一”，重点培养学习者的创新创造能力。

3. 分布式智能理论

分布式智能理论认为，使学习成为可能的资源分布于由人和环境组成的结构之中，这一点在 MOOC 中被实现甚至被放大。MOOC 学习环境不仅体现了教学设计者的教育理念、对教育的假设，也体现着分布式智能的社交和物质特征：大规模，使得教学团队的很多传统角色和责任被所有的 MOOC 学习者扮演和承担。例如，学习者通过参与论坛讨论促进他人的学习，支持知识的建构、创新以及课程的拓展；通过参与同伴互评等支持和促进他人的成长等。因此，智慧型课程的学习可以被不断涌现的新技术及不断生成的学习情境（学习环境中的认知、社会性存在感、支持数据挖掘的功能以及云计算等）以非传统的方式塑造着。[③]

---

① 李文君. 体验式学习理论研究综述[J]. 教育观察，2012，（4）：83-89.

② 孙瑜. 体验式学习理论及其在成人培训中的运用[D]. 华东师范大学硕士学位论文，2007.

③ 杨玉芹，焦建利. MOOC 学习者个性化学习生态设计框架[J]. 电化教育研究，2014，35（8）：32-37，56.

9.3.2 基本原则

1. 情境性原则

根据体验式学习理论，智慧课程应将学习者置于具体的学习情境中，并基于课程目标、知识体系等设计一系列完整的仿真学习活动或任务，引导学习者开展社会化交互活动，从而体验学习的真实过程，促进有效学习的发生。

2. 适度性原则

课程设计需要符合学习者的需求，保证入学率。认知负荷理论认为，学习者学习记忆的容量与维持时间是有限的。[①]因此，在智慧学习环境中学习者在认知活动中所接收的信息储备应低于其认知负荷，同时为了帮助学习者理解学习结构，课程的开发需有效合理利用各种学习技术和数字环境对学习进行支持。

3. 交互性原则

高辍学率是大规模在线开放式课程学习的缺点之一，这种现象产生的原因之一是缺少完善的交互系统，学习者不能在课程中得到及时的回应与反馈。可见，学习者的交互性体验是课程运行的必要因素。

9.3.3 框架设计

2014 年，杨玉芹、焦建利学者构建了 MOOC 支持学习者个性化学习的生态设计框架，包括学习者的个性化学习（正式学习与非正式学习）、交互学习环境、技术功能、证据支持的质量提升等四个部分；每个部分又包含不同的要素，智能分布于这四个相互影响、相互依赖的部分中。[②]MOOC 的个性化学习是整个设计框架的核心和最终目的，其他要素如教师、教学设计者、数据专家、学习科学研究者、技术专家等以专业知识塑造着整个学习环境。在 MOOC 学习情境中，知识的创造是一个逐渐演化、显现的过程，MOOC 设计要支持学习者借助各种社交和参与媒体进行沟通、交流和协作。

智慧型课程是伴随智慧教育兴起产生的，集微课、翻转课堂、MOOC、SPOC 课所长、有创新的课程形态[③]，因此智慧型课程的开发，应借鉴 MOOC 开发经验，应以学习者的学习体验及个性化学习为基础。研究基于提供低认知负荷的资源服务，设计情境体验式学习活动，完善情感化社会交互，关注主体反思层的反馈与体验以及大数据推进课程的周期性迭代的设计思路，构建了基于学习体验的智慧型课程设计架构（图 9-11）。以服务层为基础、活动层为本、数据层为辅，实现智慧型课程中深层次交互、情境仿真等更加智能化的要求。

---

① Sweller J. Cognitive load during problem solving: effects on learning[J]. Cognitive Science, 1998, (12): 257-285.

② 杨玉芹，焦建利. MOOC 学习者个性化学习生态设计框架[J]. 电化教育研究，2014，5（8）：32-37，56.

③ 王娟. 智慧型课程：概念内涵、结构模型与设计流程[J]. 现代远距离教育，2017，（3）：25-33.

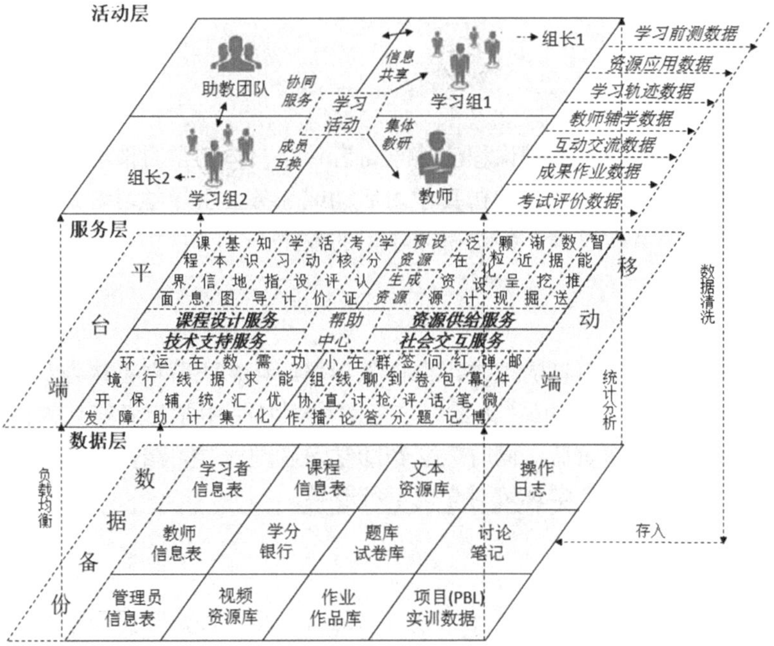

图 9-11　基于学习体验的智慧型课程设计架构[①]

1. 以服务层为基础，完成在线课程平台网页端、移动端开发，提供服务

课程设计。在显示界面直观呈现课程基本信息、学习活动设计、课程考核标准及学习指导文本，辅助学习者开展在线学习；展示知识地图，动态更新知识点和学习进度，方便学习者浏览、掌握学习进度；提供学分认证功能，对接数据层学习者的个人学分银行，同时学分银行预留教务系统对接接口。

资源供给服务。通过学习者的特征分析，根据学习者的知识水平分解知识模块，颗粒化、渐进式呈现学习资源，以适应学习者的内部认知负荷；根据活动层的动态数据分析，智能优化学习路径、提供学习指导、推送学习资源，以降低学习者的外部认知负荷；资源呈现避免过度使用富媒体技术，减少冗余信息，提升资源的服务体验。

社会交互服务。推动直播、签到抢答、集体讨论等实时交互，构建学习者的伙伴寻找、推荐机制，智能组建学习小组，支持小组协作，解决在资源有限的情况下与教师的社会交互不足的问题，提升学习者的归属感。

技术支持服务。实时解决学习者在线学习的技术障碍，汇聚平台需求，为后续平台升级优化奠定基础。

2. 以活动层为本，基于课程设计服务，完成情境化学习活动的设计

活动或任务应包括案例或游戏导学，以激发学习者的兴趣；应重点关注具有一定开

① 米高磊，吴金旺. 基于学习体验的在线课程设计与实践——以“互联网金融”公共课程为例[J]. 现代教育技术，2017，27（11）：92-98.

放性、劣构性的任务，推进学习者知识意义的建构与应用。同时，基于资源供给及技术支持服务，构建虚拟活动情境，保障泛在资源供给，推动学习者融入情境；基于社会交互服务，进行智能建组及动态化管理，推动学习小组的信息交流、成员流动、资源共享。在线课程中教师的情感支持与认可极易被学习者捕捉、反馈，因此教师及助教团队应全过程参与，有效提升学习者的归属感。

3. 以数据层为辅，智能支持服务层活动的开展，推进课程的周期性迭代

课程团队可根据通过率、视频反刍比、综合评价数据、学习轨迹可视化分析、问卷调查等获得的主客观数据，调整课程设计、优化课程框架；根据学习者在线学习活动的参与度、活动成绩、活动情绪情感分析等数据，整合优化在线学习活动的设计及组织；根据资源点击量、资源使用反刍比、生成性资源提取聚合等情况，实现课程资源的优胜劣汰、整合优化、动态更新。此外，课程团队应根据数据反馈及技术服务层需求反馈，对课程进行周期性迭代，即以各学习阶段为分割点进行迭代更新，保证课程的相对稳定性，降低学习者在线学习的迷航概率。

9.4 素材开发

9.4.1 种类与筛选

1. 智慧型课程素材的种类

2016年，陈琳教授指出智慧型课程定位由培养“知识人”向培养“智慧人”转变，要培养具有高阶思维能力和创新创造能力的人。[①]《中国大学MOOC课程建设指南》也提出，教学内容包括视频、教学资料（PPT教案、参考资料等）、随堂测验、课堂讨论、单元测验及单元作业、考试等。随着虚拟/增强现实、移动通信、社交媒体、人工智能等前沿科技的发展与普及应用，智慧时代课程的学习资源呈现开放性、整合性、碎片化、生成性、移动化和虚拟化等六大发展趋势。[②]智慧型课程的素材包括多媒体素材、生成性素材、移动学习素材及教学辅助素材四类。

（1）多媒体素材

多媒体素材指多媒体课件以及多媒体相关工程设计中所用到的各种听觉和视觉工具材料。多媒体素材是多媒体课件的基本组成元素，是承载教学信息的基本单位，包括文本、图形、图像、动画、视频、音频等。例如，江苏师范大学的国家精品开放课程“现代教育技术”，每一章的资源都包括多种类型的多媒体素材。

（2）生成性素材

生成性素材是学习者生成性学习的成果，是学习者个体思维进程的衍生物，体现了

① 陈琳，陈耀华，李康康，等. 智慧教育核心的智慧型课程开发[J]. 现代远程教育研究，2016，（1）：33-40.
② 杨现民，赵鑫硕. “互联网+”时代学习资源再认识及其发展趋势[J]. 电化教育研究，2016，37（10）：88-96.

个体认知、情感、态度、价值观的差异，凸显知识的个性。生成性素材随着学习的深入不断地动态生成、变换。例如，在课程讨论区中的评论、帖子、批注、问题等都可以称为生成性素材。未来，在人工智能技术的推动下有可能出现 RGC（robot-generated content），即由机器人代替资源建设者的部分工作，根据用户需求，通过智能的资源检索、编辑、重组、打包等技术，实现个性化学习资源的（半）自动化生产。①

（3）移动学习素材

移动学习素材作为一种运行于移动终端的独特资源形态，由于其特有的便携性、良好的交互性、随时随地学习等特性，受到了教育领域的普遍关注。近几年，随着智能手机、平板电脑等设备的飞速发展以及普及，以移动智能为终端的教育 APP 更是飞速发展。②例如，蓝墨云班课中素材获取的方式多样，既可以查看教师发布的，也可以从资源库中获取，而且平台中的活动类型多样，可以帮助学习者获得不同的学习体验（图 9-12、图 9-13）。

图 9-12　蓝墨云班课资源

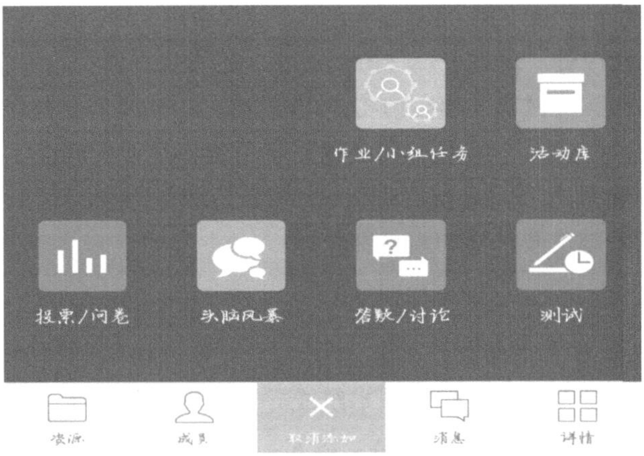

图 9-13　蓝墨云班课活动

（4）教学辅助素材

教学辅助素材指运用大数据、云计算等技术对学习者进行学习分析，了解学习者的

① 杨现民，赵鑫硕. “互联网+”时代学习资源再认识及其发展趋势[J]. 电化教育研究，2016，37（10）：88-96.

② 马玉慧，赵乐，李南南，等. 新型移动学习资源——教育 APP 发展模式探究[J]. 中国电化教育，2016，（4）：64-70.

个性特征，从而有针对性地进行教学；还包括运用虚拟现实、仿真等技术增强教学情境性，帮助学生进行一些实际无法实现或看见的实验等。目前有专门的虚拟仿真类的教学平台如 NOBOOK 平台，图 9-14 是一个生物仿真实验，可以真实地观察日常见不到的家鸽的骨骼，可以将该素材和技术应用到智慧型课程开发中。

图 9-14　NOBOOK 生物仿真实验

2. 智慧型课程素材的筛选

在目标制订完成后通过互联网下载、对非数字资源扫描或直接录制等方法获取素材，对获得的冗杂素材，需要筛选后才能真正地发布使用。智慧型课程主要利用四类方法进行筛选。

贴近学生，就地取材：教师应将学生身边的案例作为教学素材充实到课堂教学中去。唯如此，课堂才会充盈着生活的气息，让学生在感悟生活中学习知识、提升能力。

重质轻量，筛选素材：教师应对教学素材精挑细选。不同的知识点要根据教学重点和教学课时来决定数量；要经过多名专家来确定素材与知识点的关联度与重要程度。

集思广益，共同创造：通过发挥备课组、教研组、学生的合力作用，共同搜集、筛选、加工、整合教学素材，创造出新的具有原创色彩的教学素材。

全面考虑，设备兼容：不同类型的浏览器或阅读设备能支持的媒体素材格式各不相同，智慧型课程中不是所有格式的媒体素材都适合在网络上发布，因此在筛选素材时要考虑格式问题，保证素材能够在任何移动设备上随时随地播放观看。

9.4.2 集成与创新

1. 智慧型课程素材的集成

在收集筛选素材后，为保证不触碰版权问题以及素材的原创性，要对这些素材进行二次加工。首先，要把使用的素材如教学视频、课件、活动等集成为一个单独的成品供学习者观看使用；其次，把需要学习者预习的知识、作业、测试等集成，让学习者在课后充实自己；最后，将所有的艺术性素材进行合成、包装，打造出有内涵、有外表的优质课程（图 9-15）。

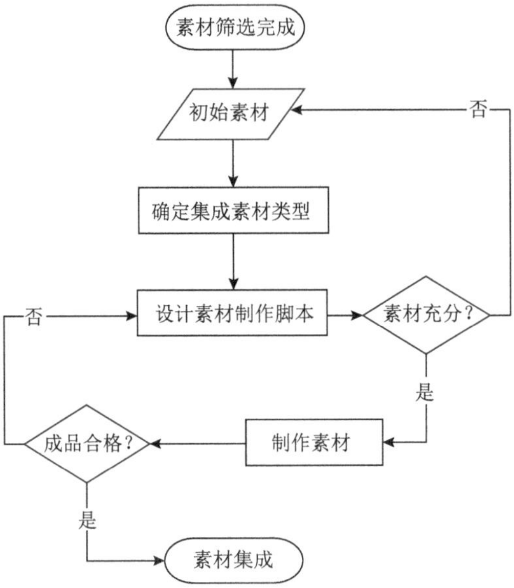

图 9-15　智慧型课程素材集成步骤

在素材筛选完成后开始素材集成；整理初始素材作为输入；确定要集成的素材的类型，包括视频类、文字类、仿真类等；设计素材制作的脚本，包括背景、大小（时长）、制作工具、制作方式、素材描述等；在制作完成后要查看需要的初级素材是否充分，充分的话可以进行下一步，否则返回输入更多的素材；按照脚本制作素材；制作完成后，课程教师、助教及专家对素材进行判定，也可以找几名学习者进行测试，评判素材的可用性，如若可用则集成结束，否则返回修改制作脚本。对集成后的素材按照先后次序上传到工具平台，并填写素材资源信息，对文字进行排版编辑，按照网页导航要求将素材放到适当位置。[①]

2. 智慧型课程素材的创新

智慧型课程的辅导教师要跟上时代的潮流，打破思维定式，敢于创新，重新设计新颖有趣又富有时代感的游戏、活动和故事。[②]只有在适宜的课程素材支持下，才能鼓励学生自主学习，激发学习者思考的意识和进取的精神，真正的关注学习者的个性化要求。

智慧型课程的素材创新可以来源于生活经历。活动的素材可以直接从自身的所见、

① 刘桂芬. 基于工具平台的网络课程开发——谈素材的制备与课程集成[C]//教育部全国高校教育技术学专业教学指导委员会. 教育技术的创新、发展与服务——第五届教育技术国际论坛论文集（下册）. 教育部全国高校教育技术学专业教学指导委员会，2006.

② 王晓娇. 问渠哪得清如许，为有源头活水来——中小学心理课堂活动素材的创新与运用[J]. 中小学心理健育，2017，（28）：23-25.

所闻、所思、所悟中积累，从现实生活中搜集，从学生身边的事发现；同时，包括课本、书籍、绘本故事、广播电视、互联网等方面获得的人和事。例如，在交通安全课程中可以录制周围实际发生的交通事故，或因为采取某些措施而避免的交通事故作为素材。

此外，“大数据”时代要求“大科学”领域，要求运用更为广泛的多学科知识去思考、分析、决策和解决各种复杂的社会问题，提升学生的科学素质、人文素质、技术素质和工程素质。[①]因此，智慧型课程中的素材不只是针对某一门课程的收集和设计，而是以提高学习者的社会实践性、增加课程的实用性为目的，表现为在课中加入仿真型的实际案例，在课后发布拓展内容供学习者学习。

9.4.3 测试与改进

在课程发布前，可以对部分学习者进行测试，或通过问卷、访谈等方法测量学习者的学习满意度。这些反馈意见将涉及课堂教学视频中的教学活动、教学内容、教师的仪表形态，课后资料中内容的正确性与可接受性，课后练习中难易程度的建议等。发现问题后，内容要改进，如文字、图像、音频、视频以及动画。其中，文字主要指错别字、标点符号、排版以及特殊符号等；图像主要指位置以及图像的清晰度，即是否失真；音频指背景是否太嘈杂、主体音是否突出等；视频如拍摄清晰度和质量；动画要与教学内容在时空上统一，播放或使用是否流畅、位置是否合适以及带给学习者的感受。此外，还包括测试阶段资源与视频的顺序、任务的难易度等。

9.5 合成运行

9.5.1 课程合成标准

智慧型课程的合成力图通过新工具、新技术、新资源的支持，既体现智慧型课程对传统教学与常规在线、混合式学习的变革，又能让课程体现智慧型人才培养。因此，智慧型课程的合成应遵循以下标准。

1. 保证难度的递进

课程的难易分布应是从易到难的，但内容的设计不能为了让学习者获得信心而设置的过于简单，内容的合成要在难度递进的基础上合理把握课程整体的难易度，让大部分学习者在听懂的基础上获得提升。

2. 强调全员参与

课程合成应让所有学习者有层次地参与到课程中，要师生共同参与、共同承担责任。在课程的合成时要注意活动设计的丰富性，更好地调动学习者的积极性。

---

① 潘信国. 山区学校科技创新教育课程资源开发与利用[J]. 中学教学参考，2016，（24）：80-81.

3. 注重思维、情感与行动的整合

智慧型课程在教给学生基本知识的同时，还要提高学生面对问题时观察、分析的思维能力，要求学生在解决问题中提高自主、自立、自强的能力。因此，智慧型课程在合成时要开拓学习者的思维，将案例与生活交叉，激发学习者的好奇心；注重理论与实践交叉，培养学习者的灵活性。

9.5.2 课程合成方法

智慧型课程的合成是在课程整体框架的基础上，按照课程导航设计、页面整体布局模板和页面制作脚本等，将准备好的素材和测试题合成完整的课程。如果智慧型课程中使用了教学管理系统提供的工具，则合成还需要完成系统相关工具的链接和嵌入；如果智慧型课程是标准化课程的开发，则合成还包括标准化的打包工作；如果智慧型课程存在链接或嵌入系统的模块，则合成还需要完成这些整合工作。

9.5.3 课程测试与发布

智慧型课程合成结束后，为确保课程的可用性，要对课程进行测试。一般而言，软件测试的流程为：测试需求分析→制订测试计划→测试环境搭建→执行测试→记录测试结果→缺陷管理和修改→软件评估→软件发布。基于此，结合智慧型课程的开发流程提出了智慧型课程的测试环节：测试需求分析→测试制订计划→测试环境搭建→执行测试→记录测试结果→缺陷管理和修改→测试总结与课程发布。

1. 测试需求分析

明确智慧型课程要实现的目标，测试目标包括技术人员对智慧型课程的功能和性能测试、课程专家对教学设计和教学内容的审核以及学习者试用情况测试等。

2. 制订测试计划

依据课程计划和测试需求分析结果制订测试计划。测试计划一般包括测试背景、测试者、测试内容、测试依据、测试资源、测试流程和测试日程等。

3. 测试环境搭建

准备测试所需的环境，如不同操作系统（Windows 系列、Linux、苹果 iOS 等）、浏览器（IE 系列、360、Firefox 等）、屏幕分辨率，提供课程制作脚本、测试结果记录所需要的模板或缺陷记录系统等。

4. 执行测试

测试者执行测试的过程。

5. 记录测试结果

技术开发人员对缺陷的描述记录包括：标题、预置条件、操作步骤、预期结果、实际结果、注释、严重程度、概率、版本、测试者、测试日期、相关图片和附件等，课程负责人和使用的学习者根据相应的模板填写测试报告。

6. 缺陷管理和修改

针对测试过程中提出的问题或建议，技术开发人员和媒体设计人员对缺陷进行修改和管理。如果是功能或性能中的缺陷，可以使用 Teambition、阿里云等缺陷管理工具。如果是教学设计、教学内容或学习者试用提交的报告中的缺陷，可以填写测试报告中的修正记录。

7. 测试总结与课程发布

经过多轮测试和修改后，对智慧型课程进行综合评估，确定是否能够发布，同时由专人撰写测试总结报告并对测试结果负责。①

智慧型课程开发是智慧型课程建设和实现的重要环节，合理掌握课程开发的工具、技术和步骤等，有助于提高智慧型课程的建设质量，促进其可持续发展。

【思考与练习】

1. 结合在线学习经历，谈谈如何开发在线开放课程？
2. 智慧型课程开发的智慧性主要体现在哪些方面？
3. 智慧型课程的素材如何开发？涉及哪些技术？
4. 常用的智慧型课程开发工具有哪些？
5. 利用所学知识和技能，开发一门在线开放课程。

① 黄荣怀，陈庚，张进宝. 网络课程开发指南[M]. 北京：高等教育出版社，2010.